도서출판 대장간은
쇠를 달구어 연장을 만들듯이
생각을 다듬어 기독교 가치관을
바르게 세우는 곳입니다.

대장간이란 이름에는
사라져가는 복음의 능력을 되살리고,
낡은 것을 새롭게 풀무질하며, 잘못된 것을
바로 세우겠다는 의지가 담겨져 있습니다.

www.daejanggan.org

축복의 혁명 전면개정판

지은이	박철수
초판발행	1990년 5월 20일
	17쇄 발행
개정1쇄	2016년 5월 9일
펴낸이	배용하
책임편집	배용하
등록	제364-2008-000013호
펴낸곳	도서출판 대장간
	www.daejanggan.org
	대전광역시 동구 삼성동 285-16
	전화 (042) 673-7424 전송 (042) 623-1424
박은곳	재원프린팅
묶은곳	정문바인텍
분류	신앙일반 l 축복
ISBN	978-89-7071-378-6 03230

이 책은 저작권법에 의해 보호를 받는 출판물입니다.
기록된 형태의 허락 없이는 무단 전재와 복제를 금합니다.

 값 15,000원

25년 만에 다시 쓴
축복의혁명
전면개정판

박철수 지음

우리가 사방으로 우겨쌈을 당하여도 싸이지 아니하며
답답한 일을 당하여도 낙심하지 아니하며
박해를 받아도 버린 바 되지 아니하며
거꾸러뜨림을 당하여도 망하지 아니하고
우리가 항상 예수의 죽음을 몸에 짊어짐은
예수의 생명이 또한 우리 몸에 나타나게 하려 함이라

고린도후서 4:8~10

차례

추천의 글 / 11
　- 축복의 혁명적 메시지 / 11
　- 한국교회의 오도된 축복관에 대한 개혁적 메시지 / 16
　- 기독교 신앙의 본질로 인도하는 책 / 19

프롤로그 / 23

1장 한국교회의 여섯 가지 병
　소비자 중심주의 / 30
　율법주의 / 32
　이원론 / 37
　반공주의 / 41
　반 지성주의 / 46
　기복주의 / 51
　무당종교(shamanism)화 되어가는 한국교회 / 52

2장 복(축복) 논의의 중요성
　신앙의 본질 문제 / 57
　성경 해석의 문제 / 64
　인생의 문제 / 68

3장 일반은총과 특별은총
　하나님께서 모든 것을 주신다 / 75
　박목월의 시와 김소월의 시는 다르다 / 82
　일반은총과 공동선 / 86

4장 구약과 신약 (1) – 신약과 구약의 관계
　구약성경 / 90
　구슬이 서 말 이라도 꿰어야 보배다 / 96
　모형과 상징, 예언 / 98
　그리스도를 통해서 구약을 봐야한다 / 102

7

5장 구약과 신약 (2) – 십일조

아브라함의 십일조 / 107
말라기의 십일조 / 109
예수님의 십일조 / 113
신약의 헌금 / 117
하나님이냐 돈이냐 / 121

6장 구약과 신약 (3) – 돈, 성전

구약의 부는 상징이다 / 123
부와 돈 / 126
교회당은 돌로 된 성전이 아니다 / 129
학개서는 메시아 예수님을 예언한다 / 133
성전을 건축하라 / 137

7장 아브라함의 복

파란만장한 아브라함의 생애 / 140
부자 되기를 거부하는 아브라함 / 145
의와 공의, 하나님 나라의 시작 / 148
아브라함이 받은 복의 의미 / 151

8장 야곱의 복

장자권 / 154
홀로 남았더니 / 158
이스라엘 / 161
야곱의 인생의 의미 / 165
징계와 시험의 의미 / 169

9장 욥의 복

고난 당하는 욥 / 177
인과응보 논리의 위험성 / 179
사탄의 논리 / 180
하나님을 본 욥 / 184
고난의 신비 / 190
하나님께서 욥에게 복을 주신다 / 196

10장 바알신과 맘몬신
바알신 / 200
맘몬신 / 204
민중의 아편 / 209
구약의 부와 신약의 부 / 213
젊은 부자 청년 / 216
부자는 하나님 나라에 들어가기 어렵다 / 218
가난한 자는 어디 있는가? / 222

11장 도스토예프스키의 대심문관
도스토예프스키의 생애 / 224
예수님을 만난 도스토예프스키 / 227
〈대심문관〉과 세 가지 시험 / 228
조시마 장로 / 234
자유 / 237
다시, 세가지 시험 / 238
빵 / 238
권력 / 240
종교 / 242

12장 예수님이 가르쳐 주신 복 (1)
팔복 / 247
팔복과 하나님 나라 그리고 제자도 / 249
가난한 자 / 251
슬퍼하는 자 / 252
온유한자 / 253
의에 주리고 목마른 자 / 255
자비를 베푸는 자 / 256
마음이 깨끗한 자 / 257
평화를 만드는 자 / 258
의를 위하여 박해를 받은 자 / 260
팔복 산 / 261
내 생각은 너희 생각과 다르다 / 262

13장 예수님이 가르쳐 주신 복 (2)

예수님이 누구인지 아는 자가 복이 있다 / 267
알고 행하면 복이 있다 / 270
보지 못하고 믿는 자가 복이 있다 / 272
주는 자가 복이 있다 / 276

14장 십자가

메시아를 기다리는 이스라엘 / 282
너희는 나를 누구라 하느냐 / 285
왜, 예수님은 십자가에 죽으셨나 / 287
십자가와 하나님 나라 / 289
왜 하필 십자가인가 / 292
자기 십자가를 지고 나를 따르라 / 294
십자가는 무엇을 의미하는가 / 296
우리는 어떻게 살 것인가 / 299
비용을 계산하라 / 303

15장 하나님 나라

나의 신앙여정 / 308
천국과 하나님 나라 / 312
바울의 칭의의 복음과 예수님의 하나님 나라 복음 / 313
하나님 나라, 어떻게 실천 할 것인가 / 318
하나님 나라와 유토피아 / 323
유토피아 / 323
하나님 나라 / 327

에필로그 / 333

추천의 글

축복의 혁명적 메시지

한완상 · 전 서울대 교수, 전 통일부총리, 전 대한적십자사 총재

박철수 목사님이 쓰신 『축복의 혁명』을 읽고 저는 깊이 공감하고, 그만큼 잔잔한 은혜를 받았습니다. 그는 목회를 하면서 교회 강대상에서 예수 복음과는 '다른 복음'을 증거했다고 솔직하게 고백했습니다. 게다가 그는 예수님의 혁명적 삶, 혁명적 가르침과 감동적 실천을 일찍 깨닫지 못했음을 솔직히 시인했습니다. 이 같은 만각(晩覺)의 아쉬움을 고백하면서, 예수님의 하나님 나라 선포의 뜻을 깊이 성찰하면서 받았던 감동을 독자들과 나누기 위해 이 책을 썼다고 말합니다.

저자는 잘못된 복(福) 이해와 악의 극복문제를 함께 성찰했습니다. 예수의 십자가 처형 사건 속에서 예수의 악의 극복 실천을 감동적으로 이해하고 있습니다. 십자가 처형으로 예수를 죽인 거대한 악의 권력을 예수께서 원수사랑 실천으로 해체시켜버린 놀라운 예수복음의 변혁동력을 그는 새삼 깊이 이해하며 기뻐하고 있습니다. 이 기쁨이야말로 참된 복이지요. 그러니까 참된 복은 고난과 결코 분리될 수 없습니다. 여기서 고난의 십자가는 축복의 왕관(crown)이 되는 것이지요. 예수님의 골고다 체험은 그러기에 참된 메시아의 제관식 잔치의 환희 체험일 수 있습니다. 이같은 역설을 저자는 십자가 없는 한국교회에게 복음의 메시지로 던져주고 있습니다. 저는 최근 예수님의 메시아 취임식에서 예수 머리에 왕관을 씌워준 사람이 다름 아닌, 예수 사형집행관이었던 로마의 백부장(중대장)이

었음을 새삼 발견하고 큰 은혜를 받은 적이 있기에 『축복의 혁명』을 더욱 흥미롭게 읽었습니다.

십자가 처형을 역설적으로 메시아 제관식으로 읽어내는 저자의 영적 통찰력은 예수 부활 신앙에서 은혜롭게 흘러나오는 것 같습니다. 역사적 예수(갈릴리 예수 또는 나사렛 예수)의 하나님 나라 운동이 부활사건 이후에도 차원 높게 펼쳐졌음을 성서는 증언해주고 있습니다. 한국 그리스도인들은 하나님나라 운동이 부활사건 이후에 더욱 성숙하게 펼쳐졌음에 주목해야 합니다.

저자는 이 책에서 한국교회의 기복신앙과 번영신학의 문제를 신앙과 신학의 이원론(二元論)의 시각에서 비판적으로 성찰하고 있습니다. 이것은 초대교회를 위협했던 영지주의(Gnosticism)와 신플라톤주의와 긴밀하게 연관됩니다. 한국교회에도 이같은 흐름이 있습니다. 이원론은 예수 복음을 죽어 천당행을 보장하는 천국행 티켓쯤으로 보게 합니다. 신자들을 죽어 천당으로 보내는 기쁜 소식으로 믿게 합니다. 값싼 기복신앙과 번영신학이 큰 몫을 하고 있지요. 지금 한국교회에 신플라톤적 이원론과 영지주의가 지식인 신자들의 관심을 불러 일으키고 있습니다.

성육신 사건과 예수의 자기비움 실천은 이미 이원론을 극복한 것으로 이해해야 합니다. 십자가 지기가 주는 복음적 감동은 그것이 바로 성부 하나님의 자기 비움, 자기 해체가 주는 복음적 감동이 아니겠습니까? 예수께서 선제적 원수 용서와 사랑을 통해 로마 강권의 구조를 변화시킨 사건이 바로 십자가의 비움사건이 아닙니까! 이 사건을 처음부터 가장 가까이에서 목도했던 로마의 권력자 백부장은 이 분이 진실로 하나님의 아들이라고 고백했습니다. 이런 고백을 터져나오게 한 것은 결단코 가현설적 신앙(docetism)에서는 나올 수 없습니다. 영지주의 신앙에서는 나올 수 없습니다. 여기에 몸과 마음은 분리될 수 없지요. 용서하시고 사랑하신 예수님의 몸과 마음은 하나였습니다. 그리고 이같은 구체적 몸의 고통과 미움의 고통 속에서 터져나온 예수님의 원수 사랑 실천이야말로 부활의 문을 여는 열쇠라고 저는 믿습니다.

저는 박 목사님의 책을 읽으면서 1980년 6월 하순, 어느날 제가 겪었던 아픈 경험 아니 환희의 체험을 떠올릴 수 있었습니다. 저는 그때 김대중 내란음모사건에 휘말려 남산지하 2층에서 피말리는 지옥심문을 받고 있었습니다. 저의 모친(권사님)께서 그해 5월 12일 소천하셨는데, 상가에는 조문객들로 붐볐습니다. 바로 그런 상가에서 김대중, 문익환, 이문영 등 동지들이 내란을 음모했다고 군검찰은 고소했지요. 강제연행된 한 달 일주일 쯤 지나서 상주였던 저의 형을 심문하기 위해 상가로 조사원들이 나갔습니다. 이때 저는 그들에게 아들인 제가 살아있음을 알리는 쪽지 편지를 아버님께 전달해 달라고 간곡하게 요청했지만 거절당했습니다. 여러 시간이 지나 그들이 조사를 마치고 돌아오면서 저에게 쪽지를 전달해주었습니다. 저는 그것이 아버님의 편지라고 직감하고 무엇일까 하고 펼쳐 보았지요. 거기에는 요한 3서 2-4절 말씀이 적혀 있었습니다. 죽었다고 생각했던 아들이 살아있다는 소식을 듣고 기뻤으나 그 기쁨을 사신(私信)으로 표현할 수 없었기에 성서 말씀으로 아버님의 뜻을 표현할 수밖에 없었지요. 그래서 아버님은 이 말씀을 쪽지에 적었습니다. "사랑하는 자여 네 영혼이 잘됨 같이 네가 범사에 잘되고 강건하기를 내가 간구하노라 형제들이 와서 네게 있는 진리를 증언하되 네가 진리 안에서 행한다 하니 내가 심히 기뻐하노라 내가 내 자녀들이 진리 안에서 행한다 함을 듣는 것보다 더 기쁜 일이 없도다"(요삼1:2~4) 저는 이 메시지를 읽고 눈물이 하염없이 쏟아져 내렸습니다. 육신의 아버님의 사랑만이 아니라 하나님의 사랑도 함께 가슴으로, 창자로 느꼈기 때문입니다. 우리 모두 알고 있듯이 2절의 말씀은 이른바 3박자 축복으로 한국교회에서 가장 자주 인용되는 말씀이지요. 영혼이 잘되고, 범사에 형통하고, 육신이 건강한 것을 이른바 3박자 축복 또는 3박자 구원이라고 강조합니다. 한마디로 값싼 축복이지요. 여기에는 의미있는 고난의 기쁨은 전혀 없는 듯합니다. 그런데 3절과 4절을 자세히 읽어보면 이 세가지 기쁨은 진리 안에서 실천할 때 비로소 나오는 복임을 알 수 있습니다. 진리는 자유케하는 힘이지요. 이 진리의 힘은 공공적인 감동과 변혁을 가져오는 복음의 동력입니다. 진리 안에 행하는 것은 때때로 의미있는 고난을 겪게 합니다. 저는 『축복의 혁명』을 읽으면서 진리 안에서 겪는 고난의 기쁨, 수준 높은 복음의 기쁨을 또다시 느낄 수 있었습니다.

이 책을 읽고 난 뒤, 하나님 나라가 원수 사랑의 선제적(先制的) 실천에서 비로소 감동적으로 드러난다는 복음진리를 저는 새삼 주목하게 되었습니다. 바울은 비록 갈릴리 예수를 만나본 적이 없으나 예수의 하나님 나라 본질을 적확하게 깨닫고 있었습니다. 하나님 나라 비전이 산상수훈에서 잘 드러납니다. 그중 예수님의 팔복중에 하나님의 자녀가 되는 복이 나옵니다. 누가 이 큰 복을 받게 되나요? 평화를 만드는 자(peacemaker)입니다.(마5:9) 이 메시지를 제대로 이해하지 못했다고 판단하셨는지 예수님은 더 명확하게 이웃사랑문제와 비교하면서 원수사랑 수준에 이르러야 비로소 으뜸 복을 받을 수 있다고 깨우쳤습니다.(마5:34~45) 그런데 바울은 이 진리를 더 쉽게, 더 구체적으로 이렇게 표현했습니다. "네 원수가 주리거든 먹이고 목마르거든 마시게 하라 그리함으로 네가 숯불을 그 머리에 쌓아 놓으리라 악에게 지지 말고 선으로 악을 이기라"(롬 12:20-21) 바울도 이웃이 아니라 원수가 주리거나 목말라하면 먹이고 마시게 하라고 당부하셨습니다. 주리는 이웃에게 먹이는 것은 쉬우나, 주리는 원수에게 먹을 것을 주는 것은 참으로 어렵습니다. 원수이기에 굶어 죽도록 방치하고 싶어하는 것이 인지상정이지요. 그런데 이런 정상성을 극복하라고 했습니다. 왜요? 그 원수를 근원적으로 변화시켜 이웃이나 벗이 되게 하기 위해서 입니다. 숯불을 이고 있으면 얼굴은 붉어지게 마련입니다. 이것은 원수관계 속에서 꽁꽁 얼어붙은 착한 마음이 비로소 다시 되살아난다는 뜻입니다. 원수를 미워하게되면 모두가 공멸로 치닫게 되지요. 서로 발악하게 되니까요. 이같은 발악순환 속에서 악의 힘은 커지게 마련입니다. 그러기에 악을 이기는 유일한 방법은 악을 선제적으로 사랑을 실천하는 것입니다. 이렇게 될 때 발악(發惡)은 마침내 발선(發善)으로 질적 변화를 겪게 됩니다. 여기에서 하나님 나라의 아름다움이 드러나게 됩니다. 원수 속의 악이 부끄러움으로 약화되면서 우리 속의 악도 함께 약화됩니다. 사랑지배가 작용하게 되지요. 이 발선에서 하나님의 평화와 공의가 꽃 필 수 있기에, 원수를 먼저 사랑하는 신앙적 결단과 실천이야말로 가장 큰 복이라 하겠습니다.

박철수 목사님의 책을 읽으며 저는 이같은 발선의 흐름을 느낄 수 있었습니다. 지난 71년간 강대국들에게 의해 너무나 억울하게 분단된 조국 땅에서 참된 평화를 타는 목마름으로 갈망하고 있는 그리스도인들은 이 책에서 그 갈증을 풀 수 있다고 저는 생각합니다. 무엇보다 개독교로 세상에서 경멸을 받고 있는 한국교회가 이 책을 통해 교회지도자들이 예수 축복의 참 뜻을 깨달아 축복의 혁명적 권면을 실천할 수 있게 되길 바랍니다. 우리 모두 세상의 소금과 빛의 역할을 감당함으로 조국 땅에서 평화가 큰 강물처럼 흐르게 하고, 공의가 단비처럼 내리게 되길 기도합니다. 『축복의 혁명』을 통해 발선의 복음이 메마른 조국 강토에 활짝 꽃 필 수 있기를 바랍니다.

추천의 글

한국교회의 오도된 축복관에 대한 개혁적 메시지
이만열 · 숙대 명예교수, 전 국사편찬위원장

2009년 저자가 『축복의 혁명』을 간행할 때 축사 겸 추천의 글을 쓴 바가 있다. 그때 이미 한국교회는 쇠락의 길에 들어서 있었고, 아프간 사태는 한국교회에 대한 시민들의 비판에 기름을 붓고 있었다. 뜻있는 그리스도인들은 그런 사태들이 한국교회에 자성과 회개의 기회가 되기를 기대했다. 그러나 한국교회는 자기 영혼을 향해 "영혼아 여러 해 쓸 물건을 많이 쌓아 두었으니 평안히 쉬고 먹고 마시고 즐거워하자"고 속삭이던 어리석은 부자 같이, 자부하는 마음은 있었으나 재를 무릅쓰는 회개는 없었다. 상황은 더 악화될 수밖에 없었다.

그 동안 세계는 한국교회가 세계사에 유례없는 성장과 발전을 거듭해 왔다고 지적해 왔다. 1960년대 이후 한국교회의 성장의 추세는 이를 반영해 주었다. 그러나 그런 성장에 비례하여 기독교적인 가치관과 문화가 성숙해졌던 것은 아니다. 역사의식이 투철해졌던 것도 아니다. 최근에는 그리스도인들이 사랑과 정의, 통일과 평화의 문제를 두고 가장 반동적인 모습까지 보였다. 한국 그리스도인의 민족문제 의식에는 화해와 용서가 실종되었고, 이념대립과 사회격차를 해소하려는 사회통합 의식면에서도 가장 극단적 편향성을 보이게 되었다. 이런 상황이고 보니 사회개혁 문제에 수구적 성향을 공공연히 드러내도 부끄러운 줄을 모른다.

이런 현상을 보면서 한국 그리스도인들이 왜 이렇게 반역사적인 신앙행태를 갖게 되었는가에 대해서 고민하지 않을 수 없다. 크게 두 가지 요인이 있다고 보았다. 하나는 한국교회가 갖고 있는 이원론적인 신앙행태라고 할 수 있다. 이는 성(聖)과 속(俗), 영(靈)과 육(肉)의 이분법적 토대에서서 하나님의 일과 사람의 일을 엄격히 구분하는 것이다. 그리하여 하나님의 일을 종교적인 것으로 제한시켜 버림으로 소위 세속적인 사역에서 하나님의 정의와 방법을 사상시켜 버렸다. 이는 반신앙적인 자세다. 하나님의 광대하신 통치질서에서는 성속·영육 구분이 무의미하다. 거기에는 예배 못지않게 노동이 필요하고, 신학 못지않게 자연과학이 필요하다.

또 하나는 한국 기독교인이 갖고 있는 복(축복)의 관념이다. 언제부터인지 한국교회는 한국인 심성 속에 깊숙이 내재해 있는 기복적 염원을 끌어내어 목회사역에 활용하기 시작했다. 교회에서는 복이라는 말이 넘쳐났고, '축복' '축원'이라는 말이 남발되면서 정의와 사랑의 질서가 훼손되었다. 복을 그렇게 원하면서도 정작 성경이 말하는 복이 무엇인지를 도외시했다. 요한 3서 3-4절을 빼고 2절만을 빌어 삼박자 축복을 강조하면서, 예수 믿으면 물질과 건강의 복을 받는다는 삼박자 축복(구원)으로 애써 유도했다. 물질과 건강의 복은 기복종교에서 강조하는 5복이나 유교의 5복(壽 富 康寧 攸好德 考終命)에도 미치지 못하는 것이었다. 기독교는 또 하나의 기복종교로 변하는 동안, 교회의 부정과 부패에 대해 개혁적인 능력을 전혀 발휘하지 못하게 되었다. 나아가 사회적 부패에 눈감아버렸고 사회개혁을 감당할 능력마저 상실하게 되었다.

저자 박철수 목사는 한국 그리스도인들의 이같은 잘못된 복 사상이 한국교회를 타락시키는 중대한 요인임을 깊이 통찰하고 이를 개혁하기 위해 여러 모로 노력해 왔다. 강단에서 외치기도 하고 『축복의 혁명』이란 이 책도 간행하게 되었다. 저자가 이 책을 25년만에 전면개정판을 내는 것은 한국교회의 왜곡된 '복' 신앙과 그 실제 현상이 아직도 변화가 없고 오히려 더욱 악화되고 있음을 직시했기 때문이다. 저자는 "기독교(基督敎)가 아니라 기복교(祈福敎)가 된 지 오래된" 한국교회의 타락된 축복신앙의 현실을 보면서 그것이 왜 잘못되었는지 성경 말씀을 통해 분석한다. 이런 접근을 통해서 성경이 가르치고 예수님이 친히 말씀하신 복이 어떠한지를 분명하게 제시한다.

이 책은 책의 제목이 보여주는 바와 같이, 한국교회의 복의 관념을 혁명적으로 바꾸고 그것을 어떻게 실천할 것인가를 제시하고 있다. 저자의 소원은 한국교회가 성경말씀이 가르치는 진정한 복받기를 원하고 있다. 글의 행간마다 한국교회를 뜨겁게 사랑하면서 외치는 저자의 예언자적 고뇌가 응어리져 있다. 저자는 복에 관한 성경의 가르침을 복음주의적 신학 이론에 근거하여 쉬운 문장으로 독자에게 전하고 있다. 이번 개정판에는 또한 저자가 평소 꾸준히 노력하여 얻은 풍부한 독서와 정보 수집의 결과를 확대하여 제공한다. 이 책이 이런 주제와 관련하여 빠지기 쉬운 저자만의 독선이나 편견, 억지 논리가 극복될 수 있는 것은 이런 풍부한 독서 정보가 잘 입증하고 있다.

한국교회는 개혁되지 않고서는 희망이 없다. 그러나 점점 다른 종교가 밟았던 기복종교의 왜곡된 전철을 그대로 밟아가고 있다. 과거 선민 이스라엘이 가나안 사람들이 섬겼던 맘몬의 상징 바알과 향락의 상징 아세라를 선호하고, 그 대신 날마다 주시는 일용할 양식에 대한 만족과 기쁨을 배제했을 때 멸망의 길로 내달음질 친 것처럼, 오늘날 맘몬신앙을 경쟁적으로 받아들이려는 한국교회에 그런 채찍이 오지 않을까 두렵다. 이 책을 애써 권하는 것은 한국교회가 빠져있는 이런 안타까운 기복주의를 탈피하는 신앙과 방안을 이 책이 제시하고 있기 때문이다.

추천의 글

기독교 신앙의 본질로 인도하는 책
김회권 목사 · 미 프린스턴 대학원, 숭실대 기독교학과 교수

이번에 대폭으로 전면개정된 『축복의 혁명』은 한국교회에 깊이 침투한 기복주의적 미신으로서의 통속적 기독교신앙을 자세히 분석하고 대안적인 참된 성경의 복을 제시한다. 이 책의 초판은 교회의 물신주의적 기복신앙을 경계하며 참된 성경적 복이 무엇인가를 제시함으로써 이 땅의 그리스도인들에게 신선한 충격을 주는 정도의 저작이었는데, 이번 수정증보판에는 몇 군데서 논쟁적이고 계도적인 논의가 상당히 추가되어 있다. 한국교회의 그릇된 십일조와 헌금강요 관행을 비판하기 위하여 구약과 신약의 관계를 길게 논술했고, 유물론적인 기복신앙 대신에 하나님백성이 누리는 참된 복을 옹호하기 위해 십자가 지는 자의 복에 대한 논의를 보강했다. 이 책이 주장하는 혁명적으로 변화된 복은 십자가를 지고 사는 성도의 복이며, 산상수훈의 팔복을 누리고 사는 복이며 이웃에게 복이 되는 그런 복이다. 책의 마지막에는 십자가를 지는 자의 복, 주는 자가 누리는 복, 말씀을 듣고 행하는 자가 누리는 복, 보지 않고 믿는 자의 복을 자세히 예거하며 자신의 일차적원적 욕망충족에 모든 것을 거는 기복신앙의 다양한 면모를 비판한다. 결국 이 책은 오도된 축복관을 장사밑천 삼아 번창하는 물신 숭배적인 교회를 통렬히 비판하면서 단숨에 기독교신앙의 본질로 인도한다. 다만 계몽적이고 교도적인 논조가 강한 몇 몇 군데서는 단순한 감동이 오기보다는 심각한 찔림을 경험할 독자들도 나타

날 것이다. 찔림은 회개의 전조이므로 찔림 자체가 감동으로, 참된 회개의 열매로 귀결되도록 기도하는 마음으로 읽으면 좋을 것이다.

서문과 후기를 제외하면 모두 15장으로 재구성된 이 책은 각각의 장이 독립된 강연 원고 혹은 설교처럼 자기완결성을 갖추고 있다. 후기에는 자신이 축복의 혁명을 경험하기까지 거쳐온 영적 여정이 간결하게 적혀있으며 책의 중심주제 중 하나인 성전논의, 십자가 논의, 하나님 나라 논의 등은 저자의 다른 책에서도 일부 다뤄져서 있으나 이런 현상은 여러 권의 책을 쓰는 저자들에게는 불가피한 면이기도 하다면 독자들은 이 반복을 너그럽게 봐줄 수 있을 것이다.

이 책은 축복관에 대한 성경사경회를 하려고 할 때 사용하기에 아주 적합한 교과서적인 책이다. 대중적인 필치로 쓰여졌으나 중요한 신학적 논제들과 신학자들과 기독교 사상가들의 글을 인용하거나 인증하여 저자 자신의 논지를 튼튼하게 뒷받침하고 있다. 다만 학자나 기독교사상가들의 글이 아주 단편적으로 인용되거나 인증되어 독자들의 목마름을 가중시키는 면이 있다.

이 책은 한국교회의 가장 큰 질병을 여섯 가지로 정리하는데(이원론, 기복주의, 반공주의, 반지성주의 등) 그 중에서 가장 만연한 질병이 기복주의라고 보고 그것에 대한 대안을 제시하는 데 그 초점을 맞춘다. 이 책에는 공중에서 추락한 비행기같은 한국교회의 블랙박스 잔해를 수거하며 사고원인을 조사하는 수사관같은 안목으로 한국교회가 극복해야 할 과제들을 제시한다. 『축복의 혁명』은 한국교회의 추락원인을 하나님말씀과 성령의 인도, 십자가복음이라는 절대안전항로를 이탈한 궤도이탈에서 찾는다. 그 궤도이탈을 초래한 요인은 기복주의적 축복관이라는 것이다. 저자가 무당종교화된 기독교를 우려하는 이유는 무당종교가 강조하는 쾌락주의, 요행주의, 물질주의가 참된 기독교를 심각하게 왜곡하였기 때문이다. 저자는 15편의 독립적이면서 유기적으로 연결된 글을 통해 교회 안에 파고든 오도된 축복관을 해부하고 현실적합성이 뛰어난 성경적 축복관을 제시한다.

이 책을 읽고 나면 또 하나의 심각한 질문이 떠오른다. 현재 한국교회의 무당종교적 현상, 기복주의적 신앙관의 만연, 맘몬이즘과 바알주의적 교회운영의 난맥상 등을 어떻게 규정해야 하는가? 참된 하나님의 말씀의 씨앗이 뿌려졌지만 아직 가시덤불과 질려에 깔려 자라지 못한 미성숙의 문제일까? 아니면 무속종교라는 엄청난 바위 흙 위에 떨어진 복음의 씨앗이 아예 땅을 뚫고 나오지도 못하고 있는 것일까? 이것도 아니면 복음의 씨앗이 아니라 자는 사이에 원수가 가라지를 심어 놓고 가버렸을까? 『축복의 혁명』이 제기한 문제들의 백태를 보면, 아예 '한국인의 심성에는 정통 십자가의 복음이 뿌려져 본 적도 없지 않은가' 의아심이 들 정도다. 만일, 한국교회의 문제가 앞의 두 경우라면 좀 더 희망의 여지가 있을지도 모른다. 가시덤불을 베고 바위를 파내면 되기 때문이다. 하지만 세 번째 경우라면 한국기독교는 완전히 판을 뒤엎고 새롭게 시작해야 할지 모른다. 저자는 세 번째 시나리오를 취하는 것처럼 보이지는 않는다. 그는 한국교회가 아직 미성숙하기 때문에 바른 교육과 인도가 필요하다고 믿는다. 우리는 그의 진단에 동의하지 않을 수 없다.

이 책은 진지하고 중요한 신학적 쟁점들을 일반 독자들이 읽기에 아주 명쾌하고 정리해 준다. 그는 비판하면서도 아파한다. 그릇된 것에 대한 그의 맹렬한 비판은 항상 따뜻하고 구체적인 대안 제시로 균형을 이룬다. 독자들을 사이비 기독교신앙에 대한 매몰찬 비판과 성찰로 몰아가면서도 시종일관 참된 기독교신앙이 얼마나 멋지고 아름답고 사회 공익적인가를 깨닫도록 도와준다.

이 책의 문체는 예언자적인 기품과 철학자적인 내성(內省)으로 단련되어 있다. 때로는 저자의 비관주의적이고 비판적인 전망은 인간의 어리석음과 연약함에 대한 동정어린 탄식으로 이어지기도 하고 때로는 하나님의 은혜를 더욱 사모하게 만들기도 한다. 이 책은 현실 기독교회에 실망한 청년 신자들에게 그리고 심지어 기독교의 무한추락으로 안티기독교 당원이 되어버린 사람들에게 참회록처럼 읽힐 수도 있을 것이다. 이 책을 읽고 나면 기독교신앙을 제대로 배워보고 싶다는 열망이 솟아오를 것이다.

프롤로그

가장 중요한 것은 눈에 보이지 않아
어른들은 정말 이상해
어린왕자는 이렇게 생각하면서
여행을 계속했다
—생텍쥐페리 『어린왕자』에서

파스칼은 『팡세』에서 말한다. "모든 사람은 행복을 추구한다. 여기에는 예외가 없다. 그 수단은 여러 가지이지만 모두 이 목적을 향하고 있다. 인간의 의지는 이 목적을 향하는 것이 아니면 조금도 움직이지 않는다. 행복의 추구야말로 모든 사람 모든 행위의 원동력이다. 그러나 신앙 없이 행복에 도달한 사람은 한 사람도 없다." 행복은 인간이 추구하는 최고선(最高善)이다. 무엇을 복이라고 생각하느냐에 따라서 그 사람의 인격과 됨됨이가 달라진다. 무엇을 복이라고 생각하느냐에 따라서 그 사람의 가치관과 세계관이 달라진다. 더 나아가 무엇이 복이라고 생각하느냐에 따라서 그 사람의 신앙을 알 수 있다. 그러므로 아무리 기독교인이라고 입으로 수 백번 고백한들 무엇을 복이라 생각하느냐에 따라 기독교인일 수도 있고 아닐 수도 있다. 그런 의미에서 기독교 신앙을 갖는다는 말은 성경이 말하는 복을 추구하는 사람들이다. 행복은 만인이 추구하는 만인의 과제다. 그런 면에서 기독교는 행복을 약속하고 복을 추구하는 복음이다. 성경은 오직 하나님만이 행복의 근원이시고, 오직 그분만이 복을 주시는 분이라고 말한다.

그러나 문제는 '무엇이 행복이며 무엇이 진정한 복이냐' 하는 것이다. 그런 의미에서 회개란 세상적인 복의 관점에서 돌이켜 성경적 행복관을 갖는 것이다. 큰소리로 눈물을 흘리며 기도하고, 여러 날 동안 산 기도를 왔다갔다 하는 것이 회개인가? 물론 회개하는 가운데 그런 일이 있을 수 있다. 진정으로 회개한다면 우리의 마음이 뜨거워지고 눈물을 흘릴 수 있다. 그러나 눈물을 흘리는 것이 회개의 결정적 증거가 될 수는 없다. 좋은 영화 한편을 보고도, 감동적인 소설 한권을 보고도 눈물 흘릴 수 있고 마음이 뜨거워 질 수 있지 아니한가? 사도 바울은 지금까지 자신이 자랑으로 여기고 중요하다고 생각하던 것을 모두 배설물로 여긴다고 고백한다.

> 그러나 무엇이든지 내게 유익하던 것을 내가 그리스도를 위하여 다 해로 여길뿐더러 또한 모든 것을 해로 여김은 내 주 그리스도 예수를 아는 지식이 가장 고상하기 때문이라 내가 그를 위하여 모든 것을 잃어버리고 배설물로 여김은 그리스도를 얻고 (빌3:7-8)

이와 같이 우리가 추구하는 행복의 내용이 바뀌고, 성경적 세계관으로 무장되어 하나님나라 관점에서 세계를 볼 줄 알고, 이 땅을 살아갈 때 진정으로 회개한 것이요, 그것이 바로 행복의 비결이다.

기독교는 인간의 본능적 욕구를 채워주는 종교가 아니다. 만일 그렇다면 기독교는 진리의 종교가 아니다. 기독교는 예수 그리스도가 중심이 되는 신앙이다. 그분을 통해서만 하나님을 알고, 그분을 보고 하나님을 발견한다. 그분 자신이 복이다. 그분께서 복이라고 하는 것이 복이다. 오늘도 많은 사람들은 행복을 추구하기에 바쁘고 행복에 갈증을 느끼며 산다. 모든 사람들이 그렇지는 않지만 더 많은 소비, 더 좋은 집, 더 좋은 대학을 향하여 오늘도 발버둥을 치고 있다. 21세기에 들어서 행복학자들은 현대사회가 오히려 '행복의 덫'에 걸렸다고 말한다. 돈과 물질, 쾌락이나 명성이나 인기가 사람을 행복하게 하는 것이 아니라는 것이다. 그런데도 요사이 흙수저, 은수저, 금수저에 따라 행복이 만들어 진다고 말하고 있다. 거짓말이다. 성경은 수저의 종류에 따라 행복이 결정된다고 결코 말하지 않는다. 청년들이여, 현실에 묻히지 말고, 냉소에 빠지지 말고 미래를 창조해 가야 하지 않겠는가! '헬조선'이 된 이 나라를 하나님 나라로 바꾸는 데 참여해야 하지 않겠는가!

변질된 기독교가 무서운 속도로 번져가고 있다. 맘몬신이 한국교회 안에 득세하고 있다. 세속적이고 무당적인 복이 인기를 독차지하고 기승을 부리고 있다. 참으로 위기다! 일본 동경대학교 명예교수인 아사미 마사카즈는 『한국 기독교, 어떻게 국가적 종교가 되었는가』에서 "현재 한국교회는 기독교화된 무속종교가 되어가고 있으며, 컬트적이고 이단적 교회일 거라고 생각하는 일본인들이 적지 않다. 컬트는 라틴어의 '숭배'(cultus)에서 유래한 말로 사교(邪敎)가 되었다"고 말한다. 조금은 극단적인 말이지만 얼마나 부끄러운 말인가! 2016년 벽두 국회의사당에서는 200여명의 무속인들과 국회의원들이 모여 굿판을 열었다. 기독교 한기총에서도 국회의사당에서 예배를 드리고 있으니 할 말이 없지만 그래도 입맛이 개운치만은 않다. 세상사람 보기에 기독교나 무당종교는 별 차이가 없을 것이다. 기독교가 소위 고등종교라는데 별 나은 것이 있는가? 복의 문제는 신앙의 본질과 성경해석, 인생의 목적과 연관되어 있다. 한국교회는 기독교(基督敎)가 아니라 기복교(祈福敎)가 된 지 오래다. 세계적인 영성 신학자 유진 피터슨이 『그 길을 걸으라』에서 말한대로 "소비자 중심주의 교회는 사탄의 교회다." 기복주의는 성경의 진리를 원천에서부터 보지 못하게 하는 놀라운 적이요 사탄의 장난이다. 기복주의는 무엇보다도 인간의 본능을 충족시키는 것이요, 성경의 본질을 훼손시키는 중대한 문제다. 기복주의는 승리주의, 번영신학의 성경해석과 관련 되어있다. 기복주의 종교는 진리를 파괴하는 주범이다. 기복주의는 구원론과 기독론, 교회론, 성령론 등에 영향을 주면서 기독교의 본질을 왜곡하고 있다. 기복주의는 미신이요 마술신앙이다.

지금, 한국교회는 예수님께서 말씀하신 복으로 돌아가야 한다. 지금 한국교회는 축복관을 바로잡기 위한 성경적 회복운동이 일어나야 할 때다. 그렇지 않고는 회생할 수 없다. 참으로 '축복의 혁명'이 일어나야 한다. 이러한 소망으로 이 글을 썼다. 이 책이 나온 지도 벌써 25년이 흘렀다. 그동안 3만여 권의 책이 팔렸다. 의외로 많은 사람들이 이 책의 내용에 공감하고 이 책을 통해 치유받는 것을 보면서 감사하게 생각한다. 책을 쓸 때만 해도 기복주의에 대한 신학적 논의가 없지는 않았지만, 지금처럼 기복주의의 문제점을 심각하게 여기는 사람은 매우 적었다. 나는 이 책이 기복주의의 문제점을 대중적으로 환기시키는 일에 공헌한 것에 대해 감사한다. 그러나 지금이나 그 때나 한국교회 목사나 교인들이 하나님께서 말씀하신 복의 실체를 제대로 발견하고, 나아가 변화된 삶을 살고 있다고 보지는 않는다. 오히려 한국교회는 갈수록 메가처치를 향한 성장주의와 번영신학으로 치닫고 있으며, 마치 브레이크가 고장 난 자동차처럼 기복주의 속으로 깊이 빠져들어 가고 있어 안타까울 뿐이다.

에릭호퍼(Eric Hoffer, 1902-1983)는 『맹신자들』에서 "눈 감고 귀 막는 능력이야말로 맹신자들이 지닌 불굴의 결단력과 충성심의 원천이다. 이렇듯 어느 종교 집단의 효과는 그것이 표방하는 진리의 심오함이나 숭고

함이나 정당성이 아니라, 자신과 세계의 원래 모습으로부터 얼마나 철저히 격리시키는 가로 판명난다." 우리도 처음 받아드린 믿음으로 가슴을 열고, 열린 마음으로 살펴볼 수는 없는가? 혹 한국교회가 맹신자들이 모인 집단이 아닌가?

아름다운 결혼이 혼수의 많고 적음에 있는 것이 아니라 진정한 사랑에 있듯이, 예수 그리스도를 만나는 것 자체가 큰 복이다. 믿지 않는 자들이 형통과 평안을 얻고, 믿는 자들이 오히려 고난과 역경 속에 있는 모순된 현실을 보고 시편 기자가 기도하는 중에 깨달은 결론이 있다

> 하나님께 가까이 함이 내게 복이라 (시73:28)

이 책은 초판 『축복의 혁명』이 말하려는 내용을 상당부분 수정·보완한 것이다. 이번 개정판은 초판에 비해 60% 이상 늘어났다. 1장 한국교회의 여섯 가지 병과 5-7장은 2장으로 된 '신구약성경'을 이번에는 세 개의 장으로 나누어 그 내용들을 좀 더 자세히 살폈다. 14장 십자가는 대폭 수정되었고, 15장 하나님 나라가 새로이 추가되었다. 각주에 나온 책들은 독자들에게 권하는 싶은 마음에서 불편을 감수하고 쓴 것이다. 초판보다 논쟁점이 많아지다 보니 다소 무겁게 되었음을 독자들께서 양해해 주시기 바랍니다. 이 책에서는 '복'과 '행복'을 교차 사용하였으며 '복'과 '축복'은 구분하여 사용했다. 특별히 초판과는 달리 하나님 나라의 관점으로 썼다는 것이 개정판의 특징이다. 무엇보다 이 책의 중심은 기복주의의 문제를 심층적으로 살핀 책이다.

존경하는 한완상 박사님께서 매우 바쁘신 가운데서 추천서를 써 주셨

다. 한 박사님은 이미 통일부총리를 역임하셨으며, 사회의사(social doctor)로 교회뿐만아니라 사회 전영역에서 활발하게 활동하고 계신다. 이만열 교수님께서는 복음주의권의 대표적 어른이시며 한국교회의 사표(師表)로서 존경받고 계시는 분이다. 뜨거운 마음으로 추천서를 써 주셨다. 두 분은 하나님 나라를 몸으로 살아가는 분이시다. 김회권 교수는 세계적 수준의 신학자로서 성경의 원음에 따라 급진적이며, 능력있는 말씀을 전하고 있으며 〈하나님나라연구소〉를 만들어 많은 청년들과 지성적 그리스도인들에게 하나님 나라를 가르치고 있다. 귀한 분들의 추천서를 받게 되어 기쁜 마음으로 감사드린다.

섬유근육통으로 매우 고통스러워 이 책을 쓸 수 없는 가운데서 전반적인 수정과 교정을 살펴준 사랑하는 나의 친구 공용철 형제, 곽진환 교수, 그리고 분당두레교회 동그라미 자매, 정기립 원장, 신학적 조언을 해준 『레위기 신학』을 쓴 제자 김경열 교수, 『메가처치를 넘어서』의 저자인 신광은 목사에게 도움을 받았다. 무엇보다 신학교를 다니는 엄현 형제의 타이핑과 위의 여러분들의 도움이 없었더라면, 이 책은 태어날 수 없었을 것이다. 도서출판 대장간의 배용하 대표의 배려에 대하여 깊이 감사를 드리며, 아울러 직원들의 노고에도 감사드린다.

2016년 3월 부활절 새벽에

박철수

1장 한국교회의 여섯 가지 병

> 오직 순종하는 자만이 믿는다
> 믿음이 값싼 은혜가 되지 않으려면
> 순종의 첫걸음을 내딛어야 한다.
> 순종의 첫걸음은
> 베드로로 하여금 그물과 배를 버리게 하고
> 부자 청년으로 하여금 재물을 등지게 한다
> ―본회퍼 『나를 따르라』에서

> 어떠한 형편에든지 내가 자족하기를 배웠노니
> 내가 비천에 처할 줄도 알고 풍부에 처할 줄도 알아
> 모든 일에 배부르며 배고픔과 풍부와 궁핍에도
> 일체의 비결을 배웠노라
> ―빌립보서 4장 11-12절

기독교 신앙을 가진 사람이든, 갖지 않은 사람이든, 생각 있는 사람이라면 한국교회를 보고 무엇인가 잘못되었다고 이구동성으로 말한다. 분명히 한국교회는 소화불량이나 감기에 걸린 정도가 아닌 심각한 중병에 걸려 죽어가고 있다. 여러 가지로 진단할 수 있겠지만 나는 한국교회가 다섯 가지 병에 걸려 있다고 본다. 성령의 바람이 불지 않는다면 요한계시록에 나타난 일곱 교회처럼 사라질 위기에 직면해 있는 것이다.

소비자 중심주의

첫 번째 병은 소비자 중심주의다.

이것은 백화점을 생각하면 쉽게 이해할 수 있다. 소비자는 왕이다. 소비자를 눈살 찌푸리게 해서는 안 된다. 그들은 우리의 왕이기에 최선을 다해야 한다. 백화점이 소비자들을 왕이라고 부르는 것은 고도의 상업정신이다. 이것이 바로 소비자 중심주의이다. 한국교회가 지향하는 성장주의의 근원은 소비자 중심주의다. 소비자들의 환상을 만족시켜 주는 일, 별이라도 따다 주겠다고 약속하는 일, 복음을 소비자의 용어로 재구성하는 일이다. 오락, 만족, 흥분, 모험, 문제 해결 등 이러한 언어를 들으며 성장하고, 이러한 언어로 말해야 이해한다.

놀랍게도 아론은 소비자 중심주의의 원조다. 아론은 성경에서 모세와 함께 등장하기 시작하는데, 공교롭게도 그의 대제사장 임명(출28장)과 금송아지 사건(출32장)이 동시에 나온다. 아론은 금송아지 사건의 주동자였다. 이스라엘 민족이 출애굽한 뒤, 모세의 인도로 시내산에 이르러 하나님으로부터 율법을 받고(출20-23장), "그들이 한 소리로 응답하여 이르되 여호와께서 말씀하신 모든 것을 우리가 준행하리이다"(출24:3)하고 피로써 다짐했다. 그런데 바로 그 뒤 모세가 하나님의 부르심을 받고 사십 일을 시내 산에 머무르는 동안 정말 예측하기 어려운 사건이 일어났다. 이스라엘 백성은 모세가 산에 올라가 더디 내려옴을 보고 아론을 충동하여 눈에 보이는 신상을 만들라고 독촉한다. 이러한 변덕을 누가 예측할 수 있을 것인가! 얼마 전까지만 해도 이집트에서 열 가지 재앙을 통해 하나님의 살아계심과 전능하심을 체험했던 그들이 아니었던가! 홍해의 놀라운 갈라짐을 통해 이집트에서 구원을 받고 환희와 감사의 노래를 불렀던 그들이 아닌가! 그리고 바로 며칠 전 하나님의 말씀대로 살겠다고 피로써 약속한 그들이 아닌가! "나 외에는 다른 신을 두지 말라"는 하나님의 음성이 아직도 메아리처럼 들리는 듯한데 그들은 자신들을 인도할 '금송아지'를 만들자고 하다니. 금송아지 사건만큼 반역적이고 배은망덕한 인간의 모습이 잘 드러난 사건은 없으리라. 그런데 우매한 백성들은 그렇다 치더라도 아론은 어찌 된 영문인가? 모세와 함께 백성의 지도자가 아니었던가! 그런데 그 아론이 백성의 요구에 따라 금으로 만든 송아지로 하나님을 삼고 단을 쌓아 번제와 화목제를 드린 것은 소비자 중심주의 목회의 시작이라 볼 수 있다. 이 일로 여호와 하나님께서는 크게 분노하셨고 이스라엘 백성은 삼천 명이나 죽임을 당했다. 소비자 중심주의의 원조는 아론이다.

유진 피터슨의 말대로 "그러니 교회도 예술의 경지에 오른 소비자 중심 교회로 만들지 못할 이유가 무엇이겠는가? 우리 문화에 널리 확산된 여건으로 볼 때, 그렇게 하면 가장 효과적으로 부유한 사람들을 많이 끌어 모을 수 있을지 모르지만 이 방법의 문제점은 하나님이 우리를 예수님의 삶에 부합하도록 이끌고 구원의 길로 이끄시는 방법이 아니라는 점이다. 이 방법은 우리가 더 작아지고 예수님이 더 커지는 방법이 아니다. 정의와 섬김의 삶을 살기 위해 희생하고 다른 사람들에게 자신을 내어주는 방법이 아니다. 소비자 중심 교회는 적그리스도 교회다.

소비자를 만족시키고 상품지향적인 교인을 양성하는 방법으로는, 하나님을 경외하고 순종하는 교인을 모을 수 없다. 만약 그러한 방법을 개발한다면 우리는 바퀴가 빠지기 직전의 마차처럼 흔들리기 시작할 것이다. 지금 우리는 그 바퀴가 '이미' 빠져나가는 지경에 와 있다. 예수님의 진리를 팔기 위해서 예수님의 길을 억압할 수는 없다. 예수님의 길과 예수님의 진리는 반드시 일치해야 한다. 예수님의 길이 예수님의 진리와 유기적으로 결합해야만 우리는 비로소 예수님의 생명을 얻을 수 있다."1)

사랑의 교회 옥한흠 목사는 말하기를 "나는 설교를 준비할 때 장로님의 얼굴이 생각나고 교인들의 얼굴이 떠올라 성경의 절반 밖에 가르치지 못했다"라고 고백했다. 듣기 좋은 말만 했다는 말이다. 마음을 편하게 해주는 말씀을 전해야 좋은 목사가 되고 복을 주는 설교를 해야 인기 있는 목사가 되고 청중들이 좋아하는 설교를 해야 큰 교회로 성장한다. 이른바 소비자 중심 교회다. 목사들이 싸구려 회개를 가르치고 있다. 교인의 마음에 거슬릴까봐 조심하면서 그들의 마음을 편하게 해주기에 바쁘다. 행여나 그들이 예수님께서 하신 말씀을 직접 들으면 혹시 교회를 떠날까 봐 걱정이다. 부득이 값싼 은혜를 가르칠 수밖에 없다. 이 얼마나 큰 죄인가!

한국교회가 빛과 소금이 되지 못하고 손가락질 받으며 이 모양, 이 지경이 된 것은 값싼 은혜를 가르치고 교회당 확장에만 매달렸기 때문은 아닐까? 목사도 영업을 잘해야 좋은 목사가 된다. 한국교회는 무조건 교회당이 크고, 교인 수가 많으면 좋은 교회라느니, 훌륭한 목사라는 등 위대한 착각에 빠져 있다. 자끄 엘륄은 『뒤틀려진 기독교』에서 "기독교가 성경대로 바르게 선포된다면 기독교는 많은 수를 얻지 못하고 이 땅에서 누릴 수 있는 대가와 이익을 얻지 못할 것이다. 그럼에도, 인간의 동의를 얻으려고 그들의 기호를 맞추고 그들을 매료시켜야 한다니!"라고 탄식했다.

율법주의

두 번째는 율법주의다.

시내 산에서 모세에게 주어진 하나님의 계명은 모두 열 가지다. 그러

---

1) 유진 피터슨, 양해원 역, 『그 길을 걸으라』(IVP, 2007), 21-22쪽.

나 구약성경은 토라, 미쉬나를 통해서 열 개의 계명이 곧 613가지로 확대된다. 그리고 유대 문서에 나타난 기록들을 보면, 계속해서 더 많은 계명들이 생겨나 율법은 기하급수적으로 불어났다. 그러다보니 나중에는 아무리 많은 금기와 규율로도 오히려 부족하게 되었다. 그렇다면 왜 그렇게 많은 율법이 생겼을까? 이유는 간단하다. 두려움 때문이다. 예수님이 오시기 전 오직 율법에만 의지해서 살던 유대인들은 율법에 의해 드러나는 죄와 그에 대한 두려움을 직접 체험할 수밖에 없었다. 구원이 율법에 의해서 좌우될 경우, 누구든 자기도 모르는 사이에 율법을 범하여 구원을 잃을 수 있기 때문이다. 당연히 구약시대의 사람들은 율법에 신경을 곤두세울 수밖에 없었다.

예를 들자면, 안식일에 아이를 안는 것은 허용되었다. 하지만 돌을 드는 것은 허락되지 않았다. 때문에 유대인들은 이번엔 아이를 안는 것은 어떠한지를 걱정하게 되었다. 그래서 다시 율법사에게 달려가 물어볼 수밖에 없었다. 이처럼 두려움이 율법들을 낳았다, 그 율법들이 다시 더 많은 두려움을 불러왔다.

이러한 악순환이 반복됨에 따라 결국 '유한한 요청'이었던 율법이 점차 '무한한 요청'으로 바뀌어갔다. 그럼으로 어느 때부터인가는 그 어떤 경건한 사람도 모든 율법을 지키면서 살 수 없게 되었다. 하나님이 그의 백성에게 자유를 부여하기 위해 내린 십계명에서 시작한 율법이 결국 그 누구도 꼼짝 못하게끔 사람들을 옭아매는 족쇄가 된 것이다.

바로 이것이 지금도 끊임없이 반복되는 율법주의, 또는 도덕주의 시작의 전모다"[2] 유대인들은 하나님이 정하신 것보다 더 잘 지키려 했다. 어떤 면에서 유대인들의 이런 태도는 굉장히 놀라운 사실이다. 마가복음 7장에 나오는 장로들의 유전, 사람의 계명이라는 것이 바로 이것들이다. 금기

---

[2] 김용규, 『데칼로그』(포이에마, 2015), 36–37쪽.

(禁忌)가 많은 것은 영적으로 발전하고 성숙할 수 없다. 신자에게 상상력과 창조력을 막히게 할 뿐 아니라 숨 막히게 하고, 꽉 막힌 사람, 답답한 사람, 고지식한 사람으로 만든다. 왜 똑똑한 사람도 교회를 다니면 좀 멍청한 사람이 되는가?

자끄 엘륄은 "기독교의 윤리는 삶의 윤리요, 삶은 역동적이어서 모든 상황은 각각 고유한 것이다"라고 말한다. 하나님의 계명은 보편화된 규범이 아니고 규범의 총체가 아니라서 항상 매 경우, 매 상황에 따라 개별적인 것이다. 매순간 좀 더 분명히 할 필요가 생기는 것은 하나님의 계명의 내용이 아니라 인간의 상황이다.3)

오늘 한국교회에서도 오직 믿음으로 구원을 얻는다고 말하면서 십일조, 여러 종류의 헌금, 봉사, 새벽기도회, 주일성수, 전도 등을 잘하면 신앙이 좋은 사람으로 규정하고 계급을 만드는데 교인들도 암암리에 이를 승인하고 따르고 있다. 이것이 바로 율법주의다. 그들은 말씀에 순종하는 믿음과 사랑을 보는 것이 아니라 자신들이 만든 몇 가지 법에 충실하면 잘 믿는 사람이 된다. 율법주의의 대안은 자유와 사랑이다. 사랑이 없이 율법을 지키는 것은 다른 사람들을 정죄하기를 마다하지 않는다. 자기가 세운 공로와 자기 의를 주장하는 오류에 빠지게 된다. 사도바울은 갈라디아교회에 보낸 편지에서 이것이 예수님께서 가르쳐주신 믿음이 아니라고 말했다.4) 교회에서 주일날 거의 지칠 정도로 열심을 다해 봉사한다는 이름으로 초인적 봉사를 한다면 이것은 주일성수가 아니다. 신앙은 오직 자발성 안에서 이루어져야 한다.

사랑의 법보다 더 큰 율법은 없다. 모든 것이 사랑으로 이루어져야 한

---

3) 자끄 엘륄, 양명수 역, 『원함과 행함』(솔로몬, 2008), 280-281쪽.
4) 필립 샤프, 이길상 역, 『기독교회사 전집2』(크리스챤다이제스트, 2004), 420-424쪽.

다. 그렇다고 무 율법주의자가 되자는 것은 더욱 아니다.

> 가라사대 안식일은 사람을 위하여 있는 것이요 사람이 안식일을 위하여 있는 것이 아니니 이러므로 인자는 안식일에도 주인이니라 (막 2:27-28)

예수님은 법이 사람 위에 있는 것이 아니라 사람이 법 위에 있다는 것을 말씀하신다. 유대인의 안식일 법 이외의 안식일과 관련된 39가지 금지사항을 만들어서, 이를 공공연하게 어기는 사람들은 우상숭배자로 여겼으며 반대로 우상숭배자라도 안식일을 거룩히 지키면 그 죄를 사함 받는다고 가르쳤다.[5]

예수님은 하나님을 부를 때 아빠(abba)라고 부르셨다. 그리고 우리들에게 아빠라고 부르도록 하셨다. 하나님과 신자의 관계는 아버지와 자식의 관계다. 아빠와 아들 그리고 주인과 종의 관계는 엄청난 차이가 있다. 아들은 무엇이든지 아버지로부터 자유하다. 아들이 무슨 잘못을 하던 아버지는 아들을 타이른다. 아버지는 아들에게 '앞으로는 그렇게 하지 말라'고 하신다. 아무리 아들이 큰 잘못을 했을지라도 아버지와 아들의 관계는 끊어지지 않는다. 아들은 아무리 아버지로부터 심한 책망을 받는다 할지라도 아버지가 나를 끝까지 사랑한다는 사실을 알고 있다. 그러나 주인과 종의 관계는 다르다. 종은 항상 주인에게 잘 보이려고 애쓰고, 조금만 잘못해도 크게 책망 받을 것을 염려하고 주인으로부터 쫓겨날 수도 있다. 종은 주인의 눈치를 보며 살 수 밖에 없다. 탕자의 비유가 가르쳐주는 아버지의 모습에서 우리는 아버지가 얼마나 좋은 아버지인가 알 수 있

---

[5] 이진희, 『율법 그런 알아서 뭐해』(쿰란출판사, 2005), 236-238쪽.

다. 둘째 아들이 아버지께 크게 잘못했지만 아버지는 집나간 아들을 날마다 기다리고 계시고 회개하고 돌아오자마자 용서하신다. 여기서 아버지는 하나님이 어떤 분이신가를 잘 보여준다. 스캇 펙(Scott Peck)은 『거짓의 사람들』에서 "율법주의는 무엇보다 자신을 정죄하고 다른 사람을 정죄한다. 결국 기진맥진에 빠져버린다. 일종의 완벽주의다." 사도 바울은 갈라디아 교회에게 율법에서 자유하라고 말한다.

자끄 엘륄은 "계속적으로 새로운 윤리 형식을 만들어 율법화하고 그렇게 함으로써 예견하고 도식화할 때 신앙은 매우 위험한 결과를 낳는다. 이것들은 오히려 성령의 활동을 제한하고 신앙의 창조력을 빼앗아 버린다. 선하고 아름다운 것이 무엇인지 아는 순간, 끊임없이 남을 판단하는 유혹이 시작된다. 신앙이란 자유와 자발성 안에서만 진정한 신앙이며 그 자발성이 육체의 기회가 되게 하지 말라"라고 말한다.6) 참된 그리스도인은 자유인이다! 인간은 겉으로만 보면 똑같이 살아간다. 그러나 그의 내면의 세계에 따라 전혀 다르게 살아간다. 계시는 살아 있고 현재적인 말씀이기 때문에 결코 죽은 글자가 아니며, 따라서 율법으로 체계화될 수 없다.

이처럼 하나님의 뜻은 우리를 벗어나 있으므로 체계화의 대상이 된다든지, 목표물이 된다든지 존재 근거가 된다든지 할 수 없다. 남을 판단하는 것, 그것은 그리스도 안에서의 자유를 무시하는 것이다. 교회가 객관적인 윤리를 정립하려고 할 때마다, 구체적인 결과를 끄집어내려 할 때마다 즉시 심판의 작업들이 줄을 잇고, 그리하여 선한 자와 악한 자를 가리고, 마침내는 복음을 송두리째 거부하는 결과를 가져온다.7)

---

6) 자끄 엘륄, 양명수 역, 『원함과 행함』(솔로몬, 2008), 295쪽.
7) 앞의 책, 298-299쪽.

이원론

한국교회의 세 번째 병은 이원론의 문제다.

이원론이란 세상 일을 성스러운 것과 속된 것으로 분리해서 보는 것을 말한다. 또 육체와 영혼을 갈라놓는 생각을 말한다. 교회 안의 일이나 목사가 하는 일은 모두 성스러운 것이고, 교회 밖의 세상 일들은 속되고 더러운 일이라고 생각한다. 그러나 하나님께서 창조하신 이 세상의 모든 것은 인간의 타락으로 말미암아 비뚤어지고 오염되었을 뿐이지 원래는 아름답고 좋은 것이다. 하나님이 만드신 모든 것은 어느 것 하나 빼놓지 않고 아름답고 선한 것이다. 하나님의 선택을 받은 교회와 교인은 타락으로 말미암아 뒤틀리고 구투러진(twisted and crooked, 빌2:15)세대를 어떻게 하면 예수 그리스도 안에서 회복시킬 것인가에 관심을 가져야 한다. 그것이 교회와 기독교인의 빛과 소금의 역할이다. 그런데도 한국교회 안에는 정치, 경제, 사회, 교육, 노동 등의 세상 일들은 모두 더럽고 악하기 때문에 상관할 바가 아니라고 믿는 사람들이 너무나 많다. 한국교회는 신앙과 직접 관련이 있는 예배, 헌금, 기도, 봉사 등 교회 안에서 일어나는 일이 아니면 신앙과 전혀 관계가 없는 것이라고 생각한다. 그래서 설교나 기도는 무조건 영적이고, 세상의 직업은 속된 것이라고 생각한다. 기도라고 해서 무조건 거룩한 것은 아니다. 세속적 기도도 있다. 또 반대로 우리가 세속적이라고 생각하는 정치나 노동도 거룩하게 해야 한다. 기독교인은 세상 한가운데서 그리스도를 증거 하는 사람들이다. 교회는 세상에서 빛과 소금이다. 한국교회는 너무 비성경적이고 이교적인 이원론에 빠져 있어서 웬만한 신학적 훈련이 없는 목회자를 포함한 대부분의 신앙인들은 자기가 이원론에 빠져 있는지조차 모르는 지경이다. 이원론이 어디서부터 시작되었는지 잠시 살펴보자.

"3세기경에 알렉산드리아에서 고대 그리스 철학인 신플라톤주의와 당시 신흥종교였던 기독교의 만남이 일어났다. 알렉산드로스 대왕이 기원전 331-332년경에 건설한 도시 알렉산드리아는 로마와 안디옥과 함께 그 당시 로마제국 내에서 가장 번성한 도시 중 하나였다. 게다가 기원전 306년에는 프톨레마이오스 1세가 여기에 도서관을 세우고 많은 장서와 훌륭한 학자들을 모아 학문을 권장했다. 그 결과 알렉산드리아는 문화적 측면에서는 오히려 로마와 안디옥을 넘어 당대 세계 최고의 수준을 자랑했다.

자연히 세계 각국에서 여러 종류의 학문과 예술, 종교가 이곳에 모이게 되었고, 그것들이 서로 어우러져서 독특한 색깔의 새로운 학문과 종교를 이루어냈다. 이때 '젊고 새로운 피'인 기독교가 '늙은 거인'인 그리스 철학과 만났다. 이 역사적 만남이 오늘날 우리가 기독교 사상 또는 중세 철학이라고 부르는 '젊고도 활력 있는 거인'을 탄생시켜 서양 사상사에 새로운 시대를 열었던 것이다. 기독교사에서는 이 시기가 교리를 확정하고 사상을 체계화하던 때였다. 교리란 외적으로는 다른 종교와의 구분을 위해, 그리고 내적으로는 기독교 내부의 이단자들을 구별하기 위해 필요했던 원리들이다. 그런데 본래 초이성적 계시로 시작된 기독교는 자신들의 주장을 이론적으로 설명하는 데에 많은 어려움이 있었다. 이때 기독교가 당면한 난관을 해소하는 데에 혁혁한 공로를 세운 것이 바로 그리스 철학, 그중에서도 파르메니데스, 플라톤의 전통을 이어받은 플로티노스(Plotinus, 204-270)의 신플라톤주의였다.

예컨대 알렉산드리아의 클레멘트, 오리게네스, 유세비우스의 교부철학, 아우구스티누스 등과 같은 교부 사상가들은 신약성경의 예수님의 복음을 통해 형성된 기독교의 가르침을 신플라톤주의와 그 안에 녹아 있는 플라톤 철학에 힘입어 정리하여 기독교의 교리와 사상을 구축했다. 이때 신플라톤주의 철학이 끼친 지대한 영향은 초기 기독교 사상가들이 플라톤을 "예수가 탄생하기 400년이나 전에 존재했던 기독교인" 또는 "그리스어로 저술하고 있는 모세"로 평가하는 것을 보면 가히 짐작할 수 있다.

따라서 만일 우리가 신학과 철학 어느 편에도 치우치지 않고 정당하게 평가한다면, 초기 기독교 사상가들이 정리한 교리와 사상 중 그 어떤 것도 그리스 철학으로부터 나온 것은 없지만, 그중 어느 것 하나도 그리스 철학의 영향 아래서 정리되지 않은 것이 없다고 말해야 할 것이다. 특히 아우구스티누스는 이 난해하고도 위대한 작업을 그리스 철학을 통해 성공적으로 완수함으로써 기독교 신학을 확고한 반석 위에 올려놓았다. 때문에 오늘날까지도 그를 "신약시대 이후 가장 뛰어난 기독교인이며, 라틴어를 사용한 가장 위대한 인물임에 틀림없다고 평가하며, 기독교의 모든 종파가 그의 뒤를 이었다고 자처하는 것이다."[8]

그러나 그리스 사상에서 연원하는 이원론은 성경 사상과는 전혀 다르다. 영은 선하지만 육체는 악하다는 이원론은 그리스의 소크라테스가 죽음을 초연하게 받아 드렸고, 예수님께서 죽음 앞에서 두려워하신 것을 보면 알 수 있다. 그리스의 이원론에서 죽음은 몸에서 해방이요, 몸으로부터 떠나는 것이 구원이다. 다른 말로 하면 그리스 사상은 몸과 세상을 더럽고 나쁜 것으로 본다. 그런데 그리스 사상인 이원론이 초대 교회부터 들어와 역사적 기독교를 심각하게 변질되게 한 주범이기도 하다. 이렇게 하여 이원론에 오염된 기독교가 슬며시 한국교회에 들어오게 되었다. 한국교회가 이원론에서 벗어나지 않으면 희망이 없다! "성육신 사건이 바로 성탄이다. 그리스 사상에서는 거룩한 신이 몸을 입고 이 땅에 온다는 것은 수용할 수 없는 것이다. 인간의 몸은 더러운 것인데 어찌 하나님이 몸을 입고 올 수 있다는 말인가? 그들은 영과 육을 구분하고, 빛과 어둠을 구분하는 철저한 이원론자들이다. 그리스 사상에서 로고스는 영으로 지

---

8) 김용규, 『데칼로그』(포이에마, 2015), 47-50쪽.

고지순하며 절대적 존재요 빛인 반면, 육체는 악마적이고 어둠이다. 따라서 신이 악마적인 육신으로 탄생했다는 것은 도저히 있을 수 없는 일이다. 그러나 성경은 분명 말씀이 육신이 되셨다고 한다. 하나님이 인간이 되신 것이다. 그리고 그 구체적인 실체가 바로 예수님이시다." 이때 영지주의(靈知主義, Gnosticism)와 가현설(假灦說, Docetism) 등 이원론적 이단이 등장한다.9) 예수님은 육체를 입는 것처럼 보일 뿐이라는 사상이 가현설이다. 톰 라이트(Tom Wrigh)는 "오늘의 근본주의를 신영지주의"라고 말한다.10)

그러나 성경 사상에서는 '세속적' 영역의 활동, 직업, 사회 부문들도 '신성한' 영역이며 영적인 것이 될 수 있다. 다시 말해 영적인 것 못지않게 하나님께 속한 것이다. 정치, 학문, 노동, 오락, 언론, 사업은 다 '심히 좋은' 창조 세계의 일부다. 삶의 차원들이나 '신성한' 차원들이나 다 하나님이 정하신 것이다. 아브라함 카이퍼의 말대로 "세상 전체와 인간의 활동 전체가 그분께 속한 것이기에 우리는 삶의 모든 영역에서 하나님을 섬겨야 한다." 이 모든 것들을 하나님이 치유해 주시고 방향을 돌려주시고 구속해 주셔야 한다. 이원론이 미치는 가장 큰 해악은 무엇보다 세상에 대해 무관심하게 만든다는데 있다. 또 이원론은 종말론과 깊은 관련이 있는데, 이 세상과 저 세상을 구분하여 현실의 세계를 무시하고 미래의 세계에도 집착한다는데서 한국교회의 심각한 문제가 있다. 그리하여 한국교회는 현재, 여기서 어떻게 살아갈 것인가 하는 문제보다는 다가올 미래에만 관심을 갖게 하는 이원론적 이단의 현실을 본다.

---

9) 필립 샵, 이길상 역, 『교회사전집2, 니케아 이전의 기독교』(크리스챤다이제스트, 2004), 420-434, 453-457쪽.
10) 톰 라이트, 안종희 역, 『시대가 묻고 성경이 말하다』(IVP, 2016), 260쪽.

반공주의

네 번째 한국교회의 무서운 병은 반공주의다.

우리나라의 반공주의는 황해도 신천에서부터 시작한다. 구한말 무렵 개화바람이 불자 신천에도 기독교라는 손님이 찾아왔고, 일제강점기에는 다른 지역과 마찬가지로 공산주의라는 또 다른 손님을 맞았다. 황석영의 소설 『손님』이 말하는 것도 같은 맥락이다. 모든 사람은 하나님 앞에 평등하다는 기독교 사상과 자본주의 계급차별을 타파하는 길을 제시했던 공산주의는 식민지 질서에 환멸을 느낀 백성들에게 놀라운 복음으로 다가왔다.

"신천은 구한말 이후 반봉건과 문명개화라는 두 개의 노선, 즉 기독교와 공산주의가 만나는 교착지였다. 그러나 1940년 이후 북한에서 진행된 토지개혁과 사회주의 정권하에서 탄압을 받고, 6.25전쟁 중에는 인민군에 의해 학살당하는 수난의 기억을 가진 신천 출신의 우익 월남자들은 남한에서 극우 반공주의와 정치 테러를 정당화하는 배경이 되었다. 그들 중 일부는 학살의 피해자인 동시에 북한과 남한에서 월북자나 좌익 활동을 한 가족을 학살한 가해자이기도 한데 이런 사실을 말하는 것은 그동안 남한에서 금기에 속했다. 월남한 이들 가운데 다수의 청년이 한경직 목사의 영락교회로 몰렸고, 이후 영락교회 청년회는 서북청년회(이하 '서청') 같은 반공단체로 발전했다."[11]

> 그때 공산당이 많아서 지방도 혼란하지 않았가시오. 그때 서북청년회라고 우리 영락교회 청년들이 중심이 되서 조직을 했시오. 그 청년들이 제주도 반란사건 평정하기도 하고 그랬시오. 그러니까 우리 영락

---

11) 김동춘, 『대한민국은 왜?』(사계절, 2015), 126쪽.

교회 청년들이 미움도 많이 사게 됐지요.[12]

　이렇게 반공투사를 자처한 월남자들은 휴전 이후 오늘까지 대한민국 사회를 극단적인 진영논리로 갈라놓는 결정적 역할을 했다. 한국 전쟁을 거치면서 국민의 신망을 잃은 이승만 대통령과 당시 집권세력은 반공주의를 이용해서야 권력을 안정시킬 수 있었다. 북한의 남침은 이승만의 일관되고 비타협적인 반공주의를 입증해주는 가장 중요한 증거이자 미국을 한반도에 끌어들일 수 있는 기회였다. 이승만과 한국의 기독교 지도자들은 한반도가 처한 최악의 비극과 수난의 현실을 오히려 세계반공선교 최전선에서 투쟁할 사명과 임무를 부여받은 특권으로 해석했다. 스스로 북한을 물리칠 능력이 없었던 남한은 미국이 주도하는 새로운 국제 질서에 '장기판의 돌'이 됐다. 6.25전쟁 기간 동안 한반도 거의 전역에서 좌우 양 주민들 간의 잔혹한 보복 학살이 반복됐으니까 말이다.

　"1950년대 이후 남한은 세계에서 유례없는 기독교 국가가 되었고, 북한은 전투적이고 호전적인 반미국가가 되었다. 이처럼 신천학살은 식민지시대와 분단의 갈등을 연결하는 고리역할을 했다. 말하자면, 한국전쟁 전후 기독교와 공산주의의 극단적인 충돌은 사실상 구한말 이후 조선의 근대화 과정, 일제 강점기의 개화와 독립을 둘러싼 대립, 그리고 일본이 물러간 이후 건설해야 할 세력과의 이념과 정체성을 둘러싼 대립의 연장선이기도 했다. 세계 선교역사에서 우리나라처럼 단기간에 교세가 확장된 기적이 일어난 나라는 없다. 특히 양적인 면에서 한국은 가장 성공적인 사례이다. 8.15 광복 당시만 하더라도 전 인구의 1%에도 미치지 못하던 개신교가 2014년에 이르러 국민의 21%가 믿는 최대의 종교가 됐다.

---

12) 윤정란, 『한국전쟁과 기독교』(한울, 2015), 55-56쪽; 김병리, 『한경직 목사』에서 재인용.

전쟁과 분단을 빼고는 한국에서 일어난 선교 기적을 설명할 방법이 없다. 전쟁을 겪으면서 절망에 빠진 한국인들에게 교회는 정신적 구원의 손길을 보낸 가장 중요한 기관이 되었다. 사실 지옥 같은 현실에서 벗어날 수 있는 정신적 힘을 기독교가 제공했다고 해도 과언이 아니다. 물론 그 덕분에 1950년대 후반부터 기독교 인구가 폭발적으로 팽창한 것이 사실이다. 기독교의 정치 사회적 영향력이 다른 종교와 비교할 수 없는 정도로 성장한 것도 그런 배경이 작용했다고 할 수 있다."13)

한국 교회는 6.25이후 전쟁의 상처 치유, 정권의 지원, 미국의 막대한 후원과 원조를 배분하는 일을 도맡았다. 한국 교회는 다른 종교와 달리 정부와 마찰을 일으키기보다는 전면적으로 결합하면서 반공국가의 한국은 사실상 기독교 국가가 되었다. 6.25 한국전쟁 전후 극우 반공주의의 광기와 남한의 선교 기적은 사실상 동일한 현상이며, 5.16쿠데타를 일으킨 박정희는 혁명공약 제1조에서 반공을 국시(國是)로 삼았다. 국가의 이념이 자유와 민주, 평화가 아니라 반공이란 말이다. "기독교인들은 공산주의를 요한계시록에 나오는 '사탄', '붉은 용' 등으로 묘사했다. 전쟁을 겪는 과정에서 공산주의는 곧 사탄이라는 생각이 일반화되었다."14) 한국 기독교 주류인 복음주의 신앙과 근본주의는 1987년 민주화운동으로 전두환 정권이 무너질 때까지 지속되었고, 그 사이에 형성된 대형교회는 현재까지 한국의 집권여당과 보수주의를 떠받치는 가장 든든한 표밭이자 기둥으로 남아있다. '국시'라는 전체주의 용어가 1980년대까지 사용한 것도 어이없지만 2012년 대선에 국정원이 개입한 사건도 대북심리전이라는 사건으로 정당화되었다. 반공이 국시인 이상 생각의 차이, 관용, 헌법상의 자

---
13) 김동춘, 『대한민국은 왜?』(사계절, 2015), 128-129쪽.
14) 윤정란, 『한국전쟁과 기독교』(한울, 2015), 264-265쪽.

유와 민주, 인권 등을 보장하는 조치는 언제든 휴지조각으로 변할 수 있었다.

"요즘 같은 시대에 반공내지 반북이야기를 듣는 것은 무엇보다 경이롭기도 하다. 오늘날 공산주의가 무엇을 의미하는지도 모르고 있기 때문이다. 그런 면에서 우리가 공격할 대상 자체가 거의 사라졌다는 점에서 세계사적으로 봐도 분명 죽어가는 반공주의를 왜 한국 개신교는 죽이지 못해 안달인가? 마치 허공을 치는 권투선수와 같다. 우리의 대적은 공산주의인데 공산주의는 세계 어디에도 없지 않은가? 보수 개신교 지도자들은 반공주의와 반공투쟁을 성화하고 거기에 종교적 성격을 불어넣는데 매진해왔다. 다시 생각할 것은 우리 사회 기득권층에 반공 반북 담론이 종종 그러하듯이 개신교 반공주의도 이해관계나 동기 즉 기득권 체제 유지를 위한 수단, 정치적 반대세력을 제압하는데 사용되고 있다. 개신교의 맹렬한 반공주의는 개신교가 우리 사회의 기득권 구조의 일부로 공고히 편입되었음을 입증하는 증거이다. 보수성이란 꼭 정치적 입장만을 이야기하는 것이 아니라 정치적 반북과 함께 한국 교회의 보수성을 상징하는 사회 문화적 보수성이다. 사실 보수라기보다는 수구란 용어가 맞을 것 같다. 오늘날 우리나라에서 '근대성'의 기수로 공인됐던 개신교가 요즘에는 안타깝게도 '전근대적 근대'를 상징하는 문제 덩어리로 비치고 있는 현실이다. 여기서 한국 교회의, '사회적 영향력'과 '사회적 공신력'의 상관관계에서 살펴보자."15)

오늘날 보수적인 교회의 전형적인 이미지는 '사회적 영향력은 강하지

---

15) 강인철·박노자, "한국종교의 보수성을 어떻게 볼까", 『창작과비평』통권171호(2016), 416-418쪽.

만 공신력은 매우 낮은' 게 사실이다. 특정 종교가 영향력에 부흥하는 공신력을 유지할 경우, 그 종교는 사회 발전에 기여하는 요소로 인정되면서 사회 전반으로부터 환영받을 것이다. 그런데 바로 보수 기독교가 주도하는 한국 교회는 공신력은 낮은데 사회적 영향력은 큰 집단이 아닌가. 한국 교회가 지금 이런 상황에 처해 있는 것이다. 선거철이 다가올 때면 정치권은 지금도 북풍 공작을 이용하려하고 있는 상황이다. 한완상은『한반도는 아프다』에서 '적대적 공생의 비극'을 말하고 있다. 북한이나 남한이나 반대편을 공격하고 비난해야만 정권을 유지하는 비극적 현실을 두고 한 말이다."16)

한국 교회의 80% 안팎을 차지하는 보수주의자들은 자기도 모르게 60-70년 동안 대를 이어 이승만, 박정희의 세뇌공작을 통해 수구기득권에 편입되고, 거대한 정치집단이 되었다. 나는 우리의 유전자에 반공주의가 들어있지는 않은지 의구심까지 든다. 그런 면에서 "주일학교에서부터 반공주의가 무엇인가를 가르칠 필요가 있다."17)

원수를 사랑하라, 평화를 만드는 자(peacemaker)는 복이 있다는 예수님의 말씀은 현실을 전혀 모르는 순진무구한 말이 아니다. 예수님도 신성모독죄와 로마의 반공법 위반으로 죽지 않으셨는가! 한국교회는 이제라도 예수님께서 하신 말씀을 기억하고 이 땅에서 증오와 폭력을 제거하는데 앞장서야 한다. 화해와 평화를 만드는 사람들이 되어야 한다. 공동선을 추구하고 사회적 책임을 감당해야 한다. '헬조선'이라며 절망하는 이 나라에 진정한 희망이 되어야 한다. 이 땅을 공평과 정의가 가득한 하나님 나라로 경작하는 전진기지가 되어야 한다. 주님의 지상명령인 전도를 위해

---

16) 한완상, 『한반도는 아프다』(한울, 2013), 5-14쪽.
17) 선안나, 『아동문학과 반동 이데올로기』(청동거울, 2009) 참고.

서라도 그리 해야 한다.

반 지성주의

다섯 번째 병은 반 지성주의다.

내가 이미 쓴 책 『하나님나라』에서 한국교회가 세대주의, 근본주의, 경건주의 신학의 그물에 빠져 있음을 말했다. 이 세 가지 신학은 보수주의 삼형제로서 개인주의, 신앙의 내면화, 탈 역사주의를 일컫는다. 그리고 이들 삼형제가 반 지성주의를 만들어 낸 주범들이다. 한국교회에는 종교적 광기를 불러 일으키는 반 지성주의적인 세가지 역사적 배경이 있다.

첫째, 경건주의다. 17세기 독일에서 슈페너의 지도로 시작된 경건주의 운동에 그 뿌리를 두고 있다. 경건주의는 원래 추상적이며 형식화된 기독교에 대한 건전한 항의에서 시작되었다. 경건주의는 초교파적이며 세계 교회에 광범위한 영향을 미쳤다. 경건주의는 한국교회에 주류를 형성한 신앙과 신학유형중 하나이다. 한국에 뿌려진 기독교의 씨앗은 개인주의와 지성을 무시하는 경건주의에서 출발한다. 경건주의의 특색은 '영적세계'와 '물질적 세계'를 날카롭게 구분하고 물질적인 세계에는 아무 중요성도 부여하지 않았다. 경건주의는 인간 영혼만의 구원을 강조하게 되었고 이원론적 도피주의에 빠지게 한다. 우리나라에 들어온 초기 미국 선교사들은 경건주의적 경향성을 가진 사람들이었다. 한국교회의 경건주의의 특색은 신비적, 감성적 신앙을 강조하고, 개인구원과 내세 지향적 경향과 이원론적 사고, 비정치화, 반지성적 경향, 선교적 열정에 대한 강조다.

둘째, 근본주의다. 근본주의란 단어는 20세기 초에 미국에서 시작되었다. 근본주의는 사회 경제적 불안정, 자유주의의 성경비평, 모더니즘에 대항하여 일어났다. 미국의 근본주의적 신학과 신앙에 영향을 받은 한국교회 초기 선교사들을 통해 '복음주의'란 이름으로 한국에 소개되어 정착된 근본주의적 보수신학는 한국교회, 특히 장로교회의 신학 전통으로 자리매김하였다. "기독교사회문제연구소 발표에 의하면 한국교회의 목회자 84.9%, 평신도 92.3%가 근본주의 성향이 있는 것으로 나타났다. 한국종교문화연구소 장석만 연구원은 한국교회는 70~80%가 근본주의자라고 말한다."[18]

근본주의는 너무 협소하고 이원론적이다. 근본주의는 원래 몇 가지 교리 중심으로 성경을 축소 지향적으로 해석하고 있다. 근본주의는 시한부 종말론을 말한다는 점에서 세대주의와 비슷한 점이 있다. 또한 구원의 의미를 개인화, 내면화시키며, 윤리에서도 대윤리 즉 정치, 경제, 교육, 정의 등 세계의 구조적 접근보다 소윤리 즉 동성애, 낙태, 술, 담배, 간음, 가정과 같은 개인 윤리에만 관심이 많다.

셋째, 세대주의다. 19세기 영국의 다비(J.N Darby. 1800-1882)와 플리머스 형제단(Plymouth Brethren)과 연관된 천년 운동을 이어받아서 부상하였으며 우리가 '마지막 때'에 살고 있다고 주장하면서 수많은 사람의 마음을 사로잡았다. 그들은 시한부종말론을 말한다. 우리나라에서 이장림, 조용기, 정광훈 목사 등은 대표적인 시한부 종말론자들이다.

미국의 온타리오 주 썬더 베이(Thunder Bay)는 자연의 아름다움이 놀라울 정도다. 그 지역에 사는 많은 세대주의적 그리스도인들은 우리는 이 세상이 곧 끝나게 될 '마지막 때'에 살고 있기 때문에 지구를 산성비 같은 것들로 오염시키는 일을 막을 필요가 없다고 말한다. 그런 고민을 하는

---

18) 배덕만, 『한국개신교 근본주의』(대장간, 2010), 8쪽.

것은 '비영적인 것'이며, 심지어 믿음이 부족하다고까지 말한다. 어느 날 갑자기 이 세상을 멈추는 것이 하나님의 의도라면 이런 것들이 문제 될 것이 무엇이란 말인가? 이렇게 어처구니 없는 말을 하고 있다.

위에서 본바와 같이 경건주의, 근본주의, 세대주의는 사이좋은 보수주의 삼형제로 한국교회에 깊이 침투되었고, 거기다 순복음주의의 번영신학까지 가세하여 개인적, 내면적, 내세적, 이원론적 신앙을 강조하는 '실천 없이도 믿기 쉬운 신앙', '값싼 은혜'를 만들어 한국교회의 주류를 이루게 되었다. 이들이 강조하는 개인의 회심, 기도, 전도, 성경공부, 선교, 구제는 그리스도인이라면 누구나 실천해야 할 기본적이고 아름다운 덕목이다. 이것들은 결코 부정할 수 없다. 교회는 이런 것들을 적극적으로 권장하고 실천해야 할 것이다. 단지 이들의 잘못은 세계적이고, 우주적인 복음을 개인적, 구원주의 신앙, 반 지성주의로 인한 합리적 판단미숙으로 반쪽 복음으로 만들어 버린데 있다. 위르겐 몰트만(Jürgen Moltmann)이 『오시는 하나님』에서 말한 대로 "보수주의는 현대세계에서 종말론을 확신시키며 세계 멸망에 대한 세상 도피적, 허무주의적 분위기를 널리 유포하고 있다. 보수주의자들의 현실 도피적, 허무주의적 종말론은 현대세계의 위협적인 자기 파괴를 부추기는 도발적 증상이다."19)

한국교회가 반 지성주의에 빠지게 된 이유 중 또 하나는 초기 "선교사들에 의한 네비우스 선교정책(Nevius Methods)에서 10가지를 채택하는데 출발한다는 사실이다. 역사학자인 이만열 교수는 이 정책을 시행한 한국 장로교의 수준, 곧 교인들의 질적 수준의 문제임을 말한다. 선교의 주 대상을 하층 계급, 부녀자 층으로 하다 보니 곧바로 교인들의 질적 수준 문제가 대두되게 된 것이다. 수준 높은 교역자의 부족은 뒤에 한국 장로교

---

19) 위르겐 몰트만, 곽미숙 역, 『세계 속에 있는 하나님』(동연, 2009), 307쪽.

에 심각한 반성을 불러오게 하였다. 한국 장로교는 오늘날에도 수준 낮은 교회 지도자들로 인해서 심각한 문제를 일으키고 있다고 한다. 1896년 『The Korean Repository』잡지에서 당시 남장로교 선교사로 한국에 와 있던 레이놀즈(William. D. Reynolds : 이눌서)가 「현지 교육자 양성책」이라는 논문을 발표하였다. 교역자의 지적 수준은 일반 평신도보다 약간 높게 해야 한다는 것을 강조하였다. 선교사들은 외국에 유학 보내는 일은 금할 것을 주장하였다. 그 대신 한국 교역자들은 오히려 경건 훈련을 많이 쌓도록 해야 한다는 것을 강조하였다. 장로교회가 신학적으로 보수주의적 입장을 취하는 것도 이와 관련이 있다. 왜냐하면 선교사들이 신학자나 교회 지도자들을 키우지 않고 그들의 지휘, 감독 아래 두다 보니, 한국 장로교는 신학도 선교사들이 소개해주는 것만 받는 꼴이 되지 않았는가 생각된다. 이 문제는 한국 교회사에서 크게 반성되어야 할 문제로 이미 많은 분들에 의해서 제기된 것이다."20)

교인들이 대학에서 문학, 역사, 철학, 사회학 즉 인문학을 전공하거나 인문학적 사고를 하는 사람들이 드물다는 것은 그리 놀라운 일이 아니다. 그들이 볼 때 목사들의 설교를 들으면 유치하다는 것을 곧바로 발견할 수 있기 때문이다.

한국교회가 어찌 이리도 피상적이고, 천박하고, 맹목적인가? 아, 진리의 무게가 어찌 이리 가벼운가! 함석헌 선생은 『생각하는 백성이라야 산다』에서 "우리의 역사적 숙제는 이 한 점에 맺힌다. 깊은 종교를 낳자는 것, 생각하는 민족이 되자는 것, 철학하는 백성이 되자는 것, 깊은 종교, 굳센 믿음을 가져라. 그리하여 네가 되어라."21)

---

20) 이만열, 『한국기독교사 특강』(성경읽기사, 1989), 58-59쪽.
21) 함석헌, 『생각하는 백성이라야 산다』(한길사, 1993), 116쪽.

한국교회 전반에 걸친 반 지성주의가 팽배하게 된 또 하나의 원인은 1890년대 동학혁명으로부터 청일전쟁, 노일전쟁, 조선의 멸망, 일제의 식민지 지배, 8.15해방 전후, 그리고 이어진 6.25 전쟁 등 민족상잔에 이어지는 군부 독재시대, 반공주의를 거치면서 이성적, 합리적 사고를 할 만한 기회가 없었다는 것도 하나의 이유라고 생각한다. 국가가 무엇인지, 자유와 평등이 무엇인지, 자본주의가 무엇인지, 정치가 무엇인지 생각할 겨를이 없이 몰 이성적 상황에서 물질적, 경제적인 문제에만 몰두하다 보니 반 지성주의가 생겨났다고 볼 수 있다.

또한 2016년 20대 총선에서 보여주었듯이 반지성주의는 우리사회에서도 문제를 일으키면서 혐오의 대상이 되고 있다. 차별과 혐오를 공공연히 내건 기독교 정당 두 곳이 20대 총선에서 3%가 넘는 득표율을 올렸다. 또 둘로 쪼개지지 않았다면 국회의 비례대표 의원이 나올 가능성이 커졌다. 동성애와 이슬람 반대를 표어로 삼는 극우 기독교 정당이 활개치는 것은 우리사회 건강한 상식을 위협하는 매우 위험한 현상이다. 기독자유당 후원회장을 맡은 대형 교회 목사는 총선이 끝난 뒤 교인들 앞에서 "4년 후에 3-4배로 커져서 원내에 들어갈 것"이라고 말했다. 기독자유당은 선거가 끝난 뒤에도 '반기독교 악법 저지, 1,000만 기독교서명운동'을 벌이며 위세가 당당하다. 모든 것이 둘 중의 하나다. 더 우려스러운 것은 보수 개신교가 정치세력화에 조직적으로 힘을 실었다는 사실이다. 한국기독교총연합회를 비롯한 개신교 주요 기관이 기독자유당을 지지하고 대형교회 목사들도 가세했다. 우리 사회의 전진을 가로막는데 영향력을 행사했다. 2007년 이후 성별·장애·종교·지역·인종에 따른 차별을 금지하는 법안이 여러 차례 국회에 제출되었으나, 개신교의 조직적 반대로 무산됐다. 소수자 차별과 약자 혐오는 박애와 관용을 가르치는 기독교 정신과 정면으로 대치된다. 일부 기독교 세력의 이런 위험한 질주를 막으려면 교회가 각성하여 참다운 성경정신으로 돌아가는 자정운동을 펴야 할 것이다. 인권의 소중함을 가르치고 인권 감수성을 키우는 민주교육 강화에 앞장서야 할 것이다. 한국교회가 최소한의 상식과 합리성을 가져야 할것이 아닌가!

기복주의

여섯 번째 병은 기복주의다.

"우리나라 사람들이 복을 비는 마음, 복의 표상에 관해서 생각을 해보기 시작한 것은 6.25 전쟁 중이었다. 당시 나는 여느 때보다 훨씬 다급하고 간절한 상황 속에서 복을 비는 마음이란 한국 사람들의 삶을 그 밑바닥에서 움직이고 있는 기본 동기요 거기에 한국 문화의 본바탕도 있다고 느끼게 되었다. 그래서 복의 개념에 대한 이해가 없이는 한국인의 행동 동기에 관한 어떠한 해명이나 또는 어떠한 한국 문화론의 체계를 시도한다 하더라도 그것은 바깥출입용의 공소한 '사랑방 논리'로 시종할 뿐, 한국적인 것의 참모습을 안방의 알몸으로 보여주지 못하리라고까지 생각하게 되었다."[22]

그런데 한국교회는 지금 예수님이 가르쳐 주신 복이 아니라 동양의 오복을 더 추구한다. 이 정도 되면 이단이라 할 수 있지 않을까? 밥을 먹는 수저에도 '복'자가 있고, 대문이나 농짝에도 '복'자가 있다. 방바닥에도, 베개에도, 옷고름에도 '복'을 써 넣었다. 조리에도 복조리가 있고 주머니에도 복주머니가 있다. 도배지에도 '복'자를 찾아 볼 수 있다. 냉수를 떠 놓고도 복을 빌고 새해에도 복을 빈다. 그야말로 앉아서 보아도 복, 서서

---

22) 최정호, 『복에 관한 담론- 기복사상과 기층문화』(돌베개, 2010), 6쪽.

보아도 복, 가다가 보아도 복, 좌우지간 복이 아닌 게 없다. 기독교는 행복을 주는 종교다. 성경 전체를 통하여 '복'이란 말이 450번 정도 나온다. '복음(福音)'은 헬라어로 '유앙겔리온'인데 영어로는 '좋은 소식'이라고 번역되었다. 이것이 우리말로는 '복음'이라고 번역되었는데, 우리나라 사람의 사고방식과 성격을 잘 이해한 좋은 번역이라고 생각한다. 기독교는 복의 종교임이 분명하다. 그러나 문제는 '무엇을 복이라고 하느냐'것이다. 우리는 통상 복을 아주 좋은 것의 대명사로 사용하고 있으며, 흔히 모든 것이 잘 되는 것이고, 원하는 대로 되는 것을 말하기도 한다. 우리나라는 예전부터 오복(五福)을 무엇보다 중요하게 생각하였다. 동양사회와 우리나라를 지배하는 오복사상을 살펴보면, 첫째 수(壽), 오래 사는 것, 사람이 오래 살고 싶어 하는 욕망은 그 어떤 것보다 더 크다. 다음은 부(富), 부자가 되는 것이다. 셋째 강녕(康寧), 육체가 건강하고 마음이 편안한 것이다. 그리고 유호덕(攸好德), 덕을 갖고 다른 사람으로부터 존경을 받는 것이다. 마지막으로 고종명(考終命), 명대로 살다가 보기 좋게 죽는 것이다.

사람마다 복에 대한 생각이 다르다. 또한 사람은 자기가 복이라고 믿는 일에 시간과 돈과 정열을 바친다. 아무리 바빠도 복이 생기는 일이라면 시간을 낸다. 어떤 일을 바빠서 못한다는 것은 사실 따지고 보면 그 일이 복이 생기는 일이 아니기 때문에 소홀하게 생각한 것뿐이다.

무당종교(shamanism)화 되어가는 한국교회

지금 한국교회 안에는 비성경적인 미신과 마술신앙이 버젓이 행세하고 있다. 지금 무당종교가 한국교회를 지배하고 있다. 예수님의 깃발을 세우고 예수님의 이름만 붙였지 내용은 무당종교와 다를 것이 없다. 겉은 기독교, 예수, 성령으로 포장되어 있지만 안을 들여다보면 비 성경적인 요소가 너무 많다. 서울 등 대도시 이곳저곳에는 '축복성회'라는 포스터가 벽이나 전봇대에 흔하게 붙어 있는 것을 볼 수 있다. "사업에 실패하신 분, 고민이 많으신 분, 아이를 못 가지시는 분, 능력 있는 신앙을 갖기 원하시는 분, 어려운 병이 있으신 분은 다 오십시오. 능력의 종, 신유의 종, 축복의 종이 오셨습니다." 교회라는 것만 다르지 점쟁이들의 선전 문구와 조금도 다를 바 없다. 무당과 교회의 목사라는 직함만 다르지 내용은 거의 비슷하다. 참으로 놀랍고 심각한 현상이다. 한국교회는 지금 뿌리 채 흔들리고 있다. 나는 지금 한국교회가 개혁운동이 일어나지 않는다면 퇴조현상을 맞이할 것이라 생각한다. 아니 한국교회는 이미 촛대가 옮겨졌다! 실제로 한국교회는 1990년대 들어 성장이 주춤하기 시작했고, 종교 선호도 조사에서도 가톨릭, 불교, 개신교 순으로 나타났다. 이러한 통계가 말해주는 것은 개신교에 입문 하려는 사람이 거의 없다는 말이다. 이렇게 교회가 사람들에게 호감을 주지 못하는 것은 불행한 일이 아닐 수 없다.

우리나라의 무당 수는 통계에 따라 다르지만 40여만 명 정도 된다고 한다. 그 중에 고졸이 45%이고, 초급대학 졸업 이상은 15% 내외다. 이 중에서 학사, 석사 출신이 3000명이 넘는다. 지금 알려진 점쟁이들은 자가용을 타며 호화스럽게 산다. 사업전망과 투자 상담을 위해 유명한 점쟁이 한두 명씩을 데리고 있는 사람도 있다. 연말연시나 국회위원 선거철 또는 공무원 인사이동이 있으면 점쟁이집이 북새통을 이루고 있다. 유명한 의사한테 가려면 진료 날짜와 시간을 미리 정해야 하듯이, 유명한 점쟁이 집은 예약 없이 가면 못 만난다. 점쟁이들이 그 정도로 바쁘다. 우리가 아는 대로 기독교보다 무당종교가 우리 사회에 더 큰 영향을 주고 있다고 해도 과언이 아니다. 나아가 무당종교는 역사적으로 한국불교와 유교도 변질시켰다. 휴암스님이 지은 『한국 불교의 세 얼굴』은 불교가 무당종교, 마술종교에 지배되는 것을 안타까워하면서 쓴 책이다.

"복에 환장한 한국 불교인들아! 너희 스승은 너희들이 구하는 왕궁을 버렸는데 너희는 그 스승에게서 무엇을 구하느냐? 나는 오늘의 불교인들의 생리에 저항하고 싶다. 불교가 오늘의 병든 복 사상에 저항하다가 설사 신자가 1300만에서 130명으로 줄어들지라도 여지없이 타락된 물질주의 복 사상을 철폐하는 데 앞장서지 않으면 안 된다. 복에 환장한 불교 신자들아!"

불교의 무당화를 안타깝게 호소하고 있는 글이다. 그런데 기독교에도 복에 환장한 사람들이 너무 많다. 불교, 유교를 완전히 삼킨 무당종교가 지금 기독교마저 삼킬 위기에 놓여 있다. 목사님, 전도사님 가운데 '꿩 잡는 게 매'라는 말이 있다. 수단과 방법을 가리지 않고 교인의 숫자를 늘리고 헌금만 많이 모으면 능사라는 말이다. 지금 한국교회는 간판만 교회이지 속은 무당종교가 판치고 있다. 말 그대로 예수 점쟁이, 예수 무당이다. 무당종교는 이와같이 우리나라에 들어온 유교, 불교, 기독교와 화학적 반응을 일으키면서 본질을 훼손해왔다. 또한 문화인류학자 조흥윤은 『한국 巫의 세계』에서 "무당종교에는 딱 부러지게 규정된 윤리가 없다."라고 말한다.[23]

---

[23] 무당종교는 화랑도, 원불교, 증산도, 단군교, 동학사상, 그리고 유교, 불교, 기독교에도 폭넓게 영향을 미치면서 그 본질을 해체하려 한다. 무당종교와 무당종교로부터 영향을 받은 우리나라에서 자생한 종교들은 해원(解冤), 상생(相生)을 말하는데 윤리적 의미보다는 冤, 즉 원통함을 가지고 죽은 사람들을 위해 해원상생 굿, 제사을 통해 원풀이, 한풀이를 함으로써 원혼으로 인한 불화를 달래 해원상생 한다는 것이다. 예를 들어 전태일 열사를 위해 노동운동을 한다거나 저항운동을 하는 것이 아니라 해원상생 굿을 통해 그의 한을 풀어준다. 어쨌든 해원상생은 적극적으로 무슨 행동을 한다기보다 한마디로 굿을 하는 것이다. 대체로 체제에 순응하고 탈정치적 경향으로 흐르고 있다. 조흥윤, 『한국 巫의 세계』(민족사, 1997); 조명기 외, 『한국사상의 심층연구』(우석, 1986); 로렐 켄달, 김성혜 역, 『무당, 여성, 신령들』(일조각, 2016) 참고.

무당종교에서 말하는 복의 특징은 첫째, 쾌락주의이다. 인간의 본능에 호소하는 것이다. 내 욕망을 충족시켜 주는 복, 자식 잘 되고, 사업 잘 되고, 오래 살고, 잘 먹고 잘 살고, 내 마음대로 살 수 있는 쾌락주의, 이기주의이다. 그것도 가족 대대로 복을 받자고 말한다. 이것은 무당종교의 큰 특징이다.

둘째, 요행주의다. 요행주의란 아무것도 하지 않고 힘들이지 않으면서 복이 굴러 들어오기를 바라는 것이다. 복권 한 장 사고, 증권에 투자하면서 일확천금을 바란다! 무당종교의 신비주의는 한국교회에서 성령론과 같이 연관되었다고 말하는 학자들도 있다.

셋째, 물질주의다. 모든 것이 손에 잡혀야 하고 눈으로 보아야 직성이 풀린다. 모든 소원이 금방 가시화되고 물질화되어야 한다. 이렇게 무당종교는 쾌락과 요행과 물질을 추구한다.

그러나 성경이 말하는 복은 쾌락주의, 요행주의, 물질주의가 아니다. 그런데 이러한 무당식 기복주의가 교회 안에 들어와 인간의 본능에 호소하면서 점차 세력을 확장하고 있다. 130년 된 한국 교회는 외적으로 놀랍게 성장했지만 예수님께서 가르쳐주신 복에 대한 관점이 변화되지 않는다면, 불교가 변질되듯이 한국교회도 불을 보듯이 변질될 것이 분명하다. 아니 벌써 변질되고 있다.

이상에서 한국교회의 여섯 가지 병에 대해 살펴보았다. 물론 시각에 따라 다른 병들도 있을 것이며, 좋은 점도 있음을 인정한다. 그럼에도 한국교회는 이와 같은 고질병들이 서로 융합되면서 오늘날과 같은 심각한 현상을 만들어 내고 있다. 이 여섯 가지는 한 몸처럼 유기적으로 관련을 맺으면서 한국교회를 더 깊은 수렁으로 빠져들게 하고 있다.

2장 복(축복) 논의의 중요성

> 우리는 오직 예수 그리스도를 통하여
> 하나님을 알 뿐만 아니라
> 오직 예수 그리스도에 의해서 우리 자신을 안다
> 또 우리는 오직 예수 그리스도를 통하여
> 생명을 알고 죽음을 안다
> 예수 그리스도는 만물의 목적이요 만물이 지향하는 중심이다
> 그를 아는 자는 모든 사물의 이유를 안다
> – 파스칼 『팡세』에서

> 하나님께 가까이함이 내게 복이라
> –시편 73편 28절

사람은 자기가 행복이라고 생각하는 것에 정성을 들이고 행복이 생기는 것에 자신을 바친다. 우리는 지금 무엇에 시간을 바치고, 돈을 바치고, 정성을 바치고 있는가? 진실로 무엇 때문에 정성을 바치고 무엇을 위해서 시간을 바치는가에 따라 우리의 신앙이 정해지는 것이다. 비록 그 사람이 겉으로는 교인일지 모르지만, 그의 삶을 움직이는 기본적인 동기가 무엇인가에 따라서 우리의 삶과 신앙이 결정된다는 말이다. 복의 문제를 논의하는 것이 왜 우리 삶과 신앙에 중요한지를 세 가지로 나누어서 생각해 보려 한다.

신앙의 본질 문제

첫째로 복의 문제는 신앙의 본질과 관련되어 있다.

복의 문제는 무엇보다 "신앙이란 무엇인가? 왜 신앙을 가져야 하는가?" 하는 문제와 매우 긴밀한 관계를 가지고 있다. 예수님을 믿는 사람은 최소한 두 가지 확신을 하고 있어야 한다. 이 확신이 없으면 아직 예수 그리스도를 모른다 해도 과언이 아니다.

첫째 확신은 우리 인간이 참으로 '허망한 존재'라는 것이다.

> 인생은 그날이 풀과 같으며 그 영화가 들의 꽃과 같도다 (시103:15)

> 그러므로 모든 육체는 풀과 같고 그 모든 영광이 풀의 꽃과 같으니 풀은 마르고 꽃은 떨어지되 (벧전1:24)

인간은 너무도 허망한 존재다. 솔로몬이 노래 한 대로 "헛되고 헛되며 헛되고 헛되니 모든 것이 헛되도다"(전1:5) 이 말씀은 인생의 비극과 허무를 보여준다. 우리는 간지 흙이요, 먼지요, 티끌일 뿐이다. 꽃과 같고, 안개와 같은 존재다. "인간은 자연 중에서 가장 약한 한줄기 갈대에 불과하다. 그러나 생각하는 갈대다. 그를 짓누르기 위해서 전 우주가 무장할 필요는 없다. 하나의 증기, 물방울이면 그를 죽이기에 족하다."(파스칼,『팡세』) 어느 날 갑자기 이 세상으로부터 흔적도 없이 사라져 버리는 허망한 존재다. 이러한 인간 실존 앞에 엄숙하게 서지 않는다면 감히 믿는다고 할 수 없다. 청년도, 지식인도, 돈이 많은 사람도 돈이 적은 사람도 여자도 남자도 그 누구도 여기에서 예외가 없다.

둘째 기독교인이 가져야 할 기본적인 확신은 인간은 '탐욕적'이요, '이기적 존재'라는 사실이다.

> 그러면 어떠하냐 우리는 나으냐 결코 아니라 유대인이나 헬라인이나 다 죄 아래에 있다고 우리가 이미 선언하였느니라 기록된 바 의인은 없나니 하나도 없으며 깨닫는 자도 없고 하나님을 찾는 자도 없고 다 치우쳐 함께 무익하게 되고 선을 행하는 자는 없나니 하나도 없도다 그들의 목구멍은 열린 무덤이요 그 혀로는 속임을 일삼으며 그 입술에는 독사의 독이 있고 그 입에는 저주와 악독이 가득하고 그 발은 피 흘리는 데 빠른지라 파멸과 고생이 그 길에 있어 평강의 길을 알지 못하였고 그들의 눈 앞에 하나님을 두려워함이 없느니라 함과 같으니라 (롬3:9-18)

이 얼마나 충격적인 인간의 모습인가. 이 얼마나 생생한 인간의 모습인가! 밖으로는 고급스럽고 아름다운 옷을 입고, 성형수술을 하고, 아무리 지성을 갖추고 높은 지위를 가진 사람이라 할지라도, 그의 내면은 이기적 존재요, 탐욕이 가득한 존재다. 기독교적 실존주의 철학자 야스퍼스(Karl Jaspers, 1883-1969)는 『시민의 정치적 책임-죄의 문제』에서 "전쟁이야말로 인간의 모든 추악함이 드러나는 공간이다"라고 말한다.1) 죄는 추상적인 한낱 개념이 아니라 현실적으로, 실제로 활동하는 힘이다. 쉐퍼(Fransis Shaeffer, 1912-1984)는 다윗에 관한 설교에서 "하나님께서는 다윗이 죄를 지었을 때 눈 하나 깜박하시지 않으셨다. 왜냐하면, 인간이란 그런 존재이기 때문이다"고 말한 적이 있다.

---

1) 카를 야스퍼스, 이재승 역, 『시민의 정치적 책임-죄의 문제』(앨피, 2014), 7-10쪽.

만물보다 거짓되고 심히 부패한 것은 마음이라 누가 능히 이를 알리요마는 (렘17:9)

인간이란 그 얼마나 기괴한 존재인가! 이 어인 진기, 요물, 혼돈, 모순의 존재 그리고 곁이인가! 만물의 심판자요 추악한 지렁이, 진리의 수탁자요, 불확실한 오류의 시궁창, 우주의 영예요 폐물 (팡세, 라휴마 246)

이것이 성경이 인간을 보는 확신이다. 인간의 마음이 얼마나 더러운 시궁창인가? 이렇게 신앙은 인간이 얼마나 연약하고 얼마나 허망한 존재이며 동시에 얼마나 이기적이며 탐욕적 존재인가에 대한 확인으로부터 출발한다. 죄인이란 이기심과 자기주장으로 충만한 사람이다. 이 확신 없다면 누구도 그리스도인이라 할 수 없다.

죄는 오늘날 유행하는 단어는 아니다. 사람들은 죄에 대해서 별로 생각하지 않는다. 마냥 좋은 때를 살고 있다. 문화의 다양성 속에 사는 사람들은 죄를 진지하게 의식하지 않는다. 심지어 많은 그리스도인들조차 죄의식을 느끼지 않는 경향이 있다. 현대인들은 위로와 확신을 주는 교회를 좋아한다. "나도 괜찮고 너도 괜찮아"(I'm Ok, You're OK). 이 용어는 지난 몇십 년간 인기를 끈 심리학 책의 제목이었다.

우리 가운데 선하다고 여겨지는 사람들도 교묘하게 악을 행한다. 이러한 하나님께 대한 이러한 배반이 일상적으로 일어난다는 사실이 더 중요하다. 오늘날 명목적인 크리스천들이 많이 있다. 그들은 자기 의를 자랑하지만 죄의 손가락은 자기 이외의 다른 사람들에게 돌리는 경향이 있다. 그러면서 그런 자기 자신은 전혀 죄가 없는 것 같이 생각하며 다른 사람들에게 책임을 떠넘긴다.

"자기 자신의 죄에 관한 진정한 인식을 '죄책감'이라고 부른다. 우리는 태생적으로 게으르고 무지하고 자기중심적이어서 창조주와 동료 인간과 자기 자신을 향해서 정직하게 잘못을 인정하는 것을 좋아하지 않는다. 하지만 자기 자신의 실패와 부정에 대한 인식은, 역설적으로 인간 존재가 가질 수 있는 가장 커다란 복이다.

신약성경에 따르면, 바리새인을 비롯한 종교지도자들은 예수님의 말씀을 헐뜯는 특권층이었다. 그들은 심령의 가난함을 느끼지 못했다. 그들은 자신들이 온전하다고 느꼈고 그들은 돌처럼 마음이 단단한 사람이었다. 그들은 예수님을 죽인 자들을 부추긴 사람들이었다. 악은 자신들의 동기에 대해 의문을 갖고, 스스로 속고 속이는 사람이라 생각하는 사람들에 의해서 저질러지지 않는다. 그들은 중요한 자기 점검을 하는 불편을 감수하려 하지 않기 때문이다.

진정한 그리스도인이 되기 위한 주된 요건은 무엇보다 자신의 죄인 됨을 인식하는 것이다. 다른 사람을 감시하기보다는 자기 자신을 감시하는 자가 되어야 한다. 죄책감을 갖는다면 교만할 수가 없다. 죄책감을 갖지 않는 사람과 비교해서 특별히 더 그러하다. 모든 복들과 마찬가지로 죄책감은 하나님에게서 오는 선물이다. 적당한 죄책감은 은혜가 된다. 우리 자신의 악에 대한 보호자 역할을 할 뿐만 아니라 신앙의 기초가 되기 때문이다.

우리는 너무 작고, 너무 모르고, 너무 어리석고, 너무 이기적이고, 너무 조잡해서 스스로는 어떤 일을 시작할 수도 없다. 결국, 우리는 현존하셔서 세밀하게 도우시는 하나님에 의해서만 양육 받고, 보호받고, 성장할 수 있음을 깨닫게 된다. 죄책감에 의해 인간이라는 존재가 부족하다는 사실을 생각하게 되고, 하나님이 우리와 함께 계셔야 하는 이유를 알게 된다."2) 지그문트 프로이트(Sigmund Freud, 1856년-1939년)는 오히려 죄책감이 사람을 불안하게 하고 정신적 질환을 가져 온다면서 이것을 벗어나려면 종교를 버리라고 권고한다. 그러나 문둥병에 걸린 사람처럼 무감각한 인생이라면 적당한 죄책감이야말로 오늘 이 시대에 얼마나 필요한 것인가? 양심에 화인 맞은 사람들이 얼마나 많은가? 죄책감이 없다고 죄가 없어지는 것은 아니다. 이 세상의 악들은 죄의식이 없는 사람들에 의해 저질러진다고 볼 수 있다.

여기서 의미에 관한 문제를 살펴보자. 빅터 프랭클(Viktor Emil Frankl, 1905년-)은 말하길 "나는 의미에 대한 목마름을 가지고 있다. 나는 그 목마름이 어디에서 왔는지를 알지 못한다. 나의 모든 여행은 더 발전된 의미를 위한 탐구였다. 그런 선물을 주신 하나님께 감사한다.

인간의 현실은 단순히 조건화 과정이나 조건 반사된 결과로만 이해되지는 않는다. 여기서 인간은 의미를 탐구하는 존재로 드러난다. 지금까지 '의미에 대한 추구'를 인간의 진정한 가치를 부여하지 않고, 단지 심리 저변에 있는 무의식적인 정신역학을 합리화하는 것으로 보았을 뿐이다. 인간은 자신이 추구하던 의미를 찾을 수만 있다면, 그로 인한 고통을 각오하고 희생을 감내하며 필요하다면 생명까지도 바친다. 반대로 의미를 잃으면 인간은 자살충동을 느낀다. 자신이 필요한 모든 것을 충족한 때에도 인간은 그렇게 한다.

무엇을 위한 생존인가? 인류 역사상 가장 많은 사람이 풍족한 삶을 살고 있는데, 삶의 의미는 가장 빈곤한 시대에 살고 있다. 거듭 강조하건대, 누군가 비극에 맞닥뜨리고 고통 속에 있으면서도, 의미를 기대하며 행복감을 느낀다. 의미에는 진정 치료의 힘이 있다."3)

---

2) 스캇 펙, 채천석 역, 『주와 함께 가는 여행』(그루터기하우스, 2003), 133쪽.
3) 빅터 프랭클, 오승훈 역, 『의미를 향한 소리없는 절규』(청아출판사, 2013), 26-33쪽.

알베르트 카뮈(Albert Camus 1913-1960)는 이렇게 주장한 적이 있다. "정말 심각한 문제는 어떤 삶이어야 하는지에 대한 판단이 아니라, 삶의 가치가 없다는 것이다." 의미의 심리학을 집중적으로 연구한 빅터 프랭클도 "의미에 대한 욕구는 이 시대의 엄청난 풍요 속에서, 또 그렇게 풍족한데도 충족되지 않은 채 남아 있다. 오늘날 가장 긴급하고 중요한 현안은 삶이 무의미하다는 생각에 대응하는 것이다. 인간은 의미를 추구하는 존재다. 이 표현이 옳다면 종교가 인간이 찾는 '궁극적 의미'라고 정의해도 무방할 것이다. 언젠가 아인슈타인은 종교인이란 인생의 의미가 무엇인가에 대한 답변을 발견한 사람이라고 말했다." 또한, 요더는 "하나님과 함께 할 때만 시간과 노력, 인생과 역사가 의미를 가질 수 있다. 그들의 인생이 하나님의 목표를 달성할 수 있고 합목적적인 창조주의 손에 달렸음을 아는 곳에서만 그들의 인생이 더 넓은 사건의 틀 안에서 의미가 있을 수 있는 것이다."4)라고 했다.

기독교 신앙의 본질은 이 허망하고 이기적이고 탐욕적인 존재인 인간이 어떻게 구원을 얻고, 진정한 삶의 의미가 무엇인가를 아는 것이 아닌가! 조금 더 잘 먹고 잘 사는 문제는 부차적인 것이다. 허망하고 이기적 인간이 어떻게 이 세상에서 살아가며, 창조주 하나님을 알아 가느냐의 문제는 참으로 중요하다.

신앙이 이기적이고 허망한 존재가 잘 먹고 잘 살기 위한 수단과 방편이라고 한다면, 기독교의 존재 이유를 망각한 것이다. 흙으로 만들어진 인간, 흙으로 돌아갈 수밖에 없는 인간이 만물의 영장으로서 살아 움직이는 의미와 목적이 단지 잘 먹고 잘 살고 무병장수하는 것이라면 동물이나 다를 바가 없다. 그것은 하나님이 우리를 향하여 기대하신 것과는 너무 멀리 동떨어진 것이다.

---

4) 하워드 요더, 홍병룡 역 『급진적 제자도』(죠이선교회, 2015), 160-161쪽.

인생의 본질과 관련하여 믿음이란 '궁극적 관심(ultimate concern)'이다. 신학자 폴 틸리히(Paul Tillich, 1886-1965)는 궁극적 관심이라는 말은 우리가 가장 소중하게 여기고 궁극적인 가치로 삼는 '지고선'(the highest good)을 가리킨다고 했다. "사람은 예외 없이 누구나 이런 궁극적 관심을 갖고 살게 마련이다. 물론 신앙인에게는 하나님이 궁극적 관심이며, 신앙이란 하나님에 대한 궁극적 관심에 의해 사로잡힌 상태이다. 궁극적 관심의 대상이 반드시 하나님일 필요는 없다. 다른 어떤 관심, 가령 돈이나 스포츠나 사회적 명성 같은 세속적 관심도 얼마든지 궁극적 관심의 대상일 수 있다. 다만, 하나님 대신 그런 부차적이고 상대적인 가치를 절대적이고 무조건적인 것이라고 여기면서 궁극적 관심으로 삼을 때, 그것은 '우상숭배'이며 결국은 우리에게 불행을 가져올 수밖에 없다. 그런 의미에서 틸리히에 따르면 세상에 무신론자는 없고 신앙이 없는 사람도 없다. 신이든 우상이든, 절대적이고 무조건적인 것이든 아니면 상대적이고 조건적인 것이든, 사람은 무엇이든지 하나를 궁극적인 관심으로 붙잡고 살게 마련이기 때문이다."

하나님께서는 당신의 이름으로 위대한 계명을 주셨다. "너는 마음을 다하고 성품을 다하고 힘을 다하여 네 하나님 여호와를 사랑하라."(신 6:5) 이것이 궁극적 관심이 의미하는 것이다. 궁극적 관심의 대상에게 전적으로 복종하라는 요구를 받았던 것이다. 그럼에도 불구하고 돈, 성공, 경제적 능력이 하나의 신이 되었다. 이것들은 궁극적 관심의 모든 속성을 가지고 있다. 궁극적 관심으로서의 믿음은 총체적인 인격의 행위이다. 인간의 총체적 존재는 믿음의 행위 안에서 하나로 통일된다.[5]

---

5) 폴 틸리히, 최규택 역, 『믿음의 역동성』(그루터기하우스, 2005), 31-35쪽.

성경 해석의 문제

둘째로 복의 문제가 중요한 것은 성경 해석과 깊은 관련을 맺고 있다. 오늘날 한국교회는 성경을 아전인수로 해석하는 사람들이 너무 많다. 성경을 자기의 생각대로 얼마든지 마음대로 조립하는 것이다. 심지어 무신론도 주장할 수 있을 것이다. 시편 14편 1절에 보면 "그러나 어리석은 자는 마음에 이르기를 하나님이 없다 하는 도다"는 말이 나온다. 이처럼 성경에는 "하나님이 없다"는 말이 있다. 그러나 앞뒤를 읽어 보지 않고 단지 몇 구절만 가지고 이야기한다면 어떤 해석도 만들어 낼 수 있다. 이것은 작은 예에 불과하다. 영국의 시인이자 화가인 윌리엄 블레이크(William Blake, 1757-1827)가 "모두가 밤낮으로 읽지만, 내가 희다고 읽는 부분을 다른 사람은 검다고 읽는다." 즉 어떤 사물을 정반대로 이해할 수 있다. 문자주의에 얽매인 사람은 성경을 잘 믿는 것 같지만 실제로 성경의 진실을 알지 못한다. "그가 또한 우리를 새 언약의 일꾼 되기에 만족하게 하셨으니 율법 조문으로 하지 아니하고 오직 영으로 함이니 율법 조문은 죽이는 것이요 영은 살리는 것이니라"(고후3:6) 여기 의문(儀文)은 문자(letter)를 말하고, 즉 구약만 옛 언약을 말한다. 영은 성령을 말하고 새 언약을 말한다. 그러니 신약의 눈, 성령의 눈으로 보지 않으면 제대로 보는 것이 아니다.

이단(異端)과 사이비(似而非)의 특징은 자기 마음대로 그럴듯하게 성경을 짜 맞추거나, 어느 한 쪽을 지나치게 강조하는 것이다. '여호와의 증인'들이나 이단들과 대화해 본 사람들이라면 누구나 성경에 대한 그들의 해박한 지식에 깜짝 놀랄 것이다. 성경 어디 어디를 찾아보라고 해서 찾아보면 그들의 얘기가 척척 맞아 들어가는 것을 발견하고는 속으로 당황하게 된다. 그러나 놀랄 일은 아니다. 이상하게 들릴지 모르겠지만 "성경에 있다"는 말만큼 위험한 말이 없기 때문이다. 사탄도 예수님을 시험할 때 "이 말은 성경에 있다"고 시작한다. 말과 글이란 말 할 당시의 배경, 즉 분위기와 대상, 흐름, 억양 등을 알고 나서야 충분하게 이해할 수 있다. 최근 들어 구약이나 신약이나 그 말씀의 배경이 매우 중요시되는 것도 이런 이유에서다. 성경의 예를 들어 보자. 신명기 28장을 흔히 '축복 장'이라고 한다. 그러나 사실 이 말에는 놀라운 함정이 있다. 왜냐하면, 신명기 28장에는 복에 관한 내용뿐만 아니라 저주에 관한 내용도 함께 있기 때문이다. 사실 저주에 관한 내용이 더 많아서 오히려 '저주 장'이라고 해야 할 것이다.

> 성읍에서도 복을 받고 들에서도 복을 받을 것이며 네 몸의 소생과 네 토지의 소산과 네 짐승의 새끼와 네 우양의 새끼가 복을 받을 것이며 네 광주리와 떡 반죽 그릇이 복을 받을 것이며, 네가 들어와도 복을 받고 나가도 복을 받을 것이니라 (신28:3-6)

이 말만 들어보면 하나님께서는 복을 구하는 사람에게는 무조건 다 주시는 것처럼 보인다. 앞뒤 없이 이 부분만 인용하고 강조한다면 마치 성경에 "하나님이 없다"는 말이 있다고 주장하는 것이나 다를 바 없다. 예수만 믿으면, 하나님만 믿으면, 들어가도 복을 받고 나가도 복 받고, 이래도 저래도 복을 받는다는 말씀이 되어 버린다. 그러나 이 말씀은 "네가 순종하면 복을 주리라"는 단서가 중요한데 여기서 순종하라는 말은 단지 헌금 잘 내고 교회에 잘 다니라는 뜻이 아니다. 그런데도 순종을 단지 헌금을 잘 내고 교회에 잘 다니는 것이라고 축소 해석한다면 본래의 의도와는 전혀 다른 뜻이 될 수 있다.

"여기서 사실과 해석의 문제를 살펴보자. 사실이란 도대체 무엇인가? 사람들은 사실(facts)과 역사(history)는 같다고 생각한다. 그러나 이른바 사실은 결코 그렇게 간단하지 않다. 물론 세상은 사실들로 가득 차 있다. 그리고 우리는 자주 사실들에 대해 자연스럽게 이야기한다. 정치적 사건들은 순전히 물리적인 사건들보다 훨씬 더 두드러지게 해석을 필요로 한다. 실제 무엇이 일어났는지 힘들여 조사하고 분석하고 풀이해야 한다. 이때, 사건 경과에 대한 작업은 언제나 해석과는 떼려야 뗄 수 없다. 그리고 이 모든 어려움을 넘어 마지막에 제기되는 문제가 바로 누가 해석의 권위를 갖는가, 그리고 최종적으로 어떤 해석을 채택할 것인가 하는 점이다. 따라서 이런 질문이 가능하다. 인간이 의도와 관심과 격정을 가지고 행동하는 기저에 도대체 순수한 사실이 있기나 한 것인가? 거기서 발견되는 사실은 모두 이미 처음부터 해석으로 물든, 바로 해석에 의해 관철된 것들이 아닌가? 제자들은 네 가지 복음서를 썼다. 그들은 예수님에 대한 사실을 기록했다. 우리가 일반적으로 알기에는 네 가지 복음서가 으레 같은 내용이라고 생각한다. 그것은 착각이다. 예수님을 그리는 데 네 가지가 있었다는 것은 네 가지 해석이 있었다는 것을 보여준다. 예수님을 따랐던 제자들에 따른 해석이 있었다. 반면 예수님의 적대자들에게서 나타나는 해석은 격분에 찬 반응이 있었다. 그들은 예수님이 마귀 우두머리의 힘을 빌려 마귀들을 쫓아낸다고 확신했다.(막3:22) 그러니까 모두 다 처음부터 해석들이었다. 그 가운데 어떤 것이 올바른 해석인가? 우리가 언론 매체에서 접하는 사실들이란 본래 무엇을 말하는가? 한 젊은이가 진지하게 신문이나 방송을 통해 정보를 얻으려 할 때, 아마도 그는 세계의 모든 사건이 매일 보도를 통해 전달된다는 생각을 갖고 있다. 얼마나 순진하고 단순한가!

비판적으로 신문을 읽고 라디오를 듣고 텔레비전을 보고 인터넷을 사용하는 사람이라면 언론 매체가 세상에서 실제로 일어나는 일에 대해 지극히 일부만을 보도한다는 현실과 더불어 해석과 연관되어 있다는 것을 알게 될 것이다.

우리는 주로 자기 나라에서 일어나는 일들에 대한 보도를 우선으로 접하게 되는데, 이는 이미 근본적인 선택과 관계가 있다. 보도 대부분을 차지하는 것은 정당끼리의 충돌, 사회 체계, 경제 문제 등이다. 그리고 그 가운데 대부분은 정부 부서, 중앙 정당, 이해 단체들에 의해 작성되고 조작된다. 거의 모든 내용이 극단적으로 보도자의 주관적인 견해를 반영한다. 그다음 나머지는 주로 재미있는 화젯거리들을 다루는데, 언론 매체에서 이는 국물에 넣는 소금과 같은 것이다. 곧 테러, 살인, 절도, 성폭행, 횡령, 폭발, 붕괴, 방화, 악천후, 비행기 추락 등의 보도가 그것이다. 마지막으로 "인간이 개를 물다"와 같이 약간 비정상적인 사건에 대한 보도가 늘 뒤를 따른다. 그러나 위와 같은 종류의 보도 전체를 다 합쳐도 그것은 사실의 지극히 미미한 단편이고, 대개는 주관적으로 선택된 한 사실에 불과하다.

그렇다면, 도대체 역사적 사실이란 무엇인가? 우리는 너무도 성급하게 사실, 참된 현실, 실제 사건, 부인할 수 없는 진실 등과 같은 말을 사용하는 데 익숙하다. 정치가들은 이렇게 말하곤 한다. "사실은, 이렇습니다." 그러나 '사실'이란 무엇인가? 어떻게 해서 무엇이 '사실'이 되는가? 누군가 이것이 사실이라고 주장할 때, 그것은 이미 끝없이 이어지는 사건들의 흐름에서 떼어 낸 것, 얽히고설킨 과정들의 혼돈에서 한 토막 잘라낸 것, 엄격하게 한계를 짓고 이미 개념적으로 규정하고 해석한 것이다. 달리 말해, 이른바 '순수한 사실', '옳은 진실'이라고 주장하는 것도 이미 언제나 사실에 해석의 손질을 가함으로써 얻은 것이다."[6] 예

---

[6] 게르하르트 로핑크, 김혁태 역, 『예수 마음 코칭』(생활성서, 2015), 11-17쪽, 29-41쪽.

를 들면 우리나라에서 매일 발간되는 신문을 보자. 하루 동안 일어난 사건들이 얼마나 많은가? 그러나 이 많은 사건을 몇 페이지에 모두 담을 수 없다. 여기에서 신문사마다 어떤 사실을 선택해야 할 것인가 하는 선택의 문제 앞에 선다. 즉 해석의 문제다. 어떤 내용을 톱뉴스로 할 것인가? 어떤 사건을 버릴 것인가? 어떤 사건을 어디에 배치할 것인가를 결정해야 한다. 조중동 신문은 놀랍게도 국정교과서에 거의 침묵한다. 반면에 한겨레, 경향신문은 국정교과서 문제가 마치 큰일이나 난 것처럼 상세하게 보도한다. 사실에 대한 해석이 달라서 이런 일들이 벌어진다. 그럼에도, 대부분의 시민은 조중동이 말하는 것을 선택한다. 어떤 신문을 보는가 자체가 선택과 해석을 전제한다. 그리하여 조중동 신문은 사실 자체조차도 왜곡시키려 할 뿐만 아니라 나아가 사실을 없애 버리려 한다. 역사를 한가지로만 해석한다는 것은 어불성설이다.

이처럼 복의 문제는 성경 해석과 깊은 관련이 있다. 오늘날 한국교회는 복을 이야기하면서 성경에 쓰인 배경들을 무시하며 자기 마음대로 해석을 하고 있다. 축자영감설을 믿는다고 해서 성경을 잘 아는 사람은 아니다. 복에 대한 성경의 내용을 바르게 해석해야 바른 신앙을 할 수 있다.

인생의 문제

셋째로 복의 문제는 인생의 문제와 관련이 있다. 인간사는 너무나 복잡하다. 아니 복잡하다 못해 신비하다. 인간은 한치 앞의 미래도 내다보지 못한다. 그런데도 교회를 다니고 잘 믿으면 만사가 잘 되고 복을 받는다고 생각한다. 너무나 단순하고 유치하다. 우리 인생은 그렇게 간단하지 않다.

나는 새벽기도회를 다녀오다가 변을 당한 사람들의 이야기가 가끔 신문에 나는 것을 보고 흠칫 놀랄 때가 있다. 교회에 다녀서 만사가 잘 된다면 새벽기도 다녀오는 길에 변을 당할 이유가 없지 않은가? 새벽기도회에 다닐 정도면 대단한 정성을 가지고 기도를 하는 사람이다. 당연히 하나님께서 불기둥과 구름기둥으로 인도할 것 같다. 심지어는 새벽기도에 갔다 오는 길에 인신매매단에 잡혀가는 일도 있다. 기도만 하면 잘 된다는데, 거기다가 새벽기도회까지 다니는 사람이 변을 당한 것은 뭐가 잘못되어도 크게 잘못된 일이 아닌가?

가끔은 교회당이 벼락을 맞을 때도 있다. 어떻게 하나님을 잘 믿는 사람들이 모이는 교회당이 벼락을 맞을 수가 있을까? 그런데 벼락을 맞기만 하는 것이 아니라, 예배에 참석한 사람까지 죽는 일이 있다.

인생의 문제는 너무 신비하다. 교회에 잘 다니고 예수님 잘 믿으면 만사가 잘 된다고 하기에는 너무나 골치 아프고 이해가 되지 않는 문제들이 많다. 그래서 성경의 최대의 문제 중의 하나는 "의인이 왜 고난을 받는가?" "왜 의인이 고난을 받고 왜 악인이 형통하는가?"의 문제다. 예언자 예레미야는 이 문제를 가지고 고심했다.

> 여호와여 내가 주와 변론할 때에는 주께서 의로우시니이다 그러나 내가 주께 질문하옵나니 악한 자의 길이 형통하며 반역한 자가 다 평안함은 무슨 까닭이니이까 (렘12:1)

이것이 예언자 예레미야가 가지고 있는 고민이었다. 하나님만 믿으면 잘 되어야 할 텐데 그게 아니라는 것이다. 어찌 사기를 치는 자들이 이토록 잘 되고 있는가? 이것은 예레미야만 고민하는 것이 아니다. 예언자 하박국은 온통 이 문제를 가지고 고민한 책이다.

> 여호와여 내가 부르짖어도 주께서 듣지 아니하시니 어느 때까지리이까 내가 강포로 말미암아 외쳐도 주께서 구원하지 아니하시나이다. 어찌하여 내게 죄악을 보게 하시며 패역을 눈으로 보게 하시나이까 겁탈과 강포가 내 앞에 있고 변론과 분쟁이 일어났나이다. 이러므로 율법이 해이하고 정의가 전혀 시행되지 못하오니 이는 악인이 의인을 에워쌌으므로 정의가 굽게 행하여짐이니이다 (합1:2-4)

성경은 바로 이 문제를 고민하는 책이라고 할 만큼 곳곳마다 다루고 있다. 성경은 하나님만 믿으면 모두 잘 된다고 약속하는 책이 아니다. 우리가 잘 아는 대로 이 문제의 극치가 욥기에서 나타난다. 욥은 하나님 앞에 의로운 자로서, 참으로 훌륭한 신앙의 사람이었다. 하지만, 욥은 말할 수 없는 고난을 겪었다. 왜 그런가? 하나님만 믿으면 잘 된다고 하는데, 예수님을 믿으면 만사가 잘 된다는데 어떻게 욥에게 이런 일이 일어날 수 있는가? 이것이 바로 성경에 나타난 고민이다. 욥은 어찌하여 이토록 큰 고통을 주시느냐고 절규했다. 이러한 문제들은 위대한 성경 인물들에게 특별하게 일어나는 문제가 아니라 모든 사람에게 일어나는 보편적인 문제다. 우리는 이 땅을 날마다 살면서 도무지 이해할 수 없는 일이 너무나 많이 일어난다. 이것이 바로 성경이 말하려는 문제다. 교회에 다니고, 기도하고, 봉사하고, 헌금을 내면 모든 일들이 자기 소원대로 되는 그런 유치한 진리가 아니다. 우리의 삶 가운데는 이해할 수 없는 문제들이 너무나 많이 있다. 바로 이것을 해결하는 것이야말로 신앙의 문제다.

고난의 문제를 신학적으로 규명하려는 것이 신정론(神正論, Theodicy)이다. 신정론은 "공의의 하나님이 계신다면 왜 이토록 세상이 전쟁과 파괴와 부조리가 가득한 것인가?"라는 의문을 다루고 있다. 얼마나 많은 학자들이 이 문제를 성경적으로 해명하기 위해 고심하는지 모른다. 참 어려운 문제다. 이렇게 어려운 문제를 교회에 잘 다니고 예수님 잘 믿으면 모든 것이 해결되고 복을 받는다는 식으로 말한다면 너무 피상적일 뿐만 아니라 뻔한 거짓말이다. 나는 예수님을 잘 믿는다면 성경이 말하는 복을 받는다고 확신한다. 그것은 물질과 성공 이상의 것을 말한다. 내가 신앙적으로 존경하는 사람들 중에도 하나님께서 젊은 나이에 데려가신 분이 많다. 믿기만 하면 모든 것이 잘된다는 생각은 미신이다. 그럴듯하게 보이지만, 거기에는 무서운 독이 들어 있다. 그와 같은 생각은 인간과 신앙의 본질적인 문제를 보지 못하게 만들어버리기 때문에 심각한 문제가 아닐 수 있다.

아무리 목사라도 성경적이 아닌 복을 말한다면 그것은 하나님 말씀을 선포하는 것이 아니라 독(毒)을 선포하는 것이다. 우리가 아는 대로 신앙의 위인들, 아브라함, 야곱, 모세, 요셉, 욥, 다윗, 바울 등은 모두 고난의 인물이었음을 알아야 한다. 그들은 결코 잘 먹고 잘 사는 것만을 추구하지 않았다.

사도 바울은 그의 일생을 고난 속에서 살았다. 그리고 예수 그리스도는 집 한 채 없이 머리 둘 곳도 없이 고난 속에 살다가 가셨다. 성경의 위대한 인물들이 잘 먹고 잘 살았던 적이 있었던가? 물론 그들의 삶 가운데 좋은 시절이 없었다는 말은 아니다. 행복한 때도 있었다. 다윗이 "내가 사망의 음침한 골짜기로 다닐지라도"라고 한 말을 잘 새겨 볼 필요가 있다. 이 말은 내가 하나님을 믿기 때문에 사망의 음침한 골짜기를 다니지 않는다는 말이 아니다. 내가 사망의 음침한 골짜기를 다닐지라도, 내가 사망과 같은 어려운 곤경에 처해 있을지라도, 그 가운데서도 든든히 설 수 있는 확신이 있다는 고백이다. 이것이 참 신앙이요, 참된 복이다. 예수님께서는 우리를 향해서 "너희가 세상에서 환난을 당하나 담대하라"고 하셨다. 너희가 이 세상에서 나를 믿으면 환난을 절대 당하지 않는다고 말씀하신 것이 아니라, 너희가 이 세상에서 살아갈 때 고난을 당할 것이지만 "담대하라"는 것이다. 이것이 성경의 메시지고 복이다! 미국의 세계적인 기독교 정신과 의사인 스캇 펙(Scott Peck)은 『아직도 가야 할 길』에서 "삶은 고해다. 나는 여기에 한 가지 진리를 덧붙이려고 한다. '삶은 복잡하다.' 우리는 인생을 살아가면서 자기 나름의 길을 개척해야 한다. 여기에는 자습서도, 공식도, 쉬운 해결책도 없다. 어떤 사람에게 올바른 길도 다른 사람에겐 잘못된 길이 될 수 있기 때문이다. 인생이라는 길에는 아스팔트가 깔려 있지도 않고, 밝게 불이 켜져 있지도 않으며 도로 표지판조차 없다. 그 길은 황무지를 통과해야 하는 바위투성이 길이다. 오히려 길은 중심으로부터 확정되는 일련의 동심원과 같아서 단순하게 곧장 뻗어 있지 않다. 그러므로 모든 것을 단순화하고, 공식이나 쉬운 해결책을 찾으려는 충동을 버리고 각자의 경험 속에 있는 수많은 인과 관계에 당황하지 않고 다면적으로 생각하면서 인생의 신비로움과 역설을 찬미하며 인생이란 복잡다단하다는 사실에 감사하는 마음을 갖길 바란다."7)고 말한다.

이상에서 나는 세 가지 이유로 우리가 무엇을 복이라고 생각하느냐에 따라서 우리의 신앙과 인생의 의미가 규정된다는 사실을 살펴보았다. 복의 문제에 대한 성경적 확신 없이는 감히 성경적 신앙을 가졌다고 말할 수 없다. 교회당을 다니고 기도를 열심히 하는 것을 성도의 증거로 볼 수 없다. 종교적 열성을 가진 사람은 다른 종교에서도 얼마든지 찾아볼 수 있지 아니한가? 우리가 위대한 인간이 되고 위대한 신앙을 가지려고 미신과 마술, 무당종교에 우리의 인생을 맡겨서는 안 된다. 인과응보라는 사탄의 유혹에 세뇌되어서는 안 된다. 만사형통은 참으로 무서운 마취제다. 사탄

---

7) M. 스캇 펙, 신승철·이종만 역, 『끝나지않은 여행』(열음사, 2007), 5-6쪽.

의 장난이다. 사도바울은 "비천에 처할 줄도 알고 풍부에 처할 줄도 알아야 한다. 또 배부르고 배고플 때나 풍부하거나 궁핍할 때 그 어느 상황에서도 살아갈 수 있는 능력을 가져야 한다."라고 고백한다.(빌4:11-12) 이 얼마나 복 있고 멋있고 아름다운 인생인가!

3장 일반은총과 특별은총

먹을 빵조각만 있으면 어떤 고통도 이겨낼 수 있다
– 세르반테스 『동키호테』에서

비록 무화과나무가 무성치 못하며
포도나무에 열매가 없으며 감람나무에 소출이 없으며
밭에 식물이 없으며
우리에 양이 없으며 외양간에 소가 없을지라도
나는 여호와를 인하여 즐거워하며
나의 구원의 하나님을 인하여 기뻐하리로다
– 하박국 3장 17–18절

우리 교회 찬양대에서 피아노를 연주하는 자매는 세브란스 병원 재활학교의 교사로 근무하고 있다. 이 자매는 직장생활에서 느낀 점을 교회 소식지에 "사랑은 오래 참고"라는 제목으로 글을 썼다. 거기 보면 우리에게 많은 생각을 하게 만드는 두 아이의 이야기가 나온다.

영순이는 열한 살인데 뇌성마비로 오른쪽 팔다리를 쓰지 못하고 말도 못하고, 침을 제대로 삼키지 못하고 한 손으로 글을 쓰고, 다른 한 손으로는 계속 흘러내리는 침을 닦아내야 한다. 또 가빈이는 두 다리가 마비되었고, 침을 제대로 삼키지 못하기 때문에 입안에 항상 침이 고여 있다. 입안에 고인 침이 얼마나 강한지 이가 썩을 정도란다.

우리는 가끔 병원을 방문할 때 갖가지 병을 앓고 있는 환자들을 보면서 내가 건강하게 살아 움직인다는 사실이 결코 평범한 일이 아님을 깨닫게 될 때가 있다. 칼빈도 평생 위장병으로 고생이 많았는데 "우리에게 하나님께서 고통을 주시고 병을 주시는 이유는 인간이 아무것도 아닌 존재임을 알게 하기 위해서다."라고 말을 했다.

하나님께서 우리에게 고난과 병을 허락하시는 이유는 그 고난과 병을 통해 우리가 창조주 하나님을 기억하게 만들기 위해서이다. 칼빈은 병과 고난 가운데서도 하나님을 찾지 않는 사람이야말로 가장 불행한 사람이라고 했다.

우리가 세끼 밥을 먹고, 별 지장 없이 건강하게 살아가고 있다는 사실, 내가 바로 여기 있다는 사실, 이것이 얼마나 놀랍고 큰 기적인지 모른다. 내가 지금 여기 건강하게 앉아서 생각할 수 있고, 무엇인가 만들어 내고, 시를 쓰고 그림을 그릴 수 있는 것은 참으로 놀라운 은총의 결과다. 이것을 신학적으로는 '일반은총' 또는 '일반은혜'라고 말한다.

사람들은 이러한 사실을 당연한 것처럼 생각하고 감사하지도 않을 뿐만 아니라 오히려 이것은 내가 스스로 노력해서 된 것으로 생각한다. 그러나 성경은 이 모든 것이 하나님께서 주신 놀라운 은총이라고 말한다. 하나님께서는 이 세상을 창조하셨을 뿐만 아니라 창조세계를 그분이 주신 법칙대로 유지하시고 계심을 알아야 한다.

하나님께서 모든 것을 주신다

사람은 밥을 먹어야 생명을 유지한다. 음식을 씹어야 소화가 되고, 소화가 되어야 힘이 난다. 또 적당하게 움직이면서 운동을 해야 건강하게 살 수 있다. 이 모든 것은 하나님께서 주신 법칙이다. 참으로 놀라운 법칙이다. 어찌 보면 사소한 것 같고 별 볼일 없는 것 같지만 이 법칙대로 살지 않으면 건강을 해치게 되고 불행해지는 것이다. 믿는 사람이라 해서 여기서 제외되는 것은 아니다.

나는 가끔 길을 건너면서 달려오는 자동차 속도를 보고 무의식적으로 걸음걸이를 조정하는 자신을 발견하고 참 신기하다는 생각을 한다. 우리는 앞에서 오는 차의 속도를 보면서 길을 건넌다. 저 정도의 속도라면 내가 이 정도로 움직이면 피할 수 있겠다고 생각한다.

아무것도 아닌 것 같지만, 여기에는 수많은 법칙이 숨어 있다. 우리는 이처럼 신비한 법칙 속에 살고 있지만 대수롭지 않게 생각하면서 살아간다. 그러나 이 모든 것은 하나님이 주신 것이다. 또 하나님께서는 어떤 사람에게는 시를 잘 쓸 수 있는 재능을 주시고 또 어떤 사람에게는 공부를 잘 할 수 있는 재능을, 다른 사람에게는 글은 못 써도 그림을 잘 그리고 음악을 잘하는 재능을 주신다. 이런 것들은 스스로 잘나서 그런 것이 아니다. 기도를 많이 해서 하나님께서 주시는 것이 아니다. 우리는 이것들을 일반은총이라고 말한다. 일반은총을 생각할 때에 첫째로 알아야 할 것은 모든 것을 하나님께서 주신다는 사실이다.

> 온갖 좋은 은사와 온전한 선물이 다 위로부터 빛들의 아버지께로부터 내려오나니 그는 변함도 없으시고 회전하는 그림자도 없으시니라 (약 1:17)

우리에게 주어진 모든 것, 건강하게 살아가는 것을 비롯한 아무 생각 없이 먹는 세 끼의 식사까지도, 내가 숨 쉬는 이 공기마저도 이것들 없이 사람은 한순간도 살아갈 수 없다. 모든 것이 하나님에게서 왔다. 하나님께서는 이것들을 믿는 사람에게만 주시는 것이 아니라, 믿지 않는 사람에게도 주신다는 평범한 사실을 알아야 한다.

> 이같이 한즉 하늘에 계신 너희 아버지의 아들이 되리니 이는 하나님이 그 해를 악인과 선인에게 비추시며 비를 의로운 자와 불의한 자에게 내려주심이라 (마5:45)

하나님께서는 이러한 모든 은사를 주시는데 의인과 악인에게 똑같이 내려준다. 신앙이 있는 사람과 없는 사람을 구분해서 주시는 것이 아니라는 말이다. 부와 건강, 출세 등의 소위 모든 좋은 것은 믿는 사람에게만 주어지는 것이 아닌 것을 분명히 알아야 한다. 예수님을 믿는 사람이 더 부자가 되고, 예수 믿는 사람이 더 건강하고, 예수 믿는 사람이 더 출세한다는 놀라운 미신이 한국교회 안에 널리 퍼져 있다. 큰 미신이고 착각이다! 예수님을 믿지 않아도 예수님을 믿는 사람들보다 훨씬 부자고 성공한 사람들이 얼마나 많은가? 세계사적 보편 기준에서 볼 때 믿지 않는 사람들이 더 건강하고 부자인 것을 보면 금방 알 수 있지 아니 한가?

> 또한 어떤 사람에게든지 하나님이 재물과 부요를 그에게 주사 능히 누리게 하시며 제 몫을 받아 수고함으로 즐거워하게 하신 것은 하나님의 선물이라 (전5:19)

반면에 특별은총은 예수님을 믿고 구원을 얻고 하나님 나라 백성으로 사는 것이다. 우리가 구원 얻은 것은 하나님께서 믿는 자들에게만 주시는 은총이다. 이처럼 특별은총은 하나님의 은총을 믿는 자들에게만 제한적으로 주신 것이지만, 일반은총은 모든 사람에게 주시는 것이다.

교회에 다니는 교인들이 서로 대화하다가 어느 분이 피곤하다고 했더니 다른 한 분이 "아, 피곤하세요? 그러면 기도 해야지요" 하는 말을 들은 적이 있다. 얼핏 보면 아주 좋은 신앙적 조언 같지만, 이것이 미신이요, 마술신앙이다. 하나님께서는 우리에게 피곤하면 쉬라는 법칙을 주셨는데 사람이 쉬지 않으면 병에 걸리게 되는 것이다. 누구도 쉬지 않으면 병에 걸리는 것이다. 이것이 하나님이 주신 일반은총의 법칙이다.

40일 금식기도를 하면 무슨 일이 일어나더라도 죽지는 않을 것 같은데 40일 금식기도를 하다가 죽은 사람들이 얼마나 많은지 모른다. 하나님께서 기도하면 피곤하지 않게 해주신다면 40일 금식기도를 하다가 죽는 일이 없어야 할 것이다. 그러나 40일 기도를 하다가 건강을 크게 상하기도 하고 죽기까지 하는 경우가 발생한다. 신앙은 착각이나 자기 암시나 더구나 '긍정의 힘'이 아니다. 그렇다고 기도하지 말라는 것은 아니다.

> 너희는 욕심을 내어도 얻지 못하여 살인하며 시기하여도 능히 취하지 못하므로 다투고 싸우는도다 너희가 얻지 못함은 구하지 아니하기 때문이요 구하여도 받지 못함은 정욕으로 쓰려고 잘못 구하기 때문이라 (약4:2-3)

우리가 얻지 못한다면 기도하지 않기 때문이요, 기도해도 받지 못하는 것은 우리의 욕망을 위하여 기도하기 때문이다.

그렇다면, 예수님을 믿는 사람과 믿지 않는 사람의 차이점이 무엇인지 궁금할 것이다. 예수님을 믿고 구원받은 사람을 신학적으로 특별은총을 받은 사람이라고 말한다. 신학에서는 은혜나 계시를 일반은총, 특별은총, 또는 일반계시, 특별계시로 크게 나눈다.

하나님을 믿는 사람들, 예수 그리스도 안에서 구원을 확신하고 순종하는 사람들은 특별은총을 받은 사람들이다. 예수 그리스도를 알 수 있고,

믿을 수 있는 것은 성경과 성령을 통해서만 가능하다. 예수님께서 베드로에게 말씀하신 것처럼 예수 그리스도를 아는 믿음은 혈육이나 인간의 지식으로 되는 것이 아니다. 이것을 우리는 특별계시, 특별은총이라고 부르는 것이다. 다시 말하면 일반은총은 하나님께서 모든 사람에게 주시는 것이지만, 특별은총은 구원에 이르게 하는 특별한 은혜를 성령이 믿는 사람에게만 주시는 것이다. 여기에서부터 예수님을 믿는 사람과 믿지 않는 사람의 차이가 나타난다. 예수님을 알지 못하는 사람은 자기의 자기됨이 스스로 된 것이라고 생각하는 반면에 예수님을 믿는 사람은 자기가 받은 모든 것을 하나님께서 주셨다고 생각하고 하나님께 감사와 영광을 돌리는 것이다.

네덜란드 출신의 개혁주의자 헤르만 바빙크(Herman Bavinck)는 "모든 계시 즉 일반은총과 특별은총은 그 기원에 있어서 초자연적이다. 하나님은 항상 일하신다.(요5:17) 외부로 드러난 하나님의 사역은 창조와 더불어 시작되었다. 창조는 하나님의 첫 번째 계시이며 모든 계시의 시작이며 기초. 성경적 계시 개념은 창조 계시에 근거한다. 하나님은 의인과 악인에게 비를 주고 햇빛을 비춘다. 나뭇잎과 초목, 비와 가뭄, 풍년과 흉년 그리고 모든 것은 신자에게 우연히 일어나는 것이 아니라, 하나님 아버지의 손으로부터 온다. 성경의 자연관과 역사관은 종교적이며 따라서 초자연적이다. 성경에 의하면 일반계시와 특별계시는 함께 간다. 그것들은 대조되는 것이 아니라 상호 간에 보충된다. 그것들 모두는 매개적이고 특정한 형태에 매여 있다. 그것들 모두는 하나님이 은혜로 인간에게 자신을 낮추고 인간에게 자신을 맞춘다는 생각에 기초한다. 그리고 그것들 모두의 방식은 하나님이 자신의 임재를 느끼게 하며, 자신의 음성을 듣게 하며, 자신의 사역을 볼 수 있게 하는 방식이다. 하나님은 실제로 나타나실 뿐만 아니라, 또 말씀을 통해 인간에게 자신을 계시했다. 주목할 만한 사실은 첫 사람 아담의 불순종으로 세상에 들어온 죄가 계시의 사실 자체에 변화를 주지 않는다는 것이다. 하나님은 여전히 자신을 계시하고, 뒤로 물러서 계시지 않는다.

먼저, 우리는 성경 전체를 통해 일반 계시를 안다. 하나님의 계시는 창조에서 시작되었고 만물을 보존하고 통치하는 가운데 계속된다. 하나님은 우리가 사는 자연 가운데서도 자신을 계시하고, 그 가운데서 자신의 영원한 능력과 신성을 드러내 보이며, 복과 심판으로 번갈아 자신의 선함과 진노를 증거한다."[1]고 말한다.

그러나 루터는 인간 이성 혹은 지성은 그 지식의 모호한, 작은 불씨를 통해 하나님을 보며 그 원리의 적은 부분을 보존한다는 것을 인정하면서도, 너무 한쪽으로 치우쳐 종교적 문제에서 자연적 인간의 전적 무지와 무능만을 강조하고 특별계시와 일반계시 사이의 관계를 완전히 끊어 버렸다. 문제는 이 주제가 세상을 개혁하는 것이 우리와 상관이 있느냐 없느냐와 매우 중대한 관련이 깊은 주제이기 때문이다. 어쨌건 이성을 주신 것도 하나님이다. 신앙에서 이성이 중요하지 않다는 생각은 일반은총을 무시하는 것과 같다.

일반은총과 특별은총을 혼동해서는 안 된다. 특별은총을 받아 기독교인이 되면 일반은총까지 모두 다 받는 것으로 생각한다. 그래서 예수님을 믿으면 건강과 부와 성공을 얻는 줄로 생각한다. 40일 금식기도를 하면 모든 것이 잘되는 줄 안다. 너무 큰 오해가 아닐 수 없다. 그와 같은 생각은 하나님이 주신 법칙을 거부하는 처사요, 하나님을 부정하는 것이다. 일반은총은 하나님의 창조사역에 관련된 것이요, 특별은총은 하나님의 구원사역과 관련된다는 사실을 알아야 한다.

---

1) 헤르만 바빙크, 박태현 역, 『개혁교의학』(부흥과개혁사, 2011), 415-429쪽.

대학시험 합격을 위한 '백일기도회'가 오래전부터 교회 안에서 유행하고 있다. 심지어 산상기도회까지 생겨났다. 서울 강남에 있는 봉은사 앞에는 거의 일 년 내내 '백일기도회'고 쓴 플래카드가 걸려 있다. 백일이라는 것은 불교에서 오래전부터 내려오는 아주 중요한 숫자다. 결코, 백일을 정해서 기도하는 것이 잘못됐다는 것이 아니라 백일기도를 하는 사람들의 사고방식에 근원적인 문제가 있기 때문이다. 기도를 열심히 하면 대학교에 합격하거나, 부자가 된다는 말은 성경에서 찾아볼 수 없다. 그러나 하나님께서는 부자가 되는 비결을 가르쳐 주셨다.

> 손을 게으르게 놀리는 자는 가난하게 되고 손이 부지런한 자는 부하게 되느니라 (잠10:4)

부자가 되기 위해 부지런히 기도하라고 하신 것이 아니라 부지런히 일해야 한다고 말씀하신다.

> 충성된 자는 복이 많아도 속히 부하고자 하는 자는 형벌을 면하지 못하리라 (잠28:20)

하나님께서는 갑자기 부자가 되려는 생각을 금지하셨다. 그리고 부자가 되는 방법을 일반은총의 차원에서 가르쳐 주신다. 예수님을 잘 믿는 사람만 부자로 만들어 주시지 않는다. 우리 주변에는 소위 신령한(?) 목사들이 있는데, 이 목사들 가운데는 "설교를 잘하려면 기도를 열심히 하면 된다"고 말하는 분들이 있다. 물론 설교 준비를 잘하려면 기도도 열심히 해야 하는 것은 너무도 당연한 일이다. 그러나 기도만 열심히 해서는 안 된다. 신학교에서도 시험 때가 되면 이상한 일이 벌어지는데 공부할 시간에 공부는 하지 않고 산에 들어가 기도하는 사람들이 있다. 거기까지는 좋은데 정작 시험 볼 때는 컨닝을 노골적으로 담대하게 한다. 재미있는 것은 이렇게 목사가 된 사람들이 재주가 좋아 목회도 잘 한다. 종교개혁자 칼빈은 "한 권의 책도 읽어보는 수고도 없이 강단에 서서 설교하면 하나님께서 할 말을 주시겠지 하는 사람이 있다면 나는 그 사람을 건방진 얼간이라고 말하겠다"고 했다. 얼마 전에 택시를 탔는데, 내가 타기 전에 30대 후반의 깔끔한 여성 두 사람이 내렸다. 내가 타자마자 기사가 "예수 믿으면 밥 먹여주나. 참 이상한 사람들이네"고 말하는 것이었다. 아마 그분들이 택시 기사에게 전도했던 모양이다. 내가 '왜 그런 말을 하느냐' 물었더니 교회를 다니면 장사도 잘되고 건강하게 된다고 하더라는 것이다. 그래서 택시 기사가 내가 차에 오르자마자 혼잣말로 "예수 믿으면 밥 먹여 주나" 했던 것이다. 우리가 혼동해서는 안 된다.

> 사람이 귀를 돌려 율법을 듣지 아니하면 그의 기도도 가증하니라 (잠 28:9)

하나님께서는 무슨 기도든지 다 들어주시지 않는다. 하나님은 일반은총이라는 법칙을 주셨다. 자동차가 저기서 오면 지혜롭게 피할 수 있는 능력을 주신 것처럼 우리 모든 사람에게 건강할 수 있는, 사업에 성공할 길을 열어 주셨다. 잠언 기자는 하나님의 법칙과 관계없이 기도만 한다면 하나님께서는 그 기도를 역겨워 하신다는 것을 알아야 한다.

박목월의 시와 김소월의 시는 다르다

그러면 예수 그리스도를 구속주로 믿는 특별은총을 받은 사람과 예수 그리스도를 믿지 않는 일반은총을 받은 사람은 무엇이 다를까? 하나님께서는 김소월에게 시를 쓰는 재능을 주셨다. 하나님께서는 박목월에게도 아름다운 시를 쓸 수 있는 재능을 주셨다. 예수님을 잘 믿는 사람만 시인이 되는 것이 아니다. 하나님을 아는 박목월의 시와 하나님을 알지 못하는 김소월의 시는 무엇이 다른가? 김소월은 많은 사람의 심금을 울리는 시를 썼지만, 유명한 〈진달래꽃〉을 비롯하여 많은 시를 썼지만, 하나님을 찬양하고 감사하는 시는 찾아볼 수 없다. 그러나 박목월의 시 가운데는 하나님을 찬양하고 하나님께 감사하는 시가 많이 있다. 김소월이 쓴 〈진달래꽃〉과 박목월이 쓴 〈네 믿음이〉라는 시 한 편을 보자.

〈 진달래꽃 〉

나보기가 역겨워
가실 때에는
말없이 고이 보내 드리오리다.
영변(寧邊)에 약산(藥山)
진달래꽃
아름 따다 가실 길에 뿌리오리다.
가시는 걸음 걸음
놓인 그 꽃을
사뿐히 즈려 밟고 가시옵소서
나 보기가 역겨워
가실 때에는
죽어도 아니 눈물 흘리오리다

〈 네 믿음이 〉

앓는다는 것은
하나의 축복이다.
앓음으로 비로소
한밤에 일어나
자기의 믿음을 가늠해보고
애절하게 주의 이름을 불러보고
간구한다.
병이 낫는다는 것은
당신의 사람이 된다는 것
요는
당신의 사람이 된다는 것
주여
당신의 보혈이
핏줄마다 서리게 된다는 것
할렐루야
당신
옷깃에 스치는 것만으로
우리는 새 사람이 되어
저희 믿음으로
저를 구원하게 한
이
영원한 원리 속에서
더욱 상쾌한 새 날을 맞게 된다

이렇게 김소월의 시와 박목월의 시는 다르다. 그러나 하나님께서는 똑같이 시를 쓸 수 있는 재능을 예수 믿는 박목월에게도 주셨고 예수를 믿지 않는 김소월에게도 주셨다.

세상 사람들은 자기가 잘나서 자기 힘으로 돈을 벌었다고 생각한다. 그러나 특별은총을 받은 사람들은 비록 적고 부족하더라도 모든 것이 하나님에게서 왔다고 생각하고 하나님께 감사하고 또 그것을 하나님과 이웃을 위해서 바르게 쓴다는 데서 차이가 있다.

예수 믿고 기도하기 대문에 부자가 되고 높은 사람이 되고 건강을 유지하는 것이 아니다. 이 달은 하나님께서 부와 건강을 주는 분임을 부정하는 것이 아니다. 하나님께서는 모든 사람에게 똑같이 부와 건강과 출세를 주신다는 말이다. 물론 하나님께서는 기도를 통해서 부와 명예와 건강을 주시기도 한다. 그러나 그것은 나 자신을 위해 쓰라고 주신 것이 아니라 고통받는 이웃을 위해 돕도록 허락하셨다는 것을 알아야 한다. 하나님은 혼돈의 하나님이 아니다. 하나님께서는 일반은총의 법칙으로 세상을 다스리시는 분이시다. 인간은 누구나 밥을 먹어야 건강을 유지할 수 있다. 신앙생활을 잘한다고 부자가 되고 건강할 수는 없다.

신자들이 혼동하고 있는 것 중, 또 잘못 생각하는 것 중 하나는 대통령이나 국회의원을 투표할 때 교회에 다니면 무조건 훌륭한 정치를 할 수 있다고 생각하고 표를 찍는 사람들이 뜻밖에 많다. 놀라운 착각이다! 다시 말하지만 훌륭한 정치인이든, 예술가든, 문학가든 하나님은 일반은총을 주셨다는 것을 알아야 한다. 하나님은 악인에게나 선인에게나 비와 해를 주시는 분이시다. 악인에게도 부가 있고 건강이 있다. 현실이 그렇지 아니한가?

그러나 하나님께서는 당신이 주신 것을 잘못 사용하는 사람들에게 그분을 섬기는 그리스도인을 통해 그들의 잘못을 깨닫도록 하신다는 사실을 알아야 한다. 이 일은 특별은총을 받은 그리스도인의 복된 역할이다

일반은총과 공동선

일반은총과 관련하여 우리는 모든 사람이 추구하는 공동선(公同善)에 대해서 생각해볼 필요가 있다. 믿는 사람과 믿지 않는 사람들 모두 하나님이 주신 일반은총으로 '공동선(公同善)'을 추구하는 것이다. 공동선이란 모든 인간이 추구하는 평화, 자유, 정의, 사랑, 해방, 희망, 생태계 등 모든 영역에서 믿지 않는 사람들과 함께 추구하는 것이다. 믿지 않는 사람들에게도 그 양심 속에 이런 것을 추구하고자 하는 마음이 있다. 물론 신자들이 불신자들보다 앞장서야 하는 것은 마땅한 것이지만, 그러나 불신자들에게도 그의 양심 속에 우리가 사는 사회에서 정치, 경제 등 모든 분야에서 공동선을 추구하는 마음이 있다는 사실을 알아야 할 것이다. 위대한 신학자 아브라함 카이퍼(Abraham Kuyper, 1837-1920)는 "기독교의 등불은 교회의 벽 안에서만 타고 있다. 그러나 그 등불의 빛은 교회의 창문을 통해 인간의 삶과 활동의 넓은 영역에까지 비쳐야 한다."2)고 말한다.

"그리스도인이라면 첫째, 하나님의 주권적인 섭리 가운데 자신들이 몸담은 일반 사회의 행복을 위해 적극적으로 노력해야 한다. 둘째, 성화된 삶은 사회 속에서 구체적인 태도와 행동으로 나타나야 하며, 이는 결국 그리스도인으로서 건강한 사회를 만들려는 노력으로 나타난다. 우리는 그저 뒤로 물러서서 하나님이 세상의 죄를 어떻게 억제하고 계시는지만 관찰하고 있거나, 아니면 그저 믿지 않는 자들 가운데 사회적 정의가 일

---

2) 리처드 마우, 권혁빈 역, 『문화와 일반은총』(새물결플러스, 2012), 49쪽.

어나기만을 바라고 있어서는 안 된다. 반드시 그리스도인들도 하나님이 세상 속에서 죄의 능력을 억제하기 위해 우리를 사용하실 방법을 찾아봐야 하며, 동시에 우리의 노력으로도 사회적인 선을 행할 방법을 간구해야 한다."3)

그리스도인들에게 공동선은 일반은총에서 나올 뿐만 아니라 또한 이웃을 사랑하라는 예수님의 명령으로부터 나온 것이다. 이 명령은 세상이 아는 가장 변혁적인 사회 윤리다. 그러나 우리가 하나님을 사랑한다면 우리의 이웃도 사랑해야 한다는 가르침은 우리의 모든 신앙 전통이 동의하는 것이다. 힘없고 가난한 자를 어떻게 대하는가를 모든 사회의 의로움이나 온전성을 가늠하는 잣대로 삼을 때, 우리는 하나님의 자녀로서 모든 인간의 생명과 존엄성을 가장 잘 보존할 수 있다. 공동선에 대한 헌신은 다른 사람들, 심지어 우리와 의견을 달리하거나 우리의 신앙적 헌신을 공유하지 않은 사람들과 우리 사이의 공통 기반을 발견하는 최고의 방법이기도 하다.

그럼에도 "한국교회는 건전한 사회변혁의 대의를 적대하는 세력으로 등장할 뿐만 아니라, 응당 폐기되어야 할 사회경제 및 정치제도를 사수하려는 세력과 연대하여 시민사회의 지탄을 한몸에 받고 있다. 공동선에 무관심하다는 것은 신앙이 사적 취미나 기호 정도로 개인화되고 있다는 말이다. 기독교 신앙이 개인화되면서 거의 사적 취미나 세계관적 기호(嗜好)처럼 신앙 소유자의 개인적 소장품처럼 취급된다. 기독교를 개인화하는 사적 신앙인은 기독교 신앙과 진리를 교회 안에서 사용되는 언어로만 여길 뿐 교회 밖의 일반사회에 적용하려고 하지 않는다. 이

---

3) 위의 책, 117쪽.

땅에서 목사들이 교인들에게, 삶의 상황이라 할 수 있는 시사 해석은 불가피하다. 왜냐하면, 만일 오늘 우리 시대의 현실정치, 사회, 경제 등 공공영역에 대해 하나님이 선포하시는 말씀을 교인들이 받아 오늘의 언어로 재해석할 수 없다면, 하나님은 모든 부조리한 사태에 침묵하시는 셈이 되는 것이다. 설교자는 동시대에 일하시는 하나님의 동선(動線)에 지극히 예민해져야 하고 시사문제에도 정통한 이해를 해야 한다. 최근에 '정의론'을 주도하는 마이클 샌델(Michael Sandel)의 『정의란 무엇인가』와 『돈으로 살 수 없는 것들』은 이러한 공동선이 존재한다고 믿으며 존재해야 한다고 주장한다. 샌델은 공동선을 추구하는 것이 단지 최대다수의 최대행복을 추구하는 행동이 아니라, 인간사회의 존립을 위해 선험적으로 요청되는 내재적 규범에 부합하는 행위라고 주장한다. 교회가 공적 신앙을 나타내고 세상살이의 모든 영역에 영향을 미치려면 광장을 떠나서는 안 된다. 광장, 거리, 시장, 성전, 궁궐, 전쟁터, 학교와 학문 모든 영역은 예언자들의 자리다. 그런데 이 자리는 박해를 부르는 자리다."[4]

짐 월리스(Jim Wallis)의 말대로 "오늘날 정치에서 공동선은 실종되었다. 우리의 공적 삶은 다른 이익, 경제적 이익, 특수한 이익, 당파적 이익에 의해 지배되고 왜곡되어 있다. 우리의 정치 담론에서 무엇이 옳고 무엇이 효과가 있는지를 찾아보려는 태도는 거의 사라져 버렸다. 해결책 대신 두려움과 비난은 점점 더 심해지는 독설만 난무한다."[5] 모든 근본적인 문제는 단순히 정치적이라기보다는 대단히 신학적이고 영적이고 문화적이다는 사실을 분명히 알고 더불어 살아가는 아름다운 세상을 만들어 가야 할 것이다.

---

4) 김회권, "성서에 나타난 공적 신앙과 한국교회", 『복음과상황』, 통권300호(2015), 88-108쪽.
5) 짐 월리스, 박세혁 역, 『하나님편에 서라』(IVP, 2014), 15-55쪽.

4장 구약과 신약 (1) - 신약과 구약의 관계

밤의 길목을 지나지 않고 새벽에 다다를 수 없습니다
– 칼릴 지브란 「모래, 물거품」에서

너의 조상 아브라함은 나의 때 볼 것을
즐거워하다가 보고 기뻐하였느니라
– 요한복음 8장 56절

나는 이 책에서 '신약과 구약'에 대하여 세 개의 장을 할애하여 쓰려고 한다. 이렇게 많은 분량으로 신구약성경의 연관 관계를 알아야만 복을 올바로 이해할 수 있고, 혼란을 최소화시킬 수 있기 때문이다.

구약성경은 어느 한두 사람이 아니라 40여 명의 사람에 의해 약 1,700년에 걸쳐 형성되었다. 구약성경에는 다양한 저자, 왕이나 목자, 예언자 등 여러 부류의 사람들이 기록한 시, 역사, 설교, 짧은 이야기 등의 형식으로 구성되어 있다. 그 많은 세월 동안 그때그때 쓴 것을 나중에 와서 집대성한 것이 바로 구약성경이다. 거기다 오늘날처럼 읽기 쉬운 한 권으로 된 것도 아니다. 장, 절이 붙어 있는 것도 아니다.

구약성경

　예수님 당시에 유대인들이 회당에서 읽은 성경, 곧 구약성경은 오늘날과 같이 한 권의 책이 아니라 양피지로 된 두루마리 뭉치였다. 물론 유대인들은 책에 따라 두루마리를 구별했고, 필요할 때마다 필요한 두루마리를 선택했다. 예를 들어 예레미야서 두루마리는 길이가 6-9미터 정도였다. 간단하지만, 성경이 만들어진 이런 배경을 우리는 먼저 알아야 한다. 예수님과 사도들이 구약을 인용하는 것을 보면 그들이 얼마나 성경을 많이 알고 있었는지 알 수 있다. 제자들의 성경지식은 오늘날의 세계적 신학자급이라는 사실을 알아야 한다. 구약성경은 실존인물과 사건을 있는대로 그려 낼 뿐, 조금도 가감하거나 꾸미지 않는 것이 특징이다. 구약성경에는 사랑과 증오에 관한 뜨거운 이야기도 나오고, 강간과 사지 절단에 관한 등골 오싹한 이야기도 등장하며, 노예 밀매에 관한 사실적인 기사도 나오고, 깊은 존경과 잔혹한 배반에 관한 꾸밈없는 이야기도 등장한다. 어느 하나도 깔끔하거나 단정하지 못하다. 솔로몬이나 삼손처럼 못돼 먹은 사람들이 초자연적 은사를 받는다. 반면에, 욥처럼 더 없이 선한 사람들이 재난을 당한다. 모세와 다윗에 대해서도 사정없이 잘못된 사실을 그대로 묘사한다. 하나님은 거룩한 책에 인간의 모습을 고스란히 포함시키신다. 구약성경에 편안한 부분이라고는 없다. 우리가 성경에 아주 익숙해져 성경을 편안하게 느낄 뿐이다. 우리는 성경에 대한 질문을 계속하고 있는가? 이제 성경과 싸우길 그쳤는가? 그렇다면, 우리가 더는 성경을 진지하게 읽을 필요가 없다는 말이나 다름없다. 성경을 읽는 것은 단지 참고서에서 찾을 만한 의미를 찾는 일이 아니라 성경에 쓰여진 냉혹한 걸림돌과 모순에 맞닥뜨려야 한다. 구약성경은 하나님에 관한 다른 묘사로 넘친다. 우리가 예수님의 첫 제자들처럼, 성육신이 얼마나 큰 사랑의 표현인지, 하나님이 우리를 위해 얼마나 많이 포기하셨는지 알려면 구약성경이라는 배경 그림이 필요하다.

구약성경이 없다면 하나님을 보는 우리의 시각이 얼마나 빈약할지 모른다! 하나님은 철학적 개념이 아니라 역사 속에 행동하시는 인격이시다. 하나님은 아담을 창조하셨으며, 노아에게 약속하셨으며, 아브라함을 부르셨으며, 모세에게 자신을 계시하셨으며, 자기 백성과 가까이 살려고 광야 천막(聖幕, tabernacle)에 거하기로 하신 분이다. 창세기 1장에서부터 하나님은 자신을 알리길 원하셨다. 구약성경은 하나님이 어떤 분인지 보여주는 가장 완벽한 계시다.

그리스도인들이 성경의 4분의 3을 구약 또는 옛 언약이라 부르는 이유는 이스라엘의 실패마저도 하나님의 사랑을 폐기하지 못하기 때문이다. 하나님은 새로운 길을 내셨다. 새 길은 하나님이 그분의 사랑으로 맺으신 새 언약, 곧 신약이다.

덴마크의 기독교 철학자 쇠렌 키에르케고르(Søren Kierkegaard, 1813-1855)는 성경의 어려운 부분과 씨름하는 독자에게 두 가지를 제안했다. "첫째, 성경을 연애편지처럼 읽어라. 성경의 언어와 문화를 비롯한 장벽과 씨름하는 중이라면, 이것들이 당신을 사랑하는 사람이 전하려는 핵심 메시지 파악에 필수적이라고 생각하라. 둘째, 당신이 이해한 바를 기초로 행동하라." 키에르케고르는 성경에는 모호한 구절이 너무 많아 전체가 거의 수수께끼 같다는 주장을 일축하면서, 자신은 이해하기 쉬운 모든 구절을 완전히 따르는 사람의 처지에서 그 장애물을 볼 뿐이라고 답했다.[1]

우리가 구약성경을 보면 구약성경이 말하는 내용이 혼란스러워 잘 이해되지 않을 뿐만아니라 이해할 수 있는 부분이라도 귀에는 거슬린다. 이런저런 이유로 교인들은 성경의 4분의 3을 차지하는 구약성경을 읽지

---

1) 필립 얀시, 전의우 역, 『예수님이 읽으신 성경』(IVP, 2010), 10-31쪽 재인용.

않으려고 한다. 왜 성경은 더는 존재하지도 않는 성전, 정결법, 제사법에 그렇게 많은 지면을 할애하는가? 왜 하나님은 흠이 있는 제물, 다리를 저는 양이나 날개 꺾인 비둘기에는 그렇게 신경을 쓰고 염소를 어미 젖에 삶지 말라고까지 하면서도 정작 아말렉 족속은 왜 모조리 죽이셨는가? 이처럼 이상한 구약성경을 어떻게 이해해야 하고, 우리 삶에 어떻게 적용해야 하는가? 구약성경을 읽으면서 지루함과 혼란을 느끼고 폭력적인 장면에 분개하는 것도 어쩌면 당연하다. 그러나 만약 우리에게 구약성경이 없다면 노예폐지 운동, 감옥개혁 운동, 반전 운동, 노동 운동, 민권 운동, 삶의 터전을 빼앗긴 원주민들의 인권 운동, 남아프리카의 반인종차별 운동, 폴란드의 자유노조 운동, 자유언론 운동과 민주화 운동을 알지 못할 것이다. 우리가 매일 쓰는 수많은 개념인, 새로움, 개인, 사람, 역사, 자유, 시간, 믿음, 순례, 갱신 등은 신약성경에도 나오지만 구약성경에서 먼저 나온다. 그러므로 구약성경을 알지 못하고 신약성경과 그 속에서의 그리스도인의 위치를 상상하기란 거의 불가능하다.

메시아이신 예수님이 '새 언약' 또는 신약의 말씀을 하러 세상에 오셨다. "구약은 예수님 안에 온전한 의미를 갖고 신약은 앞으로 일어날 일의 방향을 보여준다."2) 또 아우구스티누스가 말한대로 "신약은 구약 속에 감춰져 있고 구약은 신약 안에서 분명하게 나타난다."3) 칼빈도 같은 말을 한다. 파스칼도 만일 구약에서 말하는 율법, 제사, 왕국이 궁극적인 실재라고 생각한다면, 신구약성경을 조화시킬 수 없다고 말한다. 따라서 필연적으로 이것들이 모형인 것을 알 수 있다. 그렇지 않고서는 한 저자, 한 책, 아니 때로는 한 장의 구절조차도 일치시킬 수 없을 것이다."

---

2) 로안 윌리엄스, 김기철 역, 『그리스도인이 된다는 것』(복있는 사람, 2015), 61쪽 재인용.
3) 존 칼빈, 원광연 역, 『기독교 강요』(크리스찬다이제스트), 552-554쪽.

라고 말한다.

구약성경의 암시나 개념을 전혀 참고하지 않은 채 히브리서, 유다서, 요한계시록을 이해하려 해 보라. 도저히 불가능하다. 복음서를 비롯하여 다른 내용을 독립된 이야기로 읽어도 좋다. 그러나 구약성경을 잘 모르는 독자는 복음서에 내포된 풍성한 의미를 다 알 수 없다. 바울도 여러 곳에서 구약성경을 호소한다. 예외 없이 모든 신약성경 저자는 구약성경의 '옛' 저작의 프리즘을 통해 하나님이 땅에서 행하시는 새 일을 기록했다.4)

무엇보다 구약성경은 예수님이 읽으신 성경이다. "내가 율법이나 선지자나 폐하러 온 줄로 생각지 말라 폐하러 온 것이 아니요 완전케 하려 함이로다"(마5:18) 예수님은 자신과 자신의 사역에 관한 모든 중요한 사실을 구약성경에서 찾아 내셨다. 예수님은 바리새인, 사두개인, 심지어 사탄과 논쟁하실 때도 언제나 구약성경을 인용하신다. 예수님은 자신에게 어린 양, 목자, 요나의 표적, 건축자의 버린 돌 같은 이미지를 사용하셨는데, 이것들도 구약성경에서 나온 말이다. 구약과 신약은 따로 따로가 아니라 구약이 전편이라면 신약은 후편이다. 우리가 전편을 보지 않고 후편만 본다고 생각해 보라. 거꾸로 후편만 보고 전편은 보지 않았다고 생각해 보라. 구약과 신약은 한 세트다. 구약없이 신약만 읽는다면 신약을 잘 이해할 수 없듯이 반대도 마찬가지다.

---

4) 신약성경 안에는 아주 많은 구약성경 구절들이 인용되어 있다. 간접적인 언급을 비롯하여 인용의 출처를 밝혀주는, 일정한 형식을 갖춘 명백한 인용문에 이르기까지 그 용례가 다양하기 때문에, 그 숫자를 정확히 헤아리기는 어렵다. 그 결과 여러 학자들이 제시한 숫자들은 때때로 놀랄만한 차이를 보이고 있다. 문제없이 적어도 295개의 구약성경 인용문이 있다고 보여진다. 이들 인용문은 신약성경 가운데 약 352구절을 차지하고 있으면 그 비율은 4.4% 이상이다. 따라서 신약성경의 22.5절 중에 한 절은 인용문임 셈이다. 만일 분명한 암시까지도 계산에 넣는다면 그 수는 더 많아진다. 토이(C.H. Toy)는 신약성경의 613구절, 디트마르(Wilhelm Dittmar)는 1,640구절, 휜(Eugen Huehn)은 4,105구절이 구약성경 구절들과 유사하다고 지적한다. 그러므로 전혀 과장없이 신약성경 본문의 10% 이상이 구약성경의 인용문이나 직접적인 언급으로 구성되어 있다고 단언할 수 있다. 윤영탁 역편, "구약이 어떻게 신약에 인용되었는가?", 『구약신학논문집3』(성광문화사, 1991), 281-308쪽.

역사적으로 독일의 히틀러나 일본의 제국주의 지도자들은 구약성경을 성경에서 빼 버리려 했다. 나치 정부는 구약성경 연구를 금지했고, 구약성경 연구는 독일 신학교와 신학 잡지에서 사라졌다. 1940년 나치 정권의 권력이 절정에 이르렀을 무렵, 디트리히 본회퍼(Diehtrich Bonhoeffer)는 용감하게도 시편에 관한 책을 출판했고, 그 때문에 벌금형을 선고받았다. 항소문에서 본회퍼는 자신이 예수 그리스도 바로 그분의 기도서를 주석했다고 확신에 찬 논증을 했다.

"무엇보다 우리가 하나님이 어떤 분인가를 아는 것은 매우 중요하다. 이것이 구약성경에 잘 나타난다. 하나님은 우주의 태엽을 감고 멀찍이 떨어져 태엽이 풀리길 지켜보는 시계 수리공인가? 아니면 우주뿐 아니라 인간까지 보살피시는 부모와 같은 분인가? 하나님이 어떤 분이신가에 대한 바른 개념을 회복하는 일이야말로 가장 중요한 문제다. 하나님은 우리에게 말을 건네시는 분일 뿐만 아니라 우리와 언약 즉 계약을 하시는 분이시다."5) 하나님은 형언 못할 만큼 신성하고 멀리 떨어져 있으며 가까이 하지 못할 분이 아니다. 구약은 하나님과 더불어 하나님의 이야기를 함께 엮어 가며, 이들의 모든 삶은 이러한 이야기의 메아리다. 이것은 처음부터 사랑 이야기였다. 하나님이 히브리인들을 택하신 이유는 이들이 다른 민족보다 크거나 강했기 때문이 아니었다. 오히려 그 반대였다. 또한 하나님이 히브리인들을 택하신 이유는 이들이 도덕적으로 우월했기 때문도 아니었다. 하나님이 히브리인들을 선택하신 이유는 이들을 무조건적으로 사랑하셨기 때문이었다. 그럼에도 불구하고 이스라엘은 하나님과의 약속에 불순종했다.

그리스도인들이 구약을 보는 이유는 이러한 끔찍한 실패마저도 하나

---

5) 언약과 계약은 영어로 Covenant인데 같은 뜻으로 사용한다.

님의 사랑을 폐기하지 못했기 때문이다. 하나님은 새로운 길을 내셨다. 새 길은 하나님이 그분의 사랑으로 맺으신 새 언약, 곧 신약이다. 제국은 흥망성쇠를 되풀이하고, 강력한 지도자는 나타났다 사라져 갔다. 세 청년을 풀무불에 던진 느부갓네살 왕도 마찬가지였다. 그는 결국 미쳐 들판에서 소처럼 풀을 뜯다 죽었다. 그의 제국을 이어 등장한 제국들, 페르시아, 그리스, 로마제국은 당시에는 더없이 강했으나 역사의 쓰레기통으로 사라졌다. 그러나 하나님의 백성 유대인들은 강대국에 의한 무수한 말살 시도에도 살아남았다. 하나님은 그분을 충성스럽게 따르는 한 사람 한 사람의 행동을 통해 천천히 이 땅에 자신의 역사를 써 나가셨다. 유대인의 역사는 고난의 역사다. 그러나 유대인들은 이러한 역사 속에서도 아주 놀라운 교훈을 준다. 하나님은 어딘가 살고 계시는 모호한 힘이 아니며, 헬라인들이 생각했던 추상적 존재도 아니며, 로마인들이 숭배했던 관능적인 초인도 아니며, 구약성경이 말하는 하나님은 인간을 진지하게 대하고, 인간과 대화하며, 인간을 자신의 계획에 참여시키며, 인간의 말에 귀를 기울이신다. 구약성경이 하나님에 관해 가르치는 강력한 교훈이 하나님은 인격적이고 친밀한 분이라는 사실이라면, 인간에 관해 가르치는 강력한 교훈은 인간이 매우 중요한 존재라는 사실이다. 우리가 무엇을 말하고, 어떻게 행동하며, 심지어 무엇을 생각하고 느끼느냐 까지도 하나님에게 엄청난 영향을 미친다. 고대인들은 신들도 초자연적 존재로 묘사했고 신들의 행위가 땅 위의 인간에게 영향을 미치지 못한다고 생각했다. 그러나 성경에 나타난 하나님은 이러한 모든 종교적 사고를 뒤집어 버리신다. 고대인들은 이렇게 생각했다. 신이 울면 비가 내린다. 신이 노하면 번개가 친다. 구약성경은 오히려 그 반대라고 말하며, 욥기가 이것을 가장 분명하게 보여 준다. 절망에 빠진 여인이 기도하자 하나님이 예언자를 보내신다. 낙심한 노인이 하나님을 저주하길 거부하자 그 영향이 온 우주에 미친다. 이러한 까닭에, 유대인들이 역사를 발명했다고 말해도 좋다. 유대인들에게 역사란 단순히 영원히 반복되는 순환이 아니었다. 땅에 사는 인간의 행동이 중요했고, 인간의 반응이 역사를 창조했다. 역사의 주인이신 하나님은 자신이 인간에게 영향을 끼치듯이 하나님은 인간에 의해서도 영향을 받으시고 마음을 바꾸시는 분이시다. 참으로 놀랍고 충격적인 하나님이시지 않는가?.

이런 내용은 특별히 예언서에 잘 나타난다. 철학자 글렌 틴더(Glenn Tinder)는 신명(神命, destiny)과 숙명(宿命, fate)을 구별한다. 유대인들은 신명 의식을 우리에게 심어 주었다. 다시 말해, 유대인들은 우리가 무의미한 세계에 존재하지 않고 어느 신의 변덕에 따라 움직이지도 않으며, 오직 인격적인 하나님이 우리를 위해 정하신 의미 깊은 신명을 성취하려고 존재한다는 의식을 심어 주었다.6) 구약과 신약은 한 세트다. 구약 없이 신약만 읽는다면 신약을 잘 이해할 수 없듯이 반대도 마찬가지다.

구슬이 서 말 이라도 꿰어야 보배다

기독교의 경전으로서 성경은 단숨에 읽기에는 상당히 버거운 분량의 책이다. 우리는 얼핏 성경의 내용이 쉽다고 생각할 수도 있지만 진지하게 신구약성경을 보는 사람이라면 혼란과 어려움을 겪는 것은 당연하다. 신구약성경을 여러 목사들이 교인들에게 쓰도록 권고하고 있지만 뜻도 모르고 쓴다는 것은 별 의미가 없다고 본다. 초대 교회의 마르시온(Marcion)과 같은 사람들이 나와 구약성경은 믿을 수 없는 책이라고 외쳤고 많은 무리들이 그를 따랐다.

또 성경에는 지금 이 시대를 사는 사람으로서는 이해하기 어려운 교훈

---

6) 필립 얀시, 전의우 역, 『예수님이 읽으신 성경』(IVP, 2010), 15-40쪽.

도 많이 있다. 예를 들면 위대하다는 아브라함, 다윗, 솔로몬은 부인이 여러 명 있었다. 그 사람들이 믿음의 조상이라고 한다면 "남자들은 여러 여자들과 같이 살 수 있겠구나."라고 생각할 수도 있다. 따라서 오늘의 시점에서 일부일처제를 바라보는 시각에 혼선을 가져다 줄 수 있다. 이러한 혼란을 느껴보지 못했다면 성경을 자세히 읽어 보지 못했다고 해도 과언이 아니다. 구약성경은 오늘 우리가 볼 때 혼란스러울 수 밖에 없으나 오히려 그런 혼란스러운 것을 발견할 수 있어야 성경을 깊이 보았다고 말할 수 있을 것이다. 이처럼 성경을 읽는다는 것은 이것이 옳은가, 그른가 살피고(행17:11) 의문을 가지고 신음하면서 추구하는 것이다. 그런 가운데서 하나님이 누구신가를 점점 알게 되는 것이다.

구약성경은 이스라엘이라는 특정한 나라의 역사와 사건을 기록한 책이다. 신약성경을 보면 겉으로 보기에는 이스라엘 역사인 구약과는 아무 상관이 없는 것처럼 보일 수 있다. 구원을 얻기 위해 우리가 유대인이 되어야 하는 것도 아니고, 이스라엘 땅으로 가야 구원을 얻는 것도 아니지 않는가? 그렇다면 구약성경이 그토록 자주 이야기하는 이스라엘과 이스라엘의 역사는 우리와 무슨 상관이 있을까? 구약성경에는 성전에서 제사 드리는 장면이 여기저기에 나온다. 대제사장이 등장하고, 성전에서 양과 염소를 잡아 제사를 드리는 장면이 나온다. 유대인들은 제사를 지냈지만 예수님이 오셔서 직접 제사를 드렸다는 말은 성경에 한 번도 없고, 또 제자들이 성전에서 제사를 지냈다는 말도 없다.

심지어 예수님은 성전에서 소란을 피우시기까지 하셨다. 제사를 지낸 것이 아니라 오히려 소란을 피우셨기 때문에 성전을 모독하는 죄를 지었고 급기야 이런 이유로 십자가에 잡혀 죽기까지 하셨다. 예수님의 예언대로 성전은 로마군에 의해 돌 위에 돌 하나 남지 않고 처참하게 폐허가 되었다.

　구약의 출애굽기, 여호수아, 민수기에는 "너희는 가나안 땅으로 들어가라"는 말이 자주 나온다. 문자 그대로라면 오늘 우리는 구원을 얻기 위해서 이스라엘 땅, 가나안 땅으로 이주해야 할 것이다. 또 성경은 가나안 땅에 들어가면 닥치는 대로 남녀노소를 불문하고 다 죽이라는 말도 있다. 그 명령은 너무 잔인할 정도다.

　그러면 오늘 우리가 구약성경의 '거룩한 전쟁' 내용대로 닥치는 대로 원수들을 죽여야 되는 것인가? 이 말은 과연 무슨 뜻인가? 만일 문자대로 성경을 이해한다면 문자 그대로 행동해야 되는 것이다. 과연 그럴까? 구약의 성전을 믿고 십일조 내야한다고 주장한다면 여기 저기 있는 우상들을 도끼 한 개를 가지고 다니면서 깨부수어야 하는 것은 아닐까? 성경에서 가나안 땅에 들어가면 모든 신상과 우상을 다 부숴버리라고 했으니, 우리도 점쟁이집 앞을 지나가거나 단군 상을 보면 도끼를 들고 가서 신상을 부숴야 되는 것인가? 실제로 불교 봉은사 큰 절에 가서 불공을 드리는 스님 옆에서 큰 소리로 기도하고 찬양을 부르기도 하고 심지어는 절간에 대고 오줌을 싸는 교인이 있는가 하면 땅밟기도 한다. 이런 일은 성경을 전체적으로 해석하지 못하는데서 오는 참담한 한국교회의 비극적 현실이다!

모형과 상징, 예언

　신구약성경을 보는 데 유의할 점을 생각해보려 한다. 첫째는 구약은 신약을 위한 상징이요, 모형이다. 이 둘은 동일한 것이라 할 수 있다.7) 칼빈

---

7) 자세한 내용은 게할더스보스, 원광연 역,『성경신학』(크리스챤다이제스트, 2014), 202-209쪽. 그 외에도 레온하르트 고펠트, 최종태 역,『모형론, 신약의 구약해석』(새순출판사, 1987); 존 골딩게이, 김의원·박문재 역,『구약의 권위와 신학의 다양성』(크

도 『기독교강요』에서 모형과 상징에 대하여 자주 언급하는 것을 보여준다. 구약은 신약을 위한 그림책이라는 말이다. 우리가 집을 짓기 위해서 건축사에게 설계도를 주문하면 몇 십 페이지나 되는 설계도를 그려온다. 전문가가 아닌 사람은 이 설계도를 보고서도 도대체 이 집이 어떻게 생겼는지 전혀 알 수가 없는 것은 당연하다. 건축공학과를 졸업해도 경험이 없으면 모른다. 그래서 설계를 한 사람은 항상 제일 첫 페이지에 이 집이 다 지어졌을 때의 모양, 즉 조감도를 그려 놓는다. 그러면 복잡한 설계 내용을 잘 모르는 사람도 "아, 이 집이 다 지어지면 이렇게 되는구나."고 알 수 있는 것이다. 큰 건물을 짓는 곳에 가보면 그 건물이 완성되었을 때의 모형도, 조감도를 볼 수 있다. 그 그림을 보면서 지나가는 사람들이 아직 완성되지도 않았지만 "야, 그 건물 참 멋 있구나."고 말한다. 구약성경은 마치 이 그림책, 모형과 같은 것이다. 그래서 어떤 사람은 "구약성경은 하나님의 시청각 교육이다."고 말하기도 한다. 구약은 사건, 사물, 인물들을 통해 실물교육을 해 나가는 그림 언어들이다.

구약성경에 나타난 한 사건을 예로 들어 본다면 출애굽 사건이 있다. 출애굽 사건은 신구약성경을 통털어서 그 의미를 모르고서는 성경을 이해할 수 없을 정도로 중요한 사건이다. 이 출애굽 사건은 마치 우리나라가 일본의 압박 아래 있다가 해방된 것처럼, 이스라엘 민족이 이집트에서 해방된 사건이다. 흔히 엑소더스(Exodus)라고 부르기도 한다. 이 사건은 지금부터 약 3500여년 전에 일어났다. 이 사건은 지금 우리와 아무 상관없는 사건이다. 지금 예수님을 믿는 사람과 교회를 다니는 사람이 이스라엘 민족이 이집트로부터 해방된 사건과 무슨 상관이 있는가? 학생들이 세계 역사를 공부한다면 모르지만, 이스라엘 민족의 해방이 우리들의 신앙

리스챤다이제스트, 1994), 213-242쪽; 존 칼빈, 원광연 역, 『기독교강요·상』(크리스챤다이제스트, 2003), 552-554쪽을 참고할 것.

과 무슨 상관이 있을까? 앞에서 본 대로 이 사건은 하나님의 그림 공부, 시청각 교육이라는 면에서 보지 않으면 우리와는 아무 상관이 없다. 신약 시대를 살고 있는 우리는 출애굽 사건을 보면서 우리는 "아! 내가 예수님을 믿고 구원을 얻는다는 것이 바로 이런 것이구나."는 깨달음을 얻게 된다. 즉 이스라엘 민족이 이집트의 지배를 받은 것은, 우리가 사탄의 지배 아래 있다는 것을 모형, 상징을 통해 보여 주는 것이다. 또 이집트의 속박 아래서 고통을 받는 것은 우리가 죄 아래 있을 때 얼마나 고통스러운가를 보여 주는 것이다. 이스라엘 사람들이 이집트에서 나올 때 유월절 사건이 일어났다. 유월절 사건은 하나님의 특별한 간섭으로 이집트의 장자들을 다 죽이는 사건이다. 끔찍한 사건이다. 그런데 문설주에 양의 피를 바르면 그 집에 있는 장자가 죽는 재앙을 피할 수 있었다. 문설주에 양의 피를 바르지 않은 이집트의 장자들은 하나님께서 다 치셨지만 양의 피를 바른 이스라엘 백성에게는 재앙을 내리시지 않았다. "양의 피를 바르면 죽지 않으리라"는 말씀은 오늘날 우리에게 어떤 의미가 있는가? 그것은 예수 그리스도의 피를 믿으면, 이스라엘 백성이 문설주에 피를 발라서 하나님이 내리시는 죽음의 재앙을 피할 수 있었던 것처럼 해방과 구원을 얻는다는 것이다. 이렇게 구약성경은 오늘 우리들에게 구원의 의미를 그림처럼 보여 주는 것이다.

구약성경에는 사실적이고 직접적인 사건이 많이 나온다. 땅, 성전, 제사장, 안식일, 부자와 가난한자, 12지파, 레위인, 할례, 도피성, 음식과 관련된 금기들이 단지 옛날 옛적에 이스라엘에서 일어난 일 일 뿐 만 아니라, 그것들이 신약에서 어떤 뜻이 있는지 살펴야한다. 오늘날 구약을 축자영감이 되었으니 문자 그대로 읽으려는 교인들이 많다. 그런가 하면 예언서처럼 아예 읽지도 않거나 말라기처럼 십일조 부분만을 골라 읽으려는 사람들도 많다. 구약은 오늘에 와서 우리에게 하나님 나라와 구원의 의미와 내용을 풍성하게 알게 해 주는 모형이요 상징이다. 그래서 예수님의 오신 사건을 제2의 출애굽이라 말한다. 도널드 크레이빌(Donald B. Kraybill)의 달대로 "예수님은 구약의 성스러운 상징을 바꾸어 버렸다."8)고 말하지 않았던가. 정말 놀라운 말이다. 그러기에 바리새인, 대제사장들이 예수를 죽이려 했던 것이다. 또 구약에서 가장 중요한 것은 무엇보다 성전에서 제사를 지내는 것이다. 대제사장은 성전에서 제물을 가지고 제사를 지낸다. 그러나 지금은 양을 잡아 제사를 지내는 대제사장이 없다. 그런데도 성경을 잘못 이해하여 목사를 제사장이라고 생각하는 사람들이 있다. 지금은 제사를 지내지도 않는데 무슨 제사장이고 성전이고 제물이란 표현이 가능하다 할 수 있겠는가? 제사를 드렸던 성전도 A.D.70년에 로마군에 의해 처참하게 파괴되어 버렸다.9) 만약 교회당을 성전이라고 부르거나 목사를 제사장이라고 끝내 고집한다면 그것은 예수님을 모독하는 일이다. 이것은 구약의 상징과 모형을 모르기 때문이다. 그러면 구약에서 대제사장이 제물로 제사를 지낸 것은 오늘 우리에게 어떤 의미가 있을까? 그것은 대제사장이 예수님이시며 성전 또한 예수님이시고, 예수님이 바로 제물이라는 것을 우리에게 보여 주는 것이다. 그래서 세례 요한이 예수님을 가리켜 "보라, 세상 죄를 지고 가는 하나님의 어린양"이라고 했다. 세례 요한의 이 말은 구약을 이해해야만 그 뜻을 제대로 알 수 있다. 신약만 본다면 어린양이 무슨 뜻인지 이해할 수 없다. 구약에서 이스라엘 백성이 구원을 얻기 위해 어린양과 염소를 잡아서 제사를 지냈기 때문에 '아, 예수님이 마치 그 어린양처럼 잡

---

8) 도널드 크레이빌, 김기철 역, 『예수가 바라 본 하나님 나라』(복있는 사람, 2010), 219-220쪽.
9) 사이먼 시백 몬티피오리, 유달승 역, 『예루살렘 전기』(시공사, 2012), 35-50쪽. 이 책은 예루살렘이 3000년 역사 속에서 오늘까지 왔는지를 자세히 보여준다.

혀서 십자가에서 죽는구나.'고 알게 된다.

하나님께서는 구약에서 수많은 민족 중에서 이스라엘 민족을 표본적으로 택하셔서 복과 저주를 지상적이고, 가시적이고, 물질적이고, 또 즉각적으로 보여 주셨다. 구약에서의 구원은 이집트로부터 나와 가나안 땅으로 들어가는 것처럼 물질적이고 현실적이었다.

구약의 율법은 크게 세 가지로 나눈다. 첫째는 대제사장이 성전에서 제사드리고 또 십일조를 드리는 의식법 또는 제사법, 둘째는 무엇이 깨끗하고 더러운가를 보여주는 정결법, 셋째는 우리가 어떻게 살아야 할 것을 말하는 도덕법, 즉 십계명이다. 예수님이 이 땅에 오시고 십자가에 달려 죽으실 때, 성전에 휘장이 위에서 아래로 찢어지는 순간 제사법과 정결법은 깨끗이 그 종말을 고한다.

그리스도를 통해서 구약을 봐야한다

지금까지 우리는 구약이 신약을 보는 그림책이며 모형, 상징이라는 시각에서 생각해 보았다. 또 한가지 유의할 점은 신약의 자리에서 구약을 보아야 한다는 것이다. 앞에서 말 한대로 구약만 있으면 성경은 우리와 아무 상관이 없다. 구약만 읽고서는 예수님의 구원을 충분히 알지 못한다. 참고로 구약을 경전으로 삼고 있는 종교가 기독교 이외에도 유대교와 이슬람교가 있다. 유대교와 이슬람교는 기독교의 구약과 똑같은 내용 일부를 현재에도 경전으로 사용하고 있다. 그러나 구약이 우리에게 의미가 있는 이유는 신약이 있기 때문이다. 구약이 재미있는 수준이 되어야 성경을 어느 정도 안다고 할 수 있다. 구약을 문자 그대로 믿고 있는 사람들이 너무 많다는 사실이 놀랍다. 목사를 제사장으로, 교회당을 성전으로 보는 사람은 바로 그렇게 믿는 사람들이다. 심지어는 교회당의 강단을 신성한 제단이라 하면서 얼마전까지 해도 여자는 올라가서는 안 된다고 가르치는 때가 있었다. 구약을 그렇게만 알고 있다면 구원을 얻기 위해서 성지순례 수준이 아니라 그리스도인들은 전부 이스라엘 땅으로 가야 될 것이며, 죄를 용서받기 위해서 성전에서 양을 잡아 제사를 드려야 할 것이다.

구약성경을 모두 문자적으로 본다면 큰 혼란이 일어날 것이다. 아마 그렇게 된다면 이스라엘로 이주하는 사람이 많아져서 이스라엘의 땅값이 엄청나게 오를 것이고, 제사에 쓸 양을 키우는 목축업이 세계적으로 성행할 것이다. 요단강을 건너는 사람도 떼를 지어 나타날 것이다.

아브라함과 관련하여 신구약에서 말하는 복이 어떤 상관 관계가 있는지 살펴보자. 아브라함의 복이 무엇이며 그에게 주신 복이 나와 무슨 상관이 있을까? 이스라엘의 조상인 아브라함은 나와 아무 상관이 없지만, 신약성경을 통해 그리스도 안에서 새롭게 큰 의미를 갖게 되는 것이다.

구약성경만 보면 아브라함은 우리와 사돈네 팔촌도 안되는 관계다. 그러나 신약성경은 "믿음으로 말미암은 자들은 아브라함의 아들인 줄 알지어다. 하나님이 이방을 믿음으로 말미암아 의로 정하실 것을 성경이 미리 알고 먼저 아브라함에게 복음을 전하되 모든 이방이 너를 인하여 복을 받으리라 하였으니(갈3:7-8)"라고 말한다. 여기에서 아브라함에게 주신 복이 오늘 우리와 어떤 관계가 있는지 알 수 있는 단서를 볼 수 있다.

창세기 12장 1-3절의 복은 구약 성도들과 함께 예수 그리스도를 믿음으로 구원을 얻는 사람들이 받는 복을 의미하는 것이다. "그러므로 믿음으로 말미암은 자는 믿음이 있는 아브라함과 함께 복을 받느니라"(갈3:9) "이는 그리스도 예수 안에서 아브라함의 복이 이방인에게 미치게 하고 또 우리로 하여금 믿음으로 말미암아 성령의 약속을 받게 하려 함이라"(갈3:14) 이런 말씀이 신약에 없다면 하나님께서 아브라함에게 내려 주신 복은 우리와는 아무 상관이 없다. "너희가 그리스도께 속한 자면 곧 아브라함의 자손이요 약속대로 유업을 이을 자니라"(갈3:29)

또 요한복음 8장 56절에는 "너희 조상 아브라함은 나의 때 볼 것을 즐거워하다가 보고 기뻐하였느니라"는 말씀이 있다. 놀랍고 충격인 말이다. 예수님은 아브라함보다 1500여년이나 지난 후에 오신 분이 아닌가? 아브라함은 우리나라의 단군처럼 이스라엘 민족의 조상이다. 예수님께서 "조상 아브라함이 나의 때 볼 것을 즐거워하다가 보고 기뻐하였다"고 하신 것은 아브라함이 메시아이신 그리스도가 오시기를, 하나님 나라가 오기를 기다리면서 그의 생애를 보냈다는 뜻이다.(아브라함에 대해서는 7장을 참고) 구약성경은 그리스도를 증거하기 위해서 기록되었다. 그리스도를 기다리면서 쓴 책이 구약이다. 구약은 예언이고 신약은 성취다. 그러므로 신약의 자리에서 구약을 본다는 것은 곧 예수 그리스도와 그의 말씀을 통해서 구약을 보아야 한다는 말이다. 그럼에도 한국교회는 구약을 볼 때 자기가 좋아하는 것만, 자기가 보고 싶은 것만 보는 것이다. 귀에 걸면 귀걸이, 코에 걸면 코걸이 식이다. 신명기 28장은 실제로는 내용의 80% 정도가 저주에 대해 언급하는 저주장인데도 구태여 축복장으로 받아드리려 한다. 신약의 그리스도인들에게 구약은 매우 중요하지만 구약을 문자적으로만 보려는 사람들은 자기 모순과 혼란에 빠지게 된다. 특히 이러한 경향은 예언서에서 잘 나타난다.

"한국교회는 성경을 그렇게 잘 믿는다 하면서 신구약성경의 20%를 차지하는 구약의 예언서는 잘 읽지도, 설교하지도 않는다. 예언자란 누구인가? 예언자들이 무엇이라고 말하는지 아는가? 그들의 말은 지금도 생생한 하나님의 말씀이 아닌가? 한국교회는 예언서 하면 대속의 진리를 말하려고 이사야 53장으로 달려간다. 성전(?)을 지으려고 학개서로 가고, 십일조를 강조하기 위해 말라기서로 간다. 한국교회 목사들은 이 정도 수준에서만 예언서를 본다. 말라기서는 기본적으로 이스라엘의 부패에 대한 준엄한 심판과 메시아의 도래를 알려주는 책이라는 사실을 알기 바란다. 한국교회 보수주의자들은 축자영감을 말하면서 예언서를 보지 않는 것은 그 자체가 큰 모순이다. 예언자는 미래만을 예언하는 자가 아니다. 그들은 시인이요, 설교가요, 정치가요, 사회비평가요, 국제문제 전문가다. 예언서는 성경의 약 20%를 차지하고, 신약성경보다 조금 적을 정도로 많은 분량이다. 성경의 20%는 몰라도 되는가? 예언서를 모르고 어떻게 신구약성경을 앝 수 있단 말인가? 예언서는 한국교회에서 잊혀진 책이요, 지워진 책은 아닌가?"[10] 참으로 놀라운 일이다.

---

[10] 박철수, "지금, 예언자들을 다시 읽어야 하는 이유", 『복음과 상황』통권 296호(2015), 166쪽.

5장 구약과 신약 (2) – 십일조

> 금, 노랗고 반짝이고 값비싼 금
> 이것은 검은 것도 희게 추한 것도 아름답게 그른 것도 옳게
> 늙은 것도 젊게 비겁한 것도 용감하게
> 천한 것도 귀하게 만든다
> 이 노란 노예가 교회도 만들었다 부셨다 한다
> 인류 공동의 창녀인 저주받은 흙아
> —셰익스피어 『아테네의 타이몬』에서

> 바리새인들은 돈을 좋아하는 자라
> —누가복음 16장 33절

    한국교회에서 십일조 문제를 말하는 것은 대단히 어려운 일 중의 하나다. 왜냐하면 거의 모든 목사들이 구약의 말라기서와 마태복음 23장 27절의 예수님의 말씀을 인용하면서 십일조를 당연한 것으로 알고 있기 때문이다. 그리고 십일조 폐지를 말하면 무슨 금기를 건드리거나 이단이나 되는 것처럼 생각한다. 더 심각한 것은 십일조를 잘 내면 큰 부자가 된다는 허무맹랑한 말로 교인들을 우민화하는 것이다. 십일조는 고대 근동지방의 대부분의 나라에 있었던 관례였다. 성경에만 있는 것이 아니다. 창세기에 나오는 아브라함이 멜기세덱에게 전리품의 십일조를 드린 것은 바로 이런 시대적 관례 때문이었다. 이것이 십일조의 기원이라고 생각한다면 성경적 의미의 십일조는 아니다. 아브라함은 십일조를 평생 한번 드렸

다는 것을 알아야 한다.(창14:17-20) 그렇다면 창세기에 '제사'를 드렸다는 이야기가 나오기 때문에 오늘날에도 성전에서 제사를 드려야 하는 것이 마땅하지 아니한가? 어찌되었건 구약에서 십일조가 많이 등장하고 있다고 반론을 제기하는 사람이 있을 것이다.

아브라함의 십일조

첫 번째로 아브라함의 십일조에 대한 것이다. 아브라함의 십일조는 철저하게 자발적이었다. 강요받은 적이 없었다. 하나님께서 이스라엘에 십일조를 명하신 것처럼 그에게 명하시지 않았다. 아브라함은 그가 싸웠던 특정한 전투에서 얻은 노획물 중에서 십일조를 했다. 그는 정기적인 소득이나 재산에서 십일조를 하지 않았다. 아브라함의 십일조는 당신이 복권에 당첨되었다든지, 아니면 직장에서 보너스를 받아서 십일조를 하는 것과 비슷하다. 가장 중요한 것은 아브라함이 지상에서 175년을 살면서 십일조를 바쳤던 기록이 유일하다는 것이다. 우리는 그가 또 다시 그런 십일조를 드렸다는 증거를 찾아볼 수 없다. 결과적으로 만약 아브라함의 경우에 '본문을 증거자료로 사용하기'를 적용해서 그리스도인들이 십일조를 해야 한다고 주장한다면 십일조를 해야 할 의무는 일생에단 한 번 뿐이다.

그러나 십일조는 모세 시대에 와서 하나님으로부터 계명을 받은 후 십계명을 비롯한 모든 율법이 체계를 갖게 되었을 때 제도화되었다. 여호수아서 18장 7절에 보면 "레위 사람은 분깃이 없으나 제사장 직분이 그들의 '기업'(基業,몫)[1]이 되리라"는 말씀이 나온다. 하나님께서는 레위 지파

---

[1] 기업(基業) 또는 상속(inheritance)은 신구약 성경을 이해하는데 중요한 용어다. 이집트로부터 해방된 이스라엘은 12지파로 나누어지고 제비를 뽑아 그 몫으로 나누어진 땅은 영원히 팔 수 없었다.(레25:23~24) 다만 레위인들은 땅을 나누어 받는데서 제외

즉 제사장들은 직접 땅을 소유하거나 농사를 짓지 않고 성전에서 제사만을 전담하되, 다른 지파로부터 경제적 지원을 받도록 했다. 그것이 곧 십일조다. 물론 가난한 자를 위한 십일조가 있지만 레위인과 제사장을 위한 용도가 십일조의 주된 목적이었다. 그러므로 성전제사의 폐지와 함께 제사장 제도와 십일조의 규례는 자동적으로 폐지된 것이다. 뿌리가 없어졌으니 줄기와 잎은 자연히 없어질 수 밖에 없다. 당연한 일이다. 구약에서 십일조(Tithe)는 십 분의 일이라는 뜻이다. 그러나 하나님께서는 이스라엘의 세금제도로서 세 종류의 십일조를 제정하셨다. 그것들은 첫째, 가나안 땅을 상속받지 못한 레위 사람들을 위해 땅의 소산 중에서 바치는 십일조 둘째, 예루살렘에서 열리는 절기 행사를 위해 땅의 소산 중에서 바치는 십일조. 만일 소산을 예루살렘으로 나르는 것이 가족에게 너무 부담이 된다면 그것을 돈으로 바꾸어 드릴 수 있었다. 셋째는 고을의 레위인들, 고아들, 나그네들, 그리고 과부들을 위해 땅의 소산 중에서 모아 두었다가 3년에 한 번씩 바치는 십일조가 있었다.

구약성경에 나타난 십일조는 하나님께서 이스라엘로 하여금 매년 소득의 23.3퍼센트를 바치라고 하셨지, 10퍼센트가 아니었다. 이 십일조들은 땅의 소산 중에서 드렸다. 즉, 땅에서 나온 씨, 땅에서 나온 열매, 그리고 가축을 드렸다. 그것은 돈이 아니라 땅의 소산으로 드렸지만 부득이 한 경우에는 돈으로도 드렸다. 무엇보다 이스라엘이 전형적인 신정국가(神

되었지만 이는 하나님이 그들의 기업이 되셨다.(신18:1~2) 땅은 영원히 하나님의 것이다. 또한 가나안 땅은 특별한 방식으로 여호와의 기업이었다. 영적으로 이 사상은 이스라엘 전체로 확장된다.(시16:5-6) 또한 이스라엘은 특별히 여호와께 속한 백성으로서 여호와의 기업이어야만 했다.(신7:6, 32:9) 신약에서 상속은 분깃이라 말하고 헬라어로 클레로노모스(κληρονομοσ)인데 상속은 상속자, 참 이스라엘이신 예수 그리스도를 말한다. 그분은 만물의 상속자(히1:2)가 되신다. 그리스도인의 상속 대상은 가나안 땅을 통해서 상징화된 모든 것이다. 성도들은 하나님 나라를 상속받는다. 이와 같이 신약에서는 기업, 유업, 상속으로 사용하며 그것은 하나님 나라를 상속한다. J.D. Douglas, 나용화·김의원 역, 『새성경사전』(기독교문서선교회, 1996), 242-244쪽. 더 자세한 내용은 월터 부루거만, 강성열 역, 『성서로 본 땅』(나눔사, 1992) 참고.

政國家, Theocracy)로 정교일치(政敎一致) 사회였다는 사실이다. 이스라엘의 십일조 제도와 오늘날의 세금제도를 비교하면 아주 유사한 점이 많다. 이스라엘은 매년 바치는 그들의 십일조로 그들의 국가 관리들(제사장), 국경일들(절기), 그리고 가난한 사람들을 지원할 의무가 있었다. 오늘날 세금제도도 비슷한 목적이 있다.

말라기의 십일조

두 번째, 말라기서에서의 십일조에 대한 것이다. 다음은 십일조를 강조하기 위해서 목사들이 자주 말라기서를 인용하는 것을 전가의 보도처럼 사용하는 유명한 본문이다. 과연 이것이 신약에도 적용될 수 있는 것인지 살펴보자. 다시 말하지만 십일조는 신정국가(神政國家)에서는 본질적으로 그 당시 세금이었다. 십일조 외에 이스라엘 백성들이 국가에 세금을 따로 내지 않았다는 사실을 알아야 한다.

> 사람이 어찌 하나님의 것을 도둑질하겠느냐 그러나 너희는 나의 것을 도둑질하고도 말하기를 우리가 어떻게 주의 것을 도둑질하였나이까 하는도다 이는 곧 십일조와 봉헌물이라 너희 곧 온 나라가 나의 것을 도둑질 하였으므로 너희가 저주를 받았느니라 만군의 여호와가 이르노라 너희의 온전한 십일조를 창고에 들여 나의 집에 양식이 있게 하고 그것으로 나를 시험하여 내가 하늘 문을 열고 너의 복을 쌓을 곳이 없도록 붓지 아니하나 보라 (말3:8-10)

우선 이 본문은 모세의 율법 아래 있던 이스라엘을 향해 하신 말씀이다. 이 때 이스라엘은 종교적으로 정치적으로 매우 혼란한 상황이었다.

무엇보다 하나님의 백성이 성전에 그들의 십일조와 헌물 드리기를 거부했다. 우리나라 국민이 세금 내기를 거부할 때 무슨 일이 벌어질지를 생각해 보라. 우리나라 법도 이것을 도적질로 간주할 것이다. 죄가 밝혀진 사람들은 정부에서 도적질한 죄로 재판을 받게 될 것이다. 이와 마찬가지로 이스라엘 백성이 바쳐야 할 세금, 즉 십일조를 거부했을 때, 그들은 하나님의 것을 도적질한 것이다. 그래서 하나님께서 자신의 백성에게 십일조를 가져와 창고에 채우라고 명령하신 것이다. 창고는 성전에 속한 방들에 있었다. 그 방들은 레위인들, 가난한 사람들, 나그네와 과부들을 위한 십일조였다. 말라기 해석은 전체적으로 왜 쓰여졌는가를 알아야 한다. 성경을 알고 정직하다는 목사들 중에 말라기에 나오는 십일조 부분을 설교하면서 본문의 배경, 성전문제, 신구약의 관련성 등을 고려해야 마땅한데도 말라기서 본문 자체만으로, 그것도 말라기서 3장 8절-10절만을 꺼내어 설교하는 것은 잘못이요, 거짓이다. 구약의 십계명, 예언서라면 몰라도 제사법은 그럴 수 없다.2)

말라기는 예언자고 말라기서는 예언문서라는 사실을 알아야 한다. 말라기서는 전체적으로 부패한 당시 시대를 심판하심과 동시에 메시아가 오실 것을 예언한 책이다. 말라기서의 전체 내용은 당시 레위인, 제사장, 잘못된 제사, 제물, 십일조의 문제, 그리고 메시아의 예언으로 구성되어 있다. 말라기서는 제사장뿐만 아니라 백성들에게 제사 드리는 것과 하나님의 말씀에 순종하지 못한 것을 지적하고 그들에 대한 책망과 경고를 하고 있다. 아래 본문은 구약의 마지막 성경인 말라기서의 마지막의 내용이다.

---

2) 프랭크 바이올라·조지 바나, 이남하 역, 『이교에 물든 기독교』(대장간, 2011), 229-245쪽.

만군의 여호와가 이르노라 보라 용광로 불 같은 날이 이르리니 교만한 자와 악을 행하는 자는 다 지푸라기 같을 것이라 그 이르는 날에 그들을 살라 그 뿌리와 가지를 남기지 아니할 것이로되 내 이름을 경외하는 너희에게는 공의로운 해가 떠올라서 치료하는 광선을 비추리니 너희가 나가서 외양간에서 나온 송아지 같이 뛰리라 또 너희가 악인을 밟을 것이니 그들이 내가 정한 날에 너희 발바닥 밑에 재와 같으리라 만군의 여호와의 말이니라 너희는 내가 호렙에서 온 이스라엘을 위하여 내 종 모세에게 명령한 법 곧 율례와 법도를 기억하라 보라 여호와의 크고 두려운 날이 이르기 전에 내가 선지자 엘리야를 너희에게 보내리니 그가 아버지의 마음을 자녀에게로 돌이키게 하고 자녀들의 마음을 그들의 아버지에게로 돌이키게 하리라 돌이키지 아니하면 두렵건대 내가 와서 저주로 그 땅을 칠까 하노라 하시니라 (말 4:1–6)

구약성경은 여기서 갑자기 끝난다. 이스라엘의 성경은 완결되지 않은 드라마처럼 끝을 맺고 있다. 말라기서 끝 부분은 이스라엘의 멸망과 함께 메시아 시대를 말하고 있다. 말라기의 목적은 그의 백성들에게 여호와께서 여전히 그들을 사랑하시며, 또한 그들과 맺은 언약을 지키신다는 것을 확신시키는데 있었다.(1:2–5)여호와께서는 경외 그리고 신실을 요구하셨다.(1:6) 그러나 그 백성들과 제사장들은 여호와께 복종하지 않았다. 그들은 예배, 결혼 맹세에 대한 불신(2:10–16), 사회적 부정(3:5) 그리고 하나님에 대한 불경과 거친 말로 여호와의 명예를 더럽히고 있었다.(3:13–14) 예언자 말라기는 여호와께서 자기를 경외하지 않는 백성들을 심판하신다는 사실을 알고 있다. 여호와께서는 그의 백성들에게 회개하고 돌아오라고 촉구하신다.(3:7) 만일 그들이 돌아오지 않으면 여호와께서 오셔서 그 땅을 저주로 치실 것이다. 말라기서의 마지막 말씀은 심판에 대한 말씀이기 때문에, 말라기서를 읽는 자는 누구나 그 말씀에 유의해야 한다.3)

하나님께서는 그 시대의 백성들에게 자기를 시험해 보라고 말씀하셨다.(3:10) 그들이 모든 십일조를 성전 창고에 가져오면 하나님께서는 하늘 문을 여시고 그들에게 헤아릴 수 없을 정도의 복을 주실 것이라고 약속 하신다. 하나님께서 인간을 시험하신다는 사상은 나타나긴 하지만(창22:1; 시11:5, 26:2, 66:10, 81:8, 139:23; 잠17:3), 인간이 하나님을 시험한다는 사상은 드물다. "말라기에 나온 이 말씀은 당시 유대인들의 신앙적 회의와 무관심 시대에 신앙의 불을 다시 붙이려고 하신 하나님의 일회적이고 특별하신 말씀으로 이해되어야 할 것이다. 십일조는 모세 이후 이스라엘 사람들이 꾸준히 지켜왔다는 사실을 알아야 한다. 그들에게 십일조는 극히 당연한 것이었다. 비록 그렇다고 할지라도 이 말씀은 소유의 십일조를 드리는 모든 사람에게 물질적인 방법으로 복을 주시겠다는 공개적인 약속은 아니다."4)

말라기 4장 마지막 구절은 이스라엘이 멸망하고 새로운 시대의 도래, 즉 메시아를 통한 새로운 시대, 하나님나라가 동틀 것을 말하고 있다. 예언자 말라기는 마지막으로 외친다. 이스라엘의 심판과 새날에 선지자 엘리야가 올 것을 말한다. 신약에서 엘리야는 누구인가?

> 만일 너희가 즐겨 받을진대 오리라 한 엘리야가 곧 이 사람이니라 (마 11:14; 눅1:16–17, 76–77; 막1:2–4; 마3:1–6)

---

3) 랄프스미스, 『미가–말라기』(솔로몬, 2014), 428쪽.
4) 앞의 책, 473쪽

말라기서에서 예언한 엘리야는 신약에서 바로 세례 요한이다. 신약에서 상당한 위치를 차지하는 세례 요한은 예수님께서 오실 길을 예비한자로 오지 않았는가? 이와 같이 구약의 마지막과 신약의 처음이 연결된다. 또 엘리야는 구약시대 이후 유대교에서 매우 중요한 인물이다. 신약은 엘리야를 세례 요한과 동일시한다. 구약의 엘리야는 유대인의 예배와 의식에서도 여전히 중요한 역할을 한다. 그리고 말라기 예언자가 말한대로 메시아이신 예수님이 오시지 않았는가! 역사적으로 실제로 그렇게 이루어지지 않았는가?

예수님의 십일조

아브라함의 십일조와 말라기의 십일조를 근거로 십일조에 대하여 지금까지 살펴보았는데, 다지막 세 번째로 십일조를 주장하는 근거는 예수님께서 마태복음 23장에서 바리새인들을 향하여 십일조를 말씀하고 있다는 것이다.

> 화 있을진저 외식하는 서기관들과 바리새인들이여 너희가 박하와 회향과 근채의 십일조는 드리되 율법의 더 중한 바 정의와 긍휼과 믿음은 버렸도다 그러나 이것도 행하고 저것도 버리지 말아야 할지니라 (마23:23)

그러나 예수님의 이 말씀은 바리새인들을 혹독하게 저주하는 장면에서 나온 말씀이며 바리새인들이 지나친 열심을 가지고 십일조를 내는 것을 비꼬는 장면이다. 당시에는 제사장들이 성전에서 제사를 드렸고 예수님께서도 부모님과 함께 어렸을 때 성전에서 제사를 드린 적이 있다. 당연히 유대인들은 A.D. 70년 로마에 멸망하기 전까지 성전에서 제사를 드리고 십일조를 냈다.

그러나 하나님과 사람 사이를 가로막고 있던 성전의 휘장이 찢어진 후 그리고 예수님이 부활하신 이후 성전, 십일조 등 제사법, 의식법은 더 이상 없다. 사도 바울은 다음과 같이 말했다.

> 또 범죄와 육체의 무 할례로 죽었던 너희를 하나님이 그와 함께 살리시고 우리의 모든 죄를 사하시고 우리를 거스르고 불리하게 하는 법조문으로 쓴 증서를 지우시고 제하여 버리사 십자가에 못 박으시고… 그러므로 먹고 마시는 것과 절기나 초하루나 안식일을 이유로 누구든지 너희를 비판하지 못하게 하라 이것들은 장래 일의 그림자이나 몸은 그리스도의 것이니라 (골2:13-17)

김세윤 교수는 "성전 섬김이 없는 신약시대에는 그 제도가 불필요하게 되었다. 그래서 신약성경에는 십일조에 대한 언급이 없다. 그러나 신약성경도 여러 곳에서 성도들이 자신의 재물을 교회의 형제들과 너그러이 나누기를 권한다. 특히 '복음 선포자는 복음으로 말미암아 생계를 얻도록' 한 예수님의 가르침에 따라 교인들이 헌금하여 교역자들의 생계 문제를 해결해 줌으로 그들이 복음 선포와 목양에 집중하도록 하며, 교회를 지탱하고 교회의 사역을 발전시키도록 해야 한다. 그래서 교회에 대한 헌금은 꼭 필요하다."5)라고 말한다.

한국 보수주의 신학의 대부인 박윤선 박사는 "십일조에 대한 언급은 예수님께서 십자가와 부활 이전에 하신 말씀이다. 교회의 지도자들이 신자

---

5) 김세윤, 『바른 신앙을 위한 질문들』(두란노, 2015), 69-70쪽; 서철원, 『신앙과 학문』 (기독교문서선교회, 1988), 213-217쪽.

들로 하여금 십일조 헌금을 장려하면서 그것을 신약시대 성도의 헌금의 표준인 듯이 가르치는 일이 있다면 시정되어야 한다. 교회의 지도자들은 다음과 같은 사실을 알아야 된다. 신약교회는 구약의 신정국가의 법령으로 다스림을 받는 단체가 아니고, 그리스도로 말미암아 외부적 의식의 제재에서 초월하게 된 영적 단체이다. 그러므로 교회는 십분의 일이란 숫자의 법령적 제재는 받지 않는다. 신약시대의 신자들은 소득의 십분의 일 이상을 자원하여 하나님께 바칠만한 영적 은혜를 받았다. 이 말씀을 하신 때는 죽었다가 다시 살아나시기 전이므로 아직 그의 구속 사업이 완성되지 않는 것만큼 구약적인 제도가 그대로 적용되던 때였다. 마태복음 8장 4절을 보면, 예수님께서 치료된 나병환자에게 구약적 규례를 그대로 지키도록 명하신 바 있다. 즉, "가서 제사장에게 네 몸을 보이고 모세의 명한 예물을 드려 저희에게 증거하라"고 말씀하셨다.(눅17:14) 그리스도께서 죽은 자 가운데서 다시 살아나셔서 승천 하신 후에는 성전과 제사장의 규례와 정결법들이 신약 계시로 말미암아 폐지되었다.(히9:10)"6)고 말했다.

예수님께서는 헌금에 대해 아주 다른 견해를 갖고 계신다. 가난한 과부의 두 렙돈 이야기를 상기해 보라! 십일조는 신약 그리스도인의 헌신의 정도를 말해주는 증거가 아니다. 남아 있는 모든 증거를 종합해 볼 때 바울이 세운 1세기 교회의 그리스도인들이 십일조를 하지 않았기 때문에 헌신 되지 않은 사람들이라고 말하지 않는다. 그렇다면 바울이 로마서 12장 1절에서 제사를 언급하는 것은 무엇 때문인가?

> 그러므로 형제들0- 내가 하나님의 모든 자비하심으로 너희를 권하노니 너희 몸을 하_나님이 기뻐하시는 거룩한 산 제사로 드리라 이는

---

6) 박윤선, 『대한예수교장로회 헌법주석, 정치 예배모범』(1994), 111-114쪽.

너희의 드릴 영적 예배니라 (롬12:1)

　세계적 성경학자인 제임스 던(James Dunn)은 "예수님의 죽으심은 모든 구약 제사를 종결시키는 최종적인 제사였다는 것은 당연한 일이다. 아직 구약 제사 용어들이 신약에서 사용된 것은 기독교 용어로 바뀌기 이전의 유대교 율법을 상징적으로 차용한 것이다. 이제 제의적 의식으로 날마다 동물들을 바치는 것이 특징인 구약에서 일상생활 속에서 실천하는 헌신적 삶이 특징인 신약의 시대로 가는 것을 보여준다"7)고 말했다.

　우리는 이상의 세 가지 근거로 신약시대를 사는 우리들에게 십일조를 말하는 것은 잘못 되었다는 사실을 알게 되었다. 그럼에도 불구하고 오늘날의 십일조는 때때로 증권 투자에 버금갈 정도로 제시된다. 십일조를 내면 하나님께서 더 많이 주실 것이요, 십일조를 거부하면 하나님께서 심판하실 것이라고 말하는데 이런 생각은 좋은 소식인 복음의 심장부를 찢어 버리는 것이다. 십일조가 모든 신자를 묶어 버리는 하나님의 명령으로 나타난다면 그것은 율법주의가 된다.

　실제로 어떤 사업가는 여의도 순복음교회에서 십일조를 강조하면서 사업도 잘되고 부자가 될 수 있다는 설교를 자주 들었는데 그는 사업이 번창 할 것을 기대하고 5년 동안 십일조를 착실히 했건만 사업이 망하고 말았다. 그는 교회를 상대로 고발했다. 십일조를 잘 내며 교회에 잘 다닌 교인이 10-20년 후 부터는 떼 부자가 되어야 하지 않는가? 이러한 현실에도 십일조를 내면 부자가 된다고 강조하는 것이 오늘날 많은 교회 설교의 일부분이다.

---
7) 제임스 던, 김철·최천석 역, 『로마서·하』(솔로몬,2005), 335-336쪽.

신약의 헌금

그렇다면 신약에서의 헌금은 어떠한가? 1세기 그리스도인들이 십일조를 드렸다는 것을 신약성경에서 결코 찾을 수 없다. 반면에 신약성경은 신자들이 자신의 능력에 따라, 자발적으로 헌금하기를 권고하고 있다.

초대교회의 그리스도인들은 어려움에 처해 있는 사람들을 도왔고, 또 사도적 일꾼들의 선교여행 경비와 교회개척을 지원하기 위해 헌금했다. 초대교회에서 가장 훌륭한 간증 중 하나는 그리스도인들이 가난한 자들과 약한 자들에게 얼마나 관대했었는가에 관한 것이었다. 이러한 사실은 믿지 않는 사람들의 관심을 불러 일으켰다. 초대교회의 대단한 흡입력을 지켜본 철학자 갈레노스는 "보라, 그들이 얼마나 서로 사랑하는가를!"이라고 말할 정도다.

목회자의 사례비에 대한 초대교회 전통은 각 교회에서 생활을 책임져 주는 방식이었다. 그러나 3세기가 지난 즈음, 콘스탄티누스가 등장하면서 교회 재정과 지방 금고 및 제국의 국고에서 목회자들에게 고정적인 봉급을 지급하는 제도가 제정되었다. 목회자가 일종의 국가 공무원이 된 것이다. 따라서 신약성경에 뿌리를 두지 않은 해로운 관습인 성직자의 봉급이 탄생하였다.

믿는 사람들이 주님의 일에 재정적으로 지원하는 것과 가난한 사람들에게 아낌없이 주는 것이 필수적이라는 데는 의심할 여지가 없다. 성경이 이 둘을 명령하고 있고, 하나님 나라가 이 둘을 절실하게 필요로 하고 있다. 구약의 제도 아래서 십일조는 가난한 사람들에게 좋은 소식이었다. 그렇지만, 오늘날 의무적인 십일조는 가난한 사람들을 압제하는 것이나 마찬가지이다.

하나님께서 이스라엘을 위해 제정하신 원래의 십일조는 가난한 사람들에게 고통을 주려는 것이 아니라 그들에게 유익을 주려는 것임을 우리는 너무 쉽게 잊어버린다! 거꾸로 말하면, 오늘의 십일조는 부유한 사람들에게 좋은 소식이다. 수입이 많은 사람에게는 10퍼센트가 적은 분량이다.8) 그러므로 십일조는 부자들의 생활방식에 큰 충격을 주지 못하고 오히려 그들의 양심을 마비시킨다. 적지 않은 부유한 그리스도인들이 수입의 10퍼센트를 헌금 바구니에 넣고서 "하나님께 순종했다"고 생각하며 자신을 속이고 있다. 그렇다면 나머지 90퍼센트는 자기마음대로 처리할 수 있는 가처분 소득이란 말인가? 하나님께서는 우리가 받은 모든 것을 우리에게 주셨다. 우리에게 주신 것을 자기 마음대로 쓸 수 있다는 것은 하나님의 은혜를 망각한 것이다!

그렇다면 신약에 들어와 십일조는 어떻게 되는가? 구약의 십일조는 신약에서 헌금으로 바뀌어진다. 바울이 말한 신약시대의 헌금에 대해 고린도후서 8-9장의 내용을 중심으로 살펴보자.

> 형제들아 하나님께서 마게도냐 교회들에게 주신 은혜를 우리가 너희에게 알게 하노니 환난의 많은 시련 가운데서 저희 넘치는 기쁨과 극한 가난이 저희로 풍성한 연보를 넘치도록 하게 하였느니라 (고후 8:1~2)

이 본문을 십일조와 관련하여 말하는 목사들이 있는데, 바울이 연보 또는 구제금에 대해 말하고 있음을 먼저 확실하게 알아야 한다.9) 한국교회

---

8) 도날드 사이더, 한희룡 역, 『가난한 시대를 사는 부유한 그리스도인』(IVP, 2009), 318-321쪽에서 '누진 십일조'를 말하기도 한다.
9) 바울은 예루살렘교회가 경제적인 큰 어려움에 처해 있을 때 형제애의 우애로 도와야

에서 십일조가 그렇게도 중요한 것이라면 사도들에 의해 여기 저기 언급되었을 것은 너무도 당연하지 않는가? 그런데도 십일조에 대한 언급은 어디에서도 찾아 볼 수 없다. 또한 필립 샤프((Phillip Sharp, 1819-1893)가 쓴 방대한 『기독교사』의 초대교회에 대한 자세한 언급에서도 헌금에 대해서는 언급하지만 십일조에 대한 논쟁 내용을 전혀 찾아볼 수 없다. 신약에 와서는 십일조가 아니라 연보에 대하여 자세히 언급하고 있다.

위의 말씀은 헌금의 정신과 목적이 무엇인가를 잘 보여준다. 바울이 예루살렘 교회가 가뭄이 들어 그들을 돕기 위해 같은 형제로서 이방인 교회가 도와 주어야 한다고 간절히 호소하는 내용이 고린도후서 8-9장에 기록되어 있다. 이것 조차도 몇 년 동안만 실천되었지 몇 십년간 계속된 것도 아니다. 고린도후서에 나타난 연보는 섬김(διδαχη), 교제(κοινωνία), 은혜(χάρις), 신실함(απλότης)는 말로 교차하면서 표현하고 있다.

> 내가 증거하노니 저희가 힘대로 할 뿐 아니라 힘에 지나도록 자원하여 (고후8:3)

"힘에 지나도록 자원한다"는 말은 십분의 일을 내는 것 때문에 힘에 겹다는 말이 아니라 많은 연보를 했다는 말이다. "저희가 먼저 자신을 주께 드리고 또 하나님 뜻을 좇아 우리에게 주었도다"(고후8:9) 여기 "먼저 자신을 주께 드린다"는 말이 중요하다. 여기에 신약의 헌금의 정신이 잘 드러나 있다. 이것이 헌금의 가장 중요한 정신이다. 십분의 일을 드리는 정도의 문제가 아니라 자신의 삶을 통째로 드려야 한다는 것이다.

한다는 명분을 설명한 동시에 구제금의 배경에는 바울의 정치적 의미도 들어있다. 바울이 한 때 고린도 교회에서 그의 사도권이 인정받지 못하자 예루살렘에 있는 예수의 직제자인 베드로를 비롯한 사도들에게 인정받고 싶은 마음이 있었다는 것을 알아야 한다. 랠프 P.마틴, 김철 역, 『고린도후서』(솔로몬, 2007), 519-523쪽.

"오직 너희는 믿음과 말과 지식과 모든 간절함과 우리를 사랑하는 이 모든 일(구제금)에 풍성한 것같이 이 은혜에도 풍성하게 할지니라"(고후 8:7) 은혜가 풍성한 것처럼 너희가 내는 연보에 대해서도 풍성하게 하라는 말이다. 이와 같이 신약의 성도들은 가난 가운데서도 힘에 지나도록 헌금을 바쳤다. 이것이 바로 신약의 정신요, 이것이 신약 성도와 구약 성도의 차이다. 이 점을 잘 이해해야 한다.

1세기 마게도냐 그리스도인들처럼, 죄책감이나 종교적 의무나 어떠한 조작 없이 자원하는 마음으로 도움이 필요한 사람들에게 따뜻한 손길을 내밀기를 바란다.(고후8:1-4)[10] 또한 그들은 고린도후서 8장 13-14절에서 헌금을 통해서 성도들 간에 평균케 하려는 것이라고 말한다. 이 평균은 정치, 경제, 사회적인이 것이 아니라 성도간에 서로 나누는 경제적일 뿐만 아니라 영적인 의미도 포함되었음을 말하고 있다. 이와 같이 헌금은 사랑의 이중계명을 이 땅에서 실천하는 것이다.

구약의 십일조는 율법의 요청 가운데 하나였다. 그러나 예수님이 십자가에 못 박히시고 부활하신 후 복음은 십일조를 비롯한 율법으로부터 우리는 자유하게 되었다. 그렇다고 헌금도 내지 않아도 된다는 말은 더더욱 아니다. 자끄 엘륄은 "예수 당시의 바리새인들과 오늘날의 많은 신자는 이 의무가 십일조로 끝난다고 생각한다. 그러나 예수께서 십일조에 대해 언급하신 유일한 경우는 우리에게 거슬리는 내용이다. 그 분은 십일조가 너무 많은 것을 요구한다고 반대하신 게 아니라 너무 적은 것이라고 지적하셨다. 십일조는 진정한 청지기직의 문제, 즉 마지막 단 한 푼까지도 하나님의 것이고 그분의 영광을 위해 사용되어야 한다는 것을 가

---

10) 프랭크 바이올라·조지 바나, 이남하 역, 『이교에 물든 기독교』(대장간, 2011), 229-242쪽.

려 버린다."11)고 했다.

> 바리새인들은 돈을 좋아하는 자라 이 모든 것을 듣고 비웃거늘 예수께서 이르시되 너희는 사람 앞에서 스스로 옳다 하는 자이나 너희 마음을 하나님께서 아시나니 사람 중에 높임을 받는 그것은 하나님 앞에 미움을 받는 것이니라 (눅16 : 14-15)

예수님께서는 십일조를 그렇게도 잘내는 바리새인들을 향하여 "돈이 좋는 자"라고 말씀하신다. 바라새인들은 십일조를 내는 것으로 돈의 문제가 해결되었다고 생각한 것이다.

하나님이냐 돈이냐

나는 앞에서 십일조가 신구약관계 속에서 십일조가 폐지되었음을 말했다. 엘륄이 말한 대로 "십일조는 율법의 요청 가운데 하나였다. 신앙은 그러한 요청으로부터 우리를 자유하게 한다. 그렇다고 십일조를 내지 않아도 되는 것이 아니고 오히려 우리의 가진 것 모두를 하나님께 드려야 한다는 문제 앞에 선다. 우리가 정말 신앙 안에 살고 있는지, 말로는 모든 것이 하나님께 속한다고 하면서도 실제로는 율법이 요구하는 것보다 못한 헌물을 바치지 않는지를 검토해야 한다."12)

신약시대 오면 십일조 문제가 아니라 하나님이냐, 맘몬이냐는 선택 앞에 서야한다. 이제 우리는 십일조의 문제가 아니라 하나님을 섬기느냐, 돈을 섬기느냐는 둘 중에 하나를 선택해야 하는 문제 앞에 선다. "부자가

---

11) 자끄 엘륄, 양명수 역, 『하나님이냐 돈이냐』(대장간, 2008), 80쪽.
12) 자크 엘륄, 양명수 역, 『원함과 행함』(솔로몬, 2008), 332쪽. 십일조에 관한 책으로 조성기 교수가 쓴 『십일조는 누구의 것인가』(평단, 2015)가 있다.

하나님 나라에 들어가기가 심히 어렵도다."(막10:23) 예수님의 말씀이다! 신약의 신자는 십일조의 헌신을 넘어서야 한다. 십일조보다 과격한 물질의 헌신을 요구받는다. 십일조는 단지 물질의 헌신을 위한 출발점에 불과하다.

"성경에는 돈에 관한 말씀이 2,315회나 나온다. 이는 기도나 하나님 나라에 대한 말씀보다 훨씬 많은 것이다."[13] 한국교회는 돈에 관한 설교와 가난한 자에 대한 설교를 자주해야 한다. 나는 한국교회가 돈에 대해 너무 적게 설교한다고 본다. 헌금에 부담을 갖는 교인이 있다면 성도가 아닐 수도 있다. 이런 말을 하면 목사들은 바로 교회를 어떻게 운영할 것인가를 염려할 것이다. 예수님의 "염려하지 말라"는 말씀을 기억하라! "염려하지 말라"는 말씀은 희년 정신에서 하신 말씀이다. 하워드 요더(H. Yoder)는 "목사들은 헌금이 돈을 통해 하나님께 복종한다는 표현이며, 신앙고백임을 가르쳐야 한다."라고 말한다. 돈의 문제는 10장 〈바알신과 맘몬신〉에서 자세히 살필 것이다.

---

13) 랜디 알콘, 김신호 역, 『돈·소유·영원』(토기장이, 2013), 28쪽.

6장 구약과 신약 (3) - 돈, 성전

> 돈은 사회에서 화학적 힘이다
> — 게오르그 짐멜 『돈의 철학』에서

> 내가 너희에게 이르노니
> 성전보다 큰 이가 여기 있느니라
> — 마태복음 12장 6절

돈, 돈, 돈이란 무엇인가?

신구약성경은 과연 돈을 무엇이라 하는가? 놀라운 것은 성경에 돈과 관련 된 내용이 아주 많다는 것이다. 신구약성경은 세상에 나온 어느 책보다 가장 많이 돈과 부자, 가난한 자의 문제를 다루고 있다.

구약의 부는 상징이다

구약에서 돈과 부(富)가 긍정적으로 나타나는데 비해 신약에 와서 갑자기 돈과 부의 문제가 부정적으로 바뀌는 사실을 본다. 부는 구약성경, 옛 계약의 상징 가운데 하나다. 상징 성례란 보이지 않는 것을 가시적으로 표현하는 것을 말한다. 오늘날 개신교에서 성례는 세례와 성만찬이 있다. 이것은 상징적 행위다. 침례는 물에 들어갔다가 다시 나오는 가시적 행위를 통해 믿음을 고백하는 상징행위이며, 성만찬은 예수님의 몸과 피를 상징하는 떡과 포도주를 먹음으로 예수님과 하나되는 것을 말한다.

그런 의미에서 구약의 부는 하나님이 값없이 주시는 상징을 의미한다. 사람은 돈을 자기가 번 것이며 자기 노동으로 얻은 것이라고 생각한다. 그러나 부는 하나님께서 인간에게 거저 준 것이며 하나님께서 허락하지 않으시면 구원처럼 아무리 노력해도 얻을 수 없다. 인간은 언제나 자기의(自己 義)와 공로 때문에 택함을 받게 되었다고 생각한다. 그러나 하나님의 선택에는 이유나 조건이 없으며, 그것은 사랑에 근거한 하나님의 자유로운 결정일 뿐이다. 그러므로 사람은 자기의 재물이 거저 받은 선물임과, 영원히 택함을 받는 것 역시 하나님께서 거저 주신 선물임을 알 수 있게 된다. 이 사실은 유대인들에게는 특별히 중요하다. 그러나 이스라엘에게 있어서 부(富)는 하나님의 은혜를 상기시키는 상징이었다. 부가 사라지는 것은 곧 하나님의 은혜가 사라지는 상징이었으며 부가 계속 유지된다는 것은 하나님의 은혜가 계속되는 것을 의미하는 것이었다. 은혜는 인간에 의해 좌우되는 것이 아니라 오직 하나님에 의해 좌우된다.

"구약에서 부가 상징하는 것은 첫째로 은혜의 풍성함을 보여준다. 하나님께서는 자신의 은혜를 풍요롭게 주신다. 이 풍성이야말로 우리들의 온갖 죄를 가리며 하나님의 풍성한 사랑을 드러내고 우리로 하여금 영원한 세계로 들어갔을 때 일어난다. 이스라엘 백성이 언약의 땅에 들어갔을 때, 풍요로운 그 땅은 바로 하나님의 풍성한 은혜였다. 하나님의 은혜는 지금 당장 필요하고 시급한 것만을 충족시키고 끝나는 것이 아니다. 하나님은 우리에게 일용할 양식을 주는 데 만족하지 않고 더 나아가 평안과 부를 함께 주신다.

둘째로 부가 총체적으로 하나님의 새 창조에 귀속된다는 상징의 또 다른 특성이다. 새 예루살렘의 영광이 올 때 이 세상의 모든 부가 그곳으로 모일 것을 말해준다.(계21:) 이것은 이 세상과 이 세상의 모든 업적과 인간의 모든 힘들이 하나님께 속한 것이라는 사실을 역설적으로 말하는 것이다. 그러므로 그 부를 사용할 때, 그 부가 은혜의 풍성함과 새 창조의 약속을 드러내는 방향으로, 모든 부가 하나님의 것이라는 사실을 우리에게 말하고 있다. 하나님께서 부여하신 성경적 가치를 배제하고, 부의 경제적인 가치만 고수함으로써 부가 가지고 있는 양면성을 제거하려 한다. 그때부터 부는 더 이상 믿음의 상징 아니라 하나님의 명령에 대한 인간의 불복종의 상징이 되었다."[1]

> 네 보화를 티끌로 여기고 오빌의 금을 계곡의 돌로 여기라 그리하면 전능자가 네 보배가 되시며 네게 귀한 은이 되시리니 (욥22:24-25)

여기에 부의 참다운 의미가 있다. 구약의 부는 견지망월(見指忘月)이다. 즉 구약의 부는 신약에서 예수님의 은혜를 가르킨다. 예수님은 신약에 들어와 구약에서 말하는 부의 상징적 성격을 인정하지 않으셨다. 구약은 장차 올 것의 상징, 그림자라는 히브리서의 말씀이 다시 한 번 타당하다는 사실을 볼 수 있다.

태양이 있는 곳에는 더 이상 그림자가 존재하지 않는다. 신약에 들어와서는 예수 그리스도 자신이 은혜의 풍요로움이시며 하나님 나라의 현존이다. 따라서 하나님의 행위를 인간에게 선포하고 상기시키려고 했던 구약의 모형과 상징들은 폐지되어야 마땅하다. 이전의 모든 희생제사가 예수 그리스도의 희생 앞에서 폐지되듯이, 부(富)도 이제는 더는 신약시

---

[1] 자끄 엘륄, 양명수 역, 『하나님이냐 돈이냐』(대장간, 2008), 88-89쪽.

대의 은혜의 풍성함의 의미를 가질 수 없다. 왜냐하면 모든 은혜의 풍요로움은 모두 예수 그리스도 안에 있기 때문이다.

부와 돈

하나님께서 자신의 아들을 주셨는데 부가 무슨 의미가 있겠는가? 예수님께서는 나는 생명과 풍성을 주러 왔다고 말씀하신다.(요 10:10) 하나님의 모든 은혜의 행위는 아들을 선물로 주는 행위에서 절정에 달한다. 돈은 예수님이 오심으로 아무 의미가 없어진다. 예수 그리스도 안에서 우리에게 주어진 것은 이제 돈과 아무런 관계가 없다. 구약성경에서는 사실 부가 하나님의 복을 의미하는 상징의 역할을 하였다. 구약성경에서는 자기 백성에 대한 하나님의 행위는 항상 가시적 물질적인 사건 속에서 계시되었기 때문에 부가 하나님의 풍성함을 나타내는 상징적 역할을 했던 것이다. 출애굽이든 가나안 정복이든 그것들은 언제나 가시적이고 물질적인 특성을 갖는 사건이다.

신약에 들어와 부는 하나님의 은혜를 상기시키는 상징의 의미를 잃게 되었다. 그러나 부는 하나님과 무관하게 스스로 경제적인 힘을 지니게 되었다. 이제 부는 그 본래의 자리로 되돌아가야 한다. 그러므로 신약성경은 돈을 좋지 않게 평가한다.

> 지족하는 마음이 있으면 경건이 큰 이익이 되느니라 우리가 세상에 아무것도 가지고 온 것이 없으매 또한 아무것도 가지고 가지 못하리니 우리가 먹을 것과 입을 것이 있은즉 족한 줄로 알 것이니라 부하려 하는 자들은 시험과 올무와 여러 가지 어리석고 해로운 정욕에 떨어

지나니 곧 사람으로 침륜과 멸망에 빠지게 하는 것이라 돈을 사랑함이 일만 악의 뿌리가 되나니 이것을 사모하는 자들이 미혹을 받아 믿음에서 떠나 많은 근심으로써 자기를 찔렀도다 (딤전 6:6-10)

그리하여 부는 돈으로 변모되었다. 돈은 부와 똑같지 않다. 돈은 교환의 의미를 가지는 반면, 부는 무엇보다도 풍성함을 상징하기 때문이며 이들은 서로 의미하는 바가 다르다. 그러므로 신약성경에서는 대부분의 경우 부를 단지 돈의 축적으로 생각한다. 그리하여 부자들은 하나님 나라에서 제외된다는 사실을 알아야 한다. 예수님을 따르던 사람들 중에는 부자가 별로 없었다는 사실을 기억해야 한다. 부자가 있더라도 그들은 하나같이 하나님께 모두 드린 사람들이다. 심지어 가난한 과부까지도.

사람은 영원에 이르기까지, 그의 죽음에 이르기까지 자기가 가장 사랑했던 것을 따른다. 돈을 사랑하는 것, 그것은 망하여 사라지고, 무로 되고, 죽음에 이르기까지도 돈을 따르는 것은 저주받은 것을 의미한다. 그러므로 신약성경에서 돈에 집착하는 것 또는 돈을 중시하는 것을 정당하게 생각하는 본문은 하나도 없다. 진정한 그리스도인이라면 하나님보다 돈을 사랑하는 것을 정당화시킬 수 없으며, 돈을 사랑하는 것이 하나님의 영광에 참여하는 것이라거나 복을 받은 증거라는 말은 통하지 않는다.

예수님은 선택의 필요성을 강하게 역설하고 있다.

> 한 사람이 두 주인을 섬기지 못할 것이니 혹 이를 미워하며 저를 사랑하거나 혹 이를 중히 여기며 저를 경히 여김이라 너희가 하나님과 재물을 겸하여 섬기지 못하느니라 (마6:24)

따라서 하나를 사랑하는 것은 다른 것을 단순히 멀리하거나 관심을 두지 않는 정도가 아니라 다른 것, 즉 맘몬을 '미워하는' 것이요 가벼이 여기는 것이다.

만일 맘몬이 영적인 이면을 가지지 않은 단순한 객체에 불과한 것이었다면 예수님께서 맘몬을 그토록 멀리 하셨을까? 돈을 사랑하는 것, 그것에 집착하는 것은 하나님을 미워하는 것이다! 따라서 바울이 왜 돈을 사랑함이 모든 악의 뿌리라고 말할 수 있었는가를 우리는 충분이 이해할 수 있을 것이다.(딤전6:10) 돈이 하나님에 대한 증오인 한, 결국 돈은 하나님과 우리 사이를 갈라놓는 모든 악의 뿌리다.

"우리의 씨름은 혈과 육을 상대하는 것이 아니요 통치자들과 권세들과 이 어둠의 세상 주관자들과 하늘에 있는 악의 영들을 상대함이라"(엡 6:12) 그러므로 "맘몬에 대한 사랑을 물리치는 것은 우리의 능력에 속한 일이 아니다. 우리의 힘은 맘몬의 힘을 이길 수 없다. 부족하다! 그러기에 하나님의 개입이 필요하다. 이 둘의 화합, 그것이야말로 사람이 늘 찾아 헤매는 것이지만, 이 둘은 절대 화합될 수 없다."2) 이와 같이 돈은 구약에서는 복의 상징으로 긍정적이었지만, 신약에 들어와 갑자기 돈은 부정적인 것이 되어 버린다, 우리 이 문제에 대하여 분명히 알아야 한다. 그렇지 않으면 큰 혼란에 빠질 수 있다. 그러므로 목사들은 구약성경에서 부와 돈을 인용할 때 신중하게 말해야 한다. 더 자세한 내용은 10장에서 살필 것이다

---

2) 위의 책, 129쪽.

교회당은 돌로 된 성전이 아니다

구약에 나오는 성전은 성경의 핵심 내용이다. 이것을 모르면 성경을 전혀 알 수 없다고 해도 과언이 아니다. 예수님 당시에도 제사장들이 성전에서 제사를 드렸고 예수님께서도 어렸을 때 부모님과 함께 성전에서 제사를 드린 적이 있다. 그러나 구약의 성전 제도는 예수님께서 성전 파괴를 예언하셨고(막13:2; 눅21:6) 실제로 A.D.70년에 로마 제국에 의해 실제로 파괴된 이후로 성전이 다시 세워진 적이 없다. 성전제사는 예수님께서 십자가에 못 박히시고 성전 휘장이 찢김으로, 부활하심으로 완전히 끝났다.

그럼에도 어찌된 영문인지 이스라엘에 오직 하나밖에 없는 성전이 우리나라에는 몇 백 개나 된다. 성전이라면 거기에 지성소가 있고 법궤가 있어야 한다. 그러기 때문에 교회당을 성전이라고 말하는 것은 단순하게 보아 넘길 문제가 아니다. 그것은 성경 전체의 교훈을 크게 왜곡하고 무시해 버리는 아주 잘못된 해석이기 때문이다.

앞에서 말한대로 신약시대가 되면서 제사법과 정결법은 완전히 폐지되었다. 신약성경에는 예수님이 성전에 들어가셔서 제사를 지냈다는 말이 한 번도 없다. 물론 대제사장이 허락하지 않았을 것은 당연하지만 성전 제사가 그토록 중요하다면 예수님께서 한 번 정도라도 제사를 집례 하셨을 것이다. 히브리서는 초대교회 이후 유대인 기독교인들이 아직도 성전에서 제사를 지내야 한다고 강력하게 주장할 때, 그들에게 보내진 편지다.

> 그리스도께서 장래 좋은 일의 대제사장으로 오사 손으로 짓지 아니한 곧 이 창조에 속하지 아니한 더 크고 온전한 장막으로 말미암아 염소와 송아지의 피로 아니 하고 오직 자기 피로 영원한 속죄를 이루사

단번에 성소에 들어가셨느니라 (히9:11-12)

구약시대에는 날마다 때마다 해마다 양을 잡아 제사를 지냈다. 그러나 예수 그리스도가 죽으심으로 성전 제사를 폐하고 손으로 짓지 않은 성전에서 제사를 지내게 되었다.3)

"율법은 장차 오는 좋은 일의 그림자요 참 형상이 아니므로 해마다 늘 드리는 바 같은 제사로 나아오는 자들을 언제든지 온전케 할 수 없느니라"(히10:1) 여기 나오는 '율법'은 구약의 성전에서 제사 드리는 것을 말하는데 그러한 제사 제도는 장차 올 좋은 일, 즉 예수 그리스도가 오실 때까지의 그림자와 모형일 뿐이지 진짜가 아니다. 구약의 제사는 단지 건물의 모형도이지 건물 자체는 아니다. 그러므로 구약의 제사로는 우리의 죄를 완전히 씻을 수 없다. 예수님께서 십자가에 못 박히시고 부활하심으로 성전이 있을 필요도 없고 따라서 제사를 드릴 필요도 없다. 그러한 제사가 지금도 있어야 한다고 말한다면 예수님은 헛 죽으신 것이다.

그 후에 말씀하시기를 보시옵소서 내가 하나님의 뜻을 행하러 왔나이다 하셨으니 그 첫 것을 폐하심은 둘째 것을 세우려 하심이니라 (히 10:9)

여기 '첫 것'이란 구약을 말하며, 둘째 것은 신약을 말한다. 또 '내가'는 메시아이신 예수 그리스도를 말한다. 즉 예수 그리스도 안에서 첫 번째 성전제사는 없어졌으며, 예수님께서 친히 십자가에 죽으심으로 완전한 제사를 드리게 되었다.

---

3) 성전 제사와 구속의 진리에 대하여 더욱 알기 원하시는 분은 필자가 쓴 『성경의 제사』 (대장간, 2103) 참고.

> 이 뜻을 좇아 예수 그리스도의 몸을 단번에 드리심으로 말미암아 우리가 거룩함을 얻었노라 (히10:10)

> "이것을 사하셨은즉 다시 죄를 위하여 제사 드릴 것이 없느니라 (히 10:18)

예수 그리스도께서 단번에 완전한 제사를 드렸기 때문에 이제는 구약의 성전 제사가 막을 내렸다. 집의 모형도는 집을 다 지은 후에는 없애 버린다. 물론 모형도를 없애지 않고 잘 보이는 곳에 두어 사람들이 보게도 한다.

성경에서 오직 대제사장만이 죄 용서를 할 수 있다. 그러나 신약에서는 예수님이 죄를 용서하신다. 구약적 배경에서 본다면 당연한 신성모독 죄다.(막2:5-9) 성전과 제사는 상징과 모형이기 때문에, 성전과 제사의 실체이신 예수님이 오심으로 그것들은 다 폐지되었다.

> 그리스도께서 장래 좋은 일의 대제사장으로 오사 손으로 짓지 아니한 곧 이 창조에 속하지 아니한 더 크고 온전한 장막으로 말미암아 염소와 송아지의 피로 아니하고 오직 자기 피로 영원한 속죄를 이루사 단번에 성소에 들어가셨느니라 (히9:11-12)

> 이 뜻을 따라 예수 그리스도의 몸을 단번에 드리심으로 말미암아 우리가 거룩함을 얻었노라 (히10:10)

> 이것들을 사하셨은즉 다시 죄를 위하여 제사 드릴 것이 없느니라 (히 10:18)

그 성막, 또는 성전이 우리와 무슨 상관이 있는가? 그것은 한낱 이스라엘 민족의 신앙 이야기가 아닌가? 우리는 앞에서 성경에 나타난 상징과 모형의 의미를 잘 이해할 때 성경의 메시지를 더 잘 이해할 수 있다고 했다.

구약의 성막 또는 성전은 무엇보다 상징이요, 모형이요, 예언이다. 성막은 하나님의 임재의 상징이다. 이스라엘 민족의 성막에 대한 신앙은 절대적이었다. 그러나 성막은 상징과 모형(type)일 뿐이지 원형(protype)이 아니다. 그러므로 이스라엘 민족은 더 좋은 원형을 갈망했다. 이 갈망은 곧 앞을 바라봄의 신앙이었다. 구약에서 모형으로 보여주신 것이 신약시대에 와서 이루어져야 했다. 성막의 원형이 나타나야 했다. 우리는 요한복음 1장 14절에서 그것의 위대하고 놀라운 성취를 본다.

> 말씀이 육신이 되어 우리 가운데 거하시매 우리가 그의 영광을 보니 아버지의 독생자의 영광이요 은혜와 진리가 충만하더라 (요1:14)

이스라엘의 하나님은 일찍이 성막 가운데서 함께 계셨다. 하나님께서 모세에게 성막을 지을 것을 말씀하실 때 "내가 그들 중에 거할 성소를 그들을 시켜 나를 위하여 짓게 하라"고 하셨다. 그러나 지금은 좀 더 직접적이고 친숙한 방법으로 하나님의 처소가 우리와 함께 있는데, 곧 "말씀이 육신이 되어 우리 가운데 거하신 것"이다. 이 얼마나 놀라운 말씀이요 예언의 성취인가! 하나님이 예수님을 통해 이 땅에 오셨다! 얼마나 많은 성도들이 이 한 구절의 오묘한 뜻에 깊이 매료되어 감격하고 흥분했던가!

광야에서 처음 성막이 완성되었을 때 구름이 회막에 덮이고 여호와의 영광이 성막에 충만했다.(출40:34-35) 그것은 그 백성과 함께 임재해 계시는 하나님의 영광이었다. 그런데 지금 그 하나님께서 육신이 되신 예수 그리스도 안에 구체화되었다. 복음서 기자는 기쁨과 놀라움으로 "우리가 그의 영광을 본다"라고 말하고 있다. 구약의 성막 안에 하나님이 임재하신 것처럼(출40:) 이제 예수님 안에 하나님이 임재하신 것이다. 예수님께서는 자신을 친히 '성전'(요2:21)으로 밝히셨고 나아가서는 '성전보다 더 큰 이'라고 하셨다. 이 얼마나 놀라운 선언인가! 얼마나 기다리고 기다리던 예언의 성취인가! 예수님께서 자신을 가리켜 성전보다 더 큰 이라고 하신 것은 구약의 모형적, 예언적 성전보다 더 온전한 성전임을 말씀하고 계신 것이다. 모형은 원형보다 불완전한 것이다. 그림자는 실체와 비교할 수 없다. 예수님께서 친히 자신을 성전이라고 말씀하셨으니 유대인들에 의해 얼마나 심한 반발을 받았겠는가! 유대인들에게 이 말은 참으로 불경스러운 말이었다. 유대인들의 성전에 대한 집착은 대단했다. 성전은 그들의 삶의 중심이었고 희망이었다. 성전은 예배의 장소라는 생각을 넘어서 예배의 대상 자체였다. 심지어는 성전 뜰을 밟기만 해도 구원을 얻을 수 있다는 미신이 있어 예언자들에게 비판을 받을 정도였다.(렘7:4) 그토록 그들은 성전에 집착했다. 대제사장들은 예수님에게 십자가형을 선고받을 때 "하나님의 성전을 헐고 사흘 동안에 지을 수 있다."는 말씀을 들어 성전 모독죄로 기소하였다.(마26:61) 이 죄목은 당시 이스라엘 사람들이라면 누구나 공감할 만한 사형 죄였다. 그들은 예수를 십자가에 못박아 죽이면서도 "성전을 헐고 사흘에 짓는 자여"(마27:40)라고 조소한다.

학개서는 메시아 예수님을 예언한다

화려한 성전은 이스라엘 민족의 전성기인 솔로몬 왕 때에 건축되었다. 이스라엘 백성은 성전을 중심으로 그들의 힘을 집결시켰고 성전을 중심으로 그들의 신앙을 표현했다. 그러나 그 성전은 불완전한 것이었다. 그 성전은 단지 그림자요, 모형에 불과하였다. 이스라엘 민족은 정치적 안정과 물질적 풍요 속에서 점점 타락해갔다. 드디어 이스라엘의 타락으로 말미암은 하나님의 심판이 신흥국가 바벨론에 의해서 수행되었다. 나라 전체가 도살장이 되어버렸고 민족의 심장인 성전이 서 있는 예루살렘을 포함하여 요새화했던 모든 도시는 바벨론 군대가 모조리 파괴하고 완전히 폐허로 만들어 버렸다. 하나님의 심판은 이스라엘 성전 파괴에서 극에 달했다. 그리고 많은 사람이 바벨론에 강제로 끌려갔다. 그러나 하나님께서는 바벨론에 의해 멸망한 이스라엘을 영원히 속박 가운데 버려두지는 않으셨다. 하나님께서는 페르시아의 고레스 왕을 통해서 바벨론을 정복하게 하시고 이스라엘을 해방케 하셨다. 70여 년간의 피압박 생활은 끝이 났다. 역사가 요세푸스의 기록에 보면 당시 많은 유대인이 바벨론에 머물러 있었고 그들 중에는 포로지에서 경제적으로 크게 성공한 사람들도 있었는데, 그중 본토에 돌아온 자가 5만 명 정도 되었다고 한다.

당시 이스라엘의 정치적 지도자는 스룹바벨이었다. 그는 그들과 함께 무엇보다 삶의 중심인 성전 재건에 착수했다. 당시 국제 정치적인 소용돌이 속에서 성전 재건은 순탄할 수만은 없었다. 사마리아 총독의 모함으로 성전 공사는 15년이나 중단되기도 했으나 다리오 왕 때 다시 시작되었다. 이때 나타난 선지자가 학개와 스가랴다. 이스라엘 민족의 성전에 대한 사랑과 신앙은 매우 큰 것이었음을 앞서 지적한 바 있거니와, 바벨론에서 돌아온 그들의 최대의 민족적 열망과 과제는 무엇보다 다시 성전을 재건하는 것이었다. 그러나 자기 땅으로 돌아온 그들이 자신들의 생활에만 급급해하는 것을 보고 학개 예언자는 이스라엘을 향하여 성전을 건축할 것을 부르짖는다.

> 너희는 산에 올라가서 나무를 가져다가 성전을 건축하라 그리하면 내가 그것으로 말미암아 기뻐하고 또 영광을 얻으리라 여호와가 말하였으니라 (학1:8)

이러한 예언자의 외침은 정치 지도자인 스룹바벨 총독과 종교 지도자인 대제사장 여호수아, 그리고 백성들의 마음을 움직여 성전 건축에 한마음으로 참여하게 했다. 그러나 그들이 지은 성전은 그들 자신에게도 만족할 만한 것이 못 되었다. 그래서 옛날 솔로몬 성전의 영광을 아는 노인들은 그때를 회상하면서 눈물지었다.

큰 국력을 배경으로 한 솔로몬의 성전과 패망 뒤에 돌아와 지은 성전은 비교될 수 없었다. 또한 그들이 새로 지은 성전에는 있어야 할 법궤마저 없었다. 법궤는 바벨론 침략 때 어디론가 영원히 사라져 버렸다. 법궤와 지성소가 없는 성전은 불완전한 것이었다.

이어서 학개 예언자는 놀라운 메시지를 선포한다. 학개 2장 6~9절은 학개서의 중심적 교훈이라고 할 수 있는데, 곧 '영광스런 성전'이 머지않아 세워질 것을 말한다.

> 만군의 여호와가 이같이 말하노라 조금 있으면 내가 하늘과 땅과 바다와 육지를 진동시킬 것이요 또한 모든 나라를 진동시킬 것이며 모든 나라의 보배가 이르리니 내가 이 성전에 영광이 충만하게 하리라. 이 성전(스룹바벨)의 나중 영광(필자 주; 예수 그리스도)이 이전(以前) 영광(솔로몬 성전) 보다 크리라 내가 이곳에 평강을 주리라 만군의 여호와의 말이니라 (학2:6~9)

"6절의 '조금 있으면'은 하늘과 땅과 바다와 육지를 진동시킬 놀라

운 시대, 곧 메시아의 시대가 다가옴을 가리키는 예언의 말씀이다.(히 12:26~27)

　7절의 '만국을 진동시킬 만국의 보배'는 메시아의 오심에 대한 예언의 말씀이다. 여기에서 무엇보다 우리의 시선을 끄는 것은 8절에 나타난 '첫째 성전'과 '둘째 성전'이다. 8절이 우리에게 보여주는 것은 지금 지은 두 번째 성전(스룹바벨 성전)이 그 거대함과 화려함에서 첫 번째 지은 솔로몬 성전보다 보잘것 없어도 두 번째 성전의 다음 영광이 첫 번째 지은 솔로몬 성전보다 크라는 것이다. 솔로몬 성전에는 법궤가 있었고 그곳에는 하나님의 영광이 함께 하셨는데 어떻게 이 초라한 스룹바벨 성전이 솔로몬 성전보다 더 크다고 할 수 있겠는가? 성전의 원형이신 오실 메시아를 알지 못하고는 전혀 이해할 수 없는 말이다. '조금 후에' '만국의 보배' 이신 메시아가 성전으로 오실 때 이 말씀이 이루어질 것이다."4)

　분명히 학개서는 바벨론 포로에서 돌아온 이스라엘 민족에서 성전건축을 촉구한 책이다. 그러나 학개서를 단순하게 성전 건축을 독려한 책으로만 본다면 성경을 크게 오해한 것이다. 우리는 성전이 하나님의 임재의 상징임을 알고 있다. 하나님께서 성전에 계시고, 거기서 만나시고, 말씀하시고, 용서하신다. 그러나 구약의 성전은 모형이고 그림자일 뿐이다. 그러므로 그들은 실체와 원형을 사모했다. 우리는 신약의 안목에서 성전의 의미를 보아야 한다. 만약, 우리가 학개나 역대상 29장 1-9절을 교회당 건물을 잘 지으라는 메시지로 바꾼다면 이 얼마나 큰 무지이며 오해인가! 구약시대의 성전과 신약시대의 교회당이 건물이라는 점에서는 같을 수 있으나, 성경이 의도한 의미는 전혀 다르다. 오늘의 교회당이 구약시대의 성전임을 고집한다면 그리스도의 죽으심과 부활하심을 부인하는 적

---

4) 그레고리 K. 비일, 강성열 역,『성전신학』(새물결플러스, 2014,) 155-156쪽, 413-418쪽.

그리스도적인 행위다.

오늘 한국교회가 지닌 교회당 건축에 대한 잘못된 경향 중의 하나는 분수에 지나치도록 교회당 건물에 집착한다는 점이다. 마치 교회당이 구약성경이 말하는 성전인 것처럼 가르치며 그곳에만 하나님이 계신 것처럼 만듦으로써 교회당을 신당으로 만드는 일이 두드러지게 나타나고 있다. 다시 말하지만 구약성경이 말하는 성전은 예수님이 오심으로 무의미해졌다는 사실을 알아야 한다.(히9:11-12)

이 말은 교회당이 필요없다거나 큰 교회당이 필요하지 않다는 말과는 다르다. 문제는 교회당이 성전과는 의미가 전혀 다르다는 것이다. 그러므로 교회당을 지으면서 다윗과 솔로몬의 성전을 위하여 바친 열심을 말하는 것은 그리스도 보혈의 능력을 모독하는 것이다. 지금도 이스라엘 민족은 옛 성전 자리에, 지금은 회교 성전이 세워져 있지만, 성전을 재건하기 위해서 국제적인 모금활동을 하고 있다. 그들의 성전 재건 노력은 놀라운 집착과 더불어 행해지고 있다. 그리고 성전은 하나뿐이다. 그런데 왜 한국에는 이렇게 성전이 많은가?

성전을 건축하라

만약 학개 예언자의 메시지를 교회당을 지으라는 메시지로 이해했다면, 예수님께서 친히 "내가 너희에게 이르노니 성전보다 더 큰 이가 여기 있느니라"(마태 12:6)고 하신 말씀을 오해하여 그분을 십자가에 못 박아 죽인 유대인의 오류와 전혀 다를 바가 없다. 성전은 예수 그리스도 그분 자신이시다! 그러므로 구약에서 성전을 볼 때 예수 그리스도를 보아야 한다. 예수 그리스도의 모형으로서 성전을 보아야 한다. 그때에 성전을 사모하는 시편 23편의 아름다운 시는 더욱 의미가 있게 된다.

> 내 평생에 선하심과 인자하심이 반드시 나를 따르리니 내가 여호와 집에 영원히 살리로다 (시23:6)

"성전을 사모하라! 성전을 건축하라! 학개 선지자의 이 메시지는 오늘 신약시대를 사는 우리에게도 큰 말씀으로 도전해 온다. 구약성경의 의미를 기독론적이고 구속사적인 시각에서 보지 않으면 우리는 그 메시지의 의미를 잃을 뿐만 아니라 성경을 오해하는 오류를 범하게 되는 것이다. 앞에서 본 학개서와 스가랴서의 말씀은 성전의 주인이요(마12:6), 실체가 되시는(요2:19) 예수그리스도께서 그 성전에 임하실 것이며, 그 성전은 모든 사람의 평강의 근원이 될 것이고, 모든 복이 그곳에서 흘러나와 온 세계에 뻗치게 될 것이라는 뜻이다. 그러므로 학개서를 비롯한 구약성경은 오늘을 사는 우리에게 큰 의미가 있는 것이며, 학개서는 위대한 성경 말씀이 되는 것이다. 학개 선지자는 지금도 우리를 향해서 이렇게 외치고 있다. 성전을 건축하라! 예수 그리스도를 사모하라! 예수 그리스도를 사랑하라!"[5]

---

5) 박철수, 『성경의 제사』(대장간, 2012), 168~183쪽.

7장 아브라함의 복

포기는 참된 기쁨이다
- 간디 『간디 어록』에서

그러므로 믿음으로 말미암는 자는
믿음이 있는 아브라함과 함께 복을 받느니라
- 갈라디아서 3장 9절

아브라함은 이슬람교, 유대교, 기독교 3대 종교의 신앙인들에게 모범이 되는 위대한 인물이다. 그는 무엇보다 믿음의 본질이 무엇인가를 그의 삶으로 보여 주었다. 그러기에 우리는 아브라함을 믿음의 조상이라고 한다. 창세기 12장 1~3절까지를 보면 복, 축복이라는 말이 다섯 번 나오는데 과연 아브라함이 받았던 복이 어떠한 복이었기에 신약에서도 아브라함의 복을 거론하게 되는지 살펴보도록 하자. 아브라함의 생애에서 여러 가지 교훈을 살펴볼 수 있겠지만 특별히 복의 측면을 중심으로 본다.

여호와께서 아브람에게 이르시되 너는 너의 고향과 친척과 아버지의 집을 떠나 내가 네게 보여 줄 땅으로 가라 내가 너로 큰 민족을 이루고 네게 복을 주어 네 이름을 창대하게 하리니 너는 복이 될지라 너를 축복하는 자에게는 내가 복을 내리고 너를 저주하는 자에게는 내가 저주하리니 땅의 모든 족속이 너로 말미암아 복을 얻을 것이라 하

신지라 (창12:1-3)[1]

파란만장한 아브라함의 생애

첫 번째, 아브라함의 생애는 '우르'라는 도시를 떠나면서 시작이 된다. 얼핏 보면 우르를 떠나는 것이 뭐가 그렇게 대단하냐고 생각할지 모르지만 그 배경을 살펴보면 참으로 중요한 사건이다. 〈벧엘 성경공부〉 교재를 보면 '아브라함이 우르를 떠난 것은 출애굽 사건보다 더 큰 사건'이라는 말이 나온다. 물론 이 말은 조금 과장된 표현이기는 하지만 아브라함이 우르를 떠난 일의 중요성을 충분히 가르쳐 주고 있다. "아브라함은 우르를 그냥 떠난 것이 아니다. 창세기 12장 1절에 보면 "너의 본토 친척 아비집을 떠나라"는 말이 나온다. 부동산 투기가 만연한 지금 시대에 이 말을 적용시켜 본다면, 지금 살고 있는 땅값이 비싸고 살기 좋은 곳을 버리고 세상 사람들이 전혀 알지 못하는 미지의 세계로 가라는 말이다. 이것은 매우 중요한 의미를 가지고 있다. 또한 우르가 어떤 곳인지 안다면 이 말의 중요성을 한층 깨닫게 된다. 우르는 당시 메소포타미아 문명의 가장 중심지에 위치한 도시였다. 오늘날로 말하면 서울과 같은 도시다. "사람이 나면 서울로 보내고 말이 나면 제주도로 보내라"는 말이 있듯이, 사람들은 서울이라는 도시를 동경한다. 그런데 하나님께서는 거꾸로 잘 살고 좋은 도시인 우르를 떠나도록 명령하셨다.

우리는 이 사실을 통해 하나님의 중요한 진리를 볼 수 있다. 본회퍼가 말한대로 하나님께서는 아브라함에게 안정된 세계에서 불안정한 세계

---

[1] 복과 축복은 다른 의미를 가지고 있다. 그러나 학자들까지도 이 낱말을 혼동하여 쓰고 있는 현실이다. 복(福)은 하나님이 우리에게 주시는 것을 말하고, 축복(祝福)에서 축(祝)은 빌 축으로 사람이 사람에게 복을 주실 것을 하나님께 빌어주는 것을 말한다. 이것을 분명하게 구별해 사용해야 한다. 창세기 12장 1-3절에서 잘 보여 주고 있다.

로, 정착된 세계에서 방황하는 세계로 떠나라고 명령하셨다. 칼빈은 창세기 12장 1절을 이렇게 설명하고 있다. "하나님께서는 아브라함에게 인간 생활에서 가장 아름다운 관계로부터 떠나게 하셨다." 즉 하나님께서는 아브라함에게 인간이 가지고 있는 가장 본능적인, 아름다운 관계로부터 떠나라고 하셨다는 것이다. 우리는 아브라함의 위대한 생애가 우르를 탈출할 때부터 시작된다는 사실을 명심해야 한다. 진정한 신앙은 아브라함과 같이 자기가 사랑하고 좋아하는 것으로부터 '떠나는' 행동으로 시작한다. 그리고 우리가 갈 곳은 내가 좋아하는 땅이 아니라 하나님이 지시하는 땅이다. 신앙이란 무엇인가? "떠나 - 가라"다.

두 번째로 창세기 12장 5절 말씀을 보자. "아브라함이 그 아내 사래와 조카 롯과 하란에서 모은 모든 소유와 얻은 사람들을 이끌고 가나안 땅으로 가려고 떠나서 마침내 가나안 땅에 들어갔더라." 마침내 가나안 땅, 즉 하나님께서 지시한 땅에 도착했다는 말이다. 이 '마침내'라는 말 속에서 아브라함이 참으로 파란만장한, 수없이 많은 방황과 고뇌 속에서 하나님께서 지시하시는 알지 못하는 땅, 가나안에 도착했다는 것을 알 수 있다. 하나님께서 그 좋은 우르를 떠나게 하시고 가나안 땅에 도착하게 하셨으니, 이제는 아브라함이 약속된 땅에서 참으로 행복하고 멋있게 살 수 있을 것으로 생각했을 것은 당연하다. 하지만 창세기 12장 10절을 보면 그 땅에 기근이 있었다는 달이 나온다. 결국 아브라함은 그 땅에 기근이 심하여 이집트로 내려갈 수 밖에 없었다. 그곳은 하나님께서 지시하는 땅이 아니다. 우리가 여기서 알 수 있는 것은 아브라함이 하나님께서 지시하시는 땅으로 갔으면 거기서 잘 먹고 잘 살아야 할 텐데 도리어 또 다른 어려움에 직면했다는 것이다. 더 잘 살 수 있으리라고 생각했던 땅이 농사가 잘 안 되는 땅이기 때문에 아브라함은 이집트로 이사할 수밖에 없었다. 아마 아브라함은 하나님께서 지시하는 땅으로 가게 되면 복을 많이 주시리라는 약속을 생각하면서 좋은 기대를 했을 것이다. 그러나 막상 그 곳에 도착하여 어려움에 직면하자 큰 좌절감을 느꼈을 것은 너무 당연하다. 또 창세기 12장 12절에 보면 "이집트 사람이 그대를 볼 때에 이르기를 이는 그의 아내라 하고 나는 죽이고 그대는 살리리니 원컨대 그대는 나의 누이라 하라"는 말이 나온다. 아브라함이 이집트에서 모든 일이 술술 잘 풀렸으면 좋을 텐데, 오히려 자기의 사랑하는 아내를 누이동생이라고 속이기까지 해야 했다. 살기 위해 내려간 땅에 이런 참담한 일을 당한 아브라함은 얼마나 고통스러웠을까? 얼마나 끔찍한 일인가! 아브라함은 살기 위해 다른 남자에게 자기의 부인을 넘겨줘야 될 정도로 비참한 위기에 처한 것이다.

그래서 칼빈은 이 부분을 "죽기보다 어려운 일을 아브라함은 할 수 밖에 없었다"고 말하고 있다. 어떤 사람이 사랑하는 아내를 다른 사람의 아내가 되게 하고 먹고 살기를 바라겠는가? 그러나 아브라함은 자기의 사랑하는 아내를 다른 남자에게, 어떻게 보면 팔아먹고 살아야 되는 비참한 지경에까지 이르렀다. 사실 아브라함은 창세기 20장 1절 이하를 읽어 보면 또 한 번 그렇게 하지 않을 수 없는 상황에 빠지고 만다. 그토록 아브라함의 생애는 어려움과 고난이 떠나지 않았다.

"아브라함이 이집트에서 나올새 그와 그 아내와 모든 소유며 롯도 함께하여 남방으로 올라가니 아브라함에게 육축과 은금이 풍부하였더라."(창13:1~2) 여기에서 아브라함의 일생에서 최초로 그리고 마지막으로 은금과 육축이 매우 많았던 사실을 본다. 하나님이 간섭하셔서 아브라함은 큰 부자가 되었다. 그런데 그것도 잠시일뿐 가나안 땅에 다시 돌아온 아브라함에게 비록 은금과 재산이 생겼지만 우르에서 자기와 함께 온 조카 롯과 재산 문제로 다툼을 일으켰다. 12장 1절에서 하나님께서 아브라함에게 본토 친척 아비 집을 떠나라고 할 때에 유일하게 함께 온 사람이 바로 롯이었다. 그런데 아브라함은 롯과 헤어져야 하는 또 하나의 아픔을 겪게 된다. 재산 문제로 어려움이 있을 때 아브라함이 조카 롯에게 취한 행동은 좋은 땅을 앞에 두고 네가 갖고 싶은 땅을 가지라고 말하는 양보의 미덕을 보여 주었다. 이것이 복 있는 사람의 모습이지 않는가!

또 아브라함은 자식을 주시겠다는 하나님의 약속에도 불구하고 백세가 될 때까지 자식이 없었다. 우리는 보통 아브라함은 백세까지 자식이 없었고, 그 후에 하나님께서 주셔서 자식이 있었다는 정도로만 알고 있다. 하지만 말이 100세지 그때까지 자식이 없었다는 사실을 생각해 보라. 그 동안 얼마나 의문투성이 속에서 안타까워 했을까? 오죽하면 아브라함이 "주 여호와여 무엇을 내게 주시려나이까"(창15:2)라고 하나님께 하소연을 했겠는가? 백세가 되도록 아들이 없자 아브라함은 똑똑한 종 한 사람을 선택해서 상속자로 정하려 한다. 이제 죽을 때가 된 아브라함이 자식을 못 낳자 상속자라도 만들어서 자기의 대를 이어야겠다는 위기감을 느끼게 된 것이다.

그렇지만 하나님께서 그것을 거부하시자(창 15:4) 아브라함의 아내인 사라까지도 다른 방안을 생각하게 된다. 당시에는 흔히 있는 풍속으로 자기의 종인 하갈을 첩으로 맞아들여 아들을 보려 했다. 종을 상속자를 삼으려 했다가 그것도 안 되니까 이집트에서 데리고 왔던 여자를 첩으로 삼아 아들을 얻으려는 아브라함의 아픔이 얼마나 큰 것인지 한번 생각해 보라. 그렇게 해서 첩인 하갈로부터 이스마엘을 얻게 된다. 그러나 하갈이 임신할 때부터 가정에 불화가 생기기 시작한다. 본처와 후처와의 싸움이 본격적으로 시작되었다. 본처인 사라에게서 이삭이 태어난 후에는 결국 후처인 하갈이 낳은 아들인 이스마엘을 내보내야 되는 아픔을 겪게 되었다. 그 아픔이 얼마나 컸던지 21장 11절에 보면 "아브라함이 그 아들을 위하여 그 일이 깊이 근심이 되었더니"라 말한다. 이스마엘도 똑같은 자식인데 내보내야 하는 아버지 아브라함의 마음이 얼마나 괴로웠을까? 이삭이 태어나면 가정의 불화가 없어지리라고 생각했건만 오히려 이삭과 이스마엘의 관계 때문에 더욱 근심하게 되었다. 결국 아브라함은 하갈과 이스마엘을 쫓아내는 아픔을 맛보아야 했다. 아브라함의 파란만장한 삶은 이것으로도 끝나지 않았다. 아니, 여기까지는 그런 대로 좋았다. 그런데 어느날 하나님께서 아브라함에게 그렇게도 귀하게 얻은 약속의 아들 이삭을 바치라는 명령을 들었다. 참으로 아브라함의 생애는 가도 가도 끝이 없는 질곡과 고난의 삶이었다. 하나님은 매우 짓궂은 분으로 보인다. 단지 구경꾼의 눈에는 아브라함이 위대한 신앙의 인물로 보일지 모르지만, 그의 생애를 하나하나 짚어보면 얼마나 가슴 아픈 삶으로 점철되었는지를 쉽게 알 수 있다. 얼핏 보면 아브라함은 믿음의 조상으로서 멋있고, 아름답고, 행복한 삶을 영위한 것 같지만 사실은 그렇지 않다. 아브라함의 생애야말로 얼마나 고통이 많았고 얼마나 실수투성이의 삶이었는지 모른다.

칼빈은 『기독교강요』에서 아브라함의 생애에 대하여 말하고 있다. "아브라함은 일평생 세파에 시달렸으므로, 비극의 일생을 그리고 싶은 사람은 아브라함만큼 적절한 모델을 찾을 수 없을 것이다. 이 세상을 살다간 사람 중에서 비극적인 일생의 모범이 될 수 있는 사람을 찾는다면 아브라함이 가장 적절할 것이라는 말이다."

칼빈은 계속해서 아브라함에 대해서 말하고 있다. "그가 그렇게 많은 폭풍을 겪으면서도 결국 안전하게 빠져나갔다고 해서 그의 일생이 완전히 불행한 일생이 아니었다고 대꾸하지 말라. 무한히 많은 고난을 당하면서 오랫동안 악전고투하는 사람을 행복하게 살았다고 우리는 말하지 않는다."2)

구경을 하는 사람의 입장에서는 아브라함은 믿음이 좋아 잘 나가기만 하는 위대한 신앙인이었다고 말할지 모르지만, 아브라함이야말로 칼빈이 말한 대로 '일생을 악전고투 속에 살았던 사람'이다.

부자 되기를 거부하는 아브라함

우리가 또 한 가지 생각할 것은 아브라함의 생애에서 부자가 될 수 있는 기회가 세 번이나 있었다. 그런데 아브라함은 부자가 되는 것을 거부하고 그것을 포기하였다. 첫째로 하나님께서 그를 부르실 때 우르라는 도시를 떠났다. 즉 그가 가지고 있는 토지와 친척과 아비의 집이 있었던 안정되고 살기 좋은 고향을 떠났다는 사실에서 아브라함이 부자가 될 수 있는 삶을 포기하였음을 알 수 있다.

둘째로 아브라함은 이집트에서 돌아온 후에 큰 부자였고 부자가 될 기회가 있었다. "네 앞에 온 땅이 있지 아니하냐. 나를 떠나라. 네가 좌하면 나는 우하고 네가 우하면 나는 좌하리라"(창13:9) 여기서 아브라함은 롯의 삼촌으로서 충분히 좋은 땅을 가질 수 있는 권리가 있었음에도 롯에게 우선권을 양보했다. 중근동 지방에서 좋은 땅이란 물이 풍부한 비옥한 목초지를 말한다. "이에 롯이 눈을 들어 요단 들을 바라본즉 소알까지 온 땅에 물이 넉넉하더니"(창13:10) 중동 지역은 원래 물이 귀한 땅이다. 물이 부족한 땅이기 때문에 물이 많다는 것은 아주 좋은 땅이라는 것을 말한다. "물이 넉넉하니 여호와께서 소돔과 고모라를 멸하시기 전이었는 고로 마치 여호와의 동산 같고 애굽 땅과 같았더라"(창13:10) 그곳은 아주 좋은 땅, 지금으로 말하면 금싸라기 땅이었다는 말이다. 그런데 아브라함은 그

---

2) 존 칼빈, 원광연 역, 『기독교강요·상』(크리스챤다이제스트, 2013), 536-538쪽.

것을 얼마든지 소유할 수 있었음에도 롯에게 "네가 원하는 땅을 갖고 싶으면 가져라"라고 말하였다. 이 말은 참으로 우리들에게 큰 도전을 준다.

그 후에 아브라함이 부자가 될 수 있는 기회가 한 번 더 있었다. 롯이 택한 그 땅은 너무도 좋은 땅이었기 때문에 많은 이웃 부족들이 연합하여 롯을 잡아가고 땅도 빼앗아 갔다. 의리 있는 아브라함은 롯이 잡혀간 사실을 알고 318명의 군사를 이끌고 가서 빼앗긴 재물과 롯을 되찾게 된다.(창14:14) 승리하고 돌아오는 아브라함을 마중 나온 소돔 왕이 아브라함에게 빼앗긴 땅과 재산을 다 갖으라 말한다. "소돔 왕이 아브라함에게 이르되 사람은 내게 보내고 물품을 네가 취하라. 아브라함이 소돔 왕에게 이르되 천지의 주재시요 지극히 높으신 하나님 여호와께 내가 손을 들어 맹세하노니 네 말이 내가 아브라함으로 치부케 하였다 할까 하여 네게 속한 것은 물론 한 실이나 신 들메라도 내가 취하지 아니하리라"(창14:23)

내가 만약에 이것을 갖게 된다면 이것이 하나님께서 주시는 것이 아니고 소돔 왕이 주었다는 말을 듣기 때문에 받지 않겠노라는 것이다. 소돔 왕에게 한오라기 실이라도 신 한 짝이라도 안 받겠다는 것이다. 아브라함은 "소돔 왕이 주었기 때문에 부자가 되었다"는 말을 듣고 싶지 않아 그의 제의를 거절하였다.

그러면 아브라함이 그 뒤에라도 부자가 되었을까? 창세기 23장을 보면 아브라함은 그의 사랑하는 아내 사라가 죽을 당시에 땅 한 평도 없었다. 자기의 사랑하는 아내를 묻을 땅마저도 없었다니. 또한 헷 족속이 아브라함에게 일부 땅을 기증하려고 했을 때도 아브라함은 값없이 받지 않겠다고 거부한다.(창23:13) 이 사실로 미루어보아 그 뒤에도 아브라함 생애는 결코 큰 부자로 산 것이 아니었음을 알 수 있다.

지금까지 우리는 그토록 위대하다는 아브라함의 생애와 믿음을 살펴보았다. 우리는 아브라함의 복이 잘 먹고 잘 사는 소위 만사형통하는 것과는 전혀 다르다는 것을 분명하게 발견할 수 있다. 창세기 12장 1절에서부터 3절까지 나오는 하나님께서 아브라함에게 약속한 복은 과연 어떠한 복인가?

> 내가 너로 큰 민족을 이루고 네게 복을 주어 네 이름을 창대케 하리니 너는 복의 근원이 될찌라 너를 축복하는 자에게는 내가 복을 내리고 너를 저주하는 자에게는 내가 저주하리니 땅의 모든 족속이 너를 인하여 복을 얻을 것이니라 (창12:2-3)

죽은 아내를 묻을 땅도 없었던 아브라함, 부자가 될 기회마저 거부하면서 고통과 좌절의 생애를 살았던 아브라함을 보면서 하나님이 말씀하시는 아브라함의 복이 과연 무엇인지 깊이 생각해 보아야 한다. 신약성경에 비추어 해답을 발견할 수 있다.

> 너희는 선지자들의 자손이요 또 하나님이 너희 조상으로 더불어 세우신 언약의 자손이라 아브라함에게 이르시기를 땅 위의 모든 족속이 너의 씨를 인하여 복을 받으리라 하셨으니 (행3:25)

> 아브라함이 바랄 수 없는 중에 바라고 믿었으니 이는 네 후손이 이 같으리라 하신 말씀대로 많은 민족의 조상이 되게 하려 하심이라 (롬4:18)

> 또 하나님이 이방을 믿음으로 말미암아 의로 정하실 것을 성경이 미리 알고 먼저 아브라함에게 복음을 전하되 모든 이방이 너를 인하여

> 복을 받으리라 하였으니 (갈3:8)

> 이 약속들은 아브라함과 그 자손에게 말씀하신 것인데 여럿을 가리켜 그 자손들이라 하지 아니하시고 오직 하나를 가리켜 네 자손이라 하셨으니 곧 그리스도라 (갈3:16)

구약은 하나님의 약속을, 신약은 아브라함의 자손 예수그리스도를 믿는 신앙이다. 이와 같이 구약과 신약의 믿음은 동일한 것이다. 아브라함이 비록 오늘은 고통과 좌절을 겪었지만 믿음의 조상으로서 복되고 승리의 삶을 산 것은 하나님께서 아브라함과 함께하셨기 때문이다. 아브라함은 '하나님의 친구'(약 2:23)라는 위대한 별명을 얻었다. 이보다 크고 명예로운 이름이 어디 있는가! 그럼에도 불구하고 아브라함은 이 땅에서 가진 것이 거의 없다. 편안한 일생과는 상관없다. 큰 민족을 이루리라는 약속을 믿기는 했지만 아브라함이 살아있는 동안 그 약속의 성취를 가진 것도 아니었다. 단지 그것을 멀리서 보고 기뻐했을 뿐이다.

> 이 사람들은 다 믿음을 따라 죽었으며 약속을 받지 못하였으되 그것들을 멀리서 보고 환영하며 또 땅에서는 외국인과 나그네임을 증언하였으니 (히11:13)

의와 공의, 하나님 나라의 시작

아브라함에게 주신 약속은 땅과 자손, 열방에 미치는 복이다. 창세기 18장 18절-19절은 이 약속의 의미에 대하여 보여주고 있다. 비록 지금은 아브라함이 한 가족에 불과하고 자신의 땅도 없지만, 마침내 아브라함은 강대한 나라가 되고 천하 만민은 아브라함 때문에 복을 받게 된다. 당시에는 아무도 이 한 사람과 이 가족에게 주목하지 않았지만, 오직 하나님의 눈이 그들에게 있다. 하나님께서 그에게 땅과 자손의 약속을 주시는 까닭은 무엇인가?

> 내가 그로 그 자손과 권속에게 명하여 여호와의 도를 지켜 의와 공도를 행하게 하려고 그를 택하였나니 이는 나 여호와가 아브라함에게 대하여 말한 일을 이루려 함이니라 (창18:19)

이 구절에서 하나님께서 아브라함을 부르신 까닭은 그로 하여금 여호와의 도 즉 "의(義)와 공도(公道)"(righteousness and justice)를 행하게 하려는 목적에서였다. "의와 공도의 나라는 곧 하나님 나라다! 즉, 하나님께서는 아브라함에게 명하여 의와 공도 즉 정의와 공평을 행함으로 하나님 나라를 세우게 하려고 아브라함을 선택하셨다. 그러므로 하나님께서 아브라함에게 자녀를 주시는 까닭은 공평과 정의를 행하고 이루어갈 하나님 나라를 이룰 것을 말씀하셨다. 아브라함이 이러한 삶을 살 때에 열방이 아브라함으로 말미암아 복을 받게 된다. 그러므로 "아브라함의 특권은 천하 열방을 위하여 공평과 정의를 행하는 삶으로 부름 받았다는 점이다. 우리는 특권을 우리만이 누릴 수 있는 어떤 혜택 같은 것으로 생각하지만, 실상 이스라엘의 특권은 하나님의 규례와 법도를 행하는 삶으로의 특권인 것이다. 구약의 여러 구절에서 공평과 정의는 하나님께서 세상을 다스리시는 원칙으로 소개된다.(시33:5, 89:14, 97:2, 99:4) 아울러 공평과 정의는 다윗의 통치원리이자 그 뒤를 이을 왕의 통치원리라는 점에서 메시아의 통치 원칙이라 할 수 있다.(사9:7; 렘23:5) 그러므로 공평과 정의를 행하는 삶은 하나님 나라를 이루는 삶인 것을 알 수 있다.

아브라함에게 주어진 땅과 자손의 약속은 그 자체를 위해 존재하지 않는다. 땅과 자손의 약속은 그 주어진 땅에서 주어진 자손에게 명하여 이루어지는 공평과 정의의 나라 곧 하나님 나라로 연결된다. 그러므로 아브라함은 하나님 나라를 이루도록 하나님께 부름 받은 존재라고 말할 수 있다. 공평과 정의의 삶은 하나님을 닮아가는 삶이라는 점에서, 어떤 특정한 형태의 삶을 지시하는 것이 아니다. 공평과 정의의 삶은 우리가 살아가는 모든 일상 속에서 하나님을 닮아 다른 이웃을 긍휼히 여기고, 이웃의 슬픔과 괴로움에 동참하며, 하나님께서 주신 각자의 기업과 자유를 누리며 살도록 돕는 삶을 의미한다고 할 수 있다. 그런 점에서 구약에서 말하는 공평과 정의는 신약에서 예수님께서 명령하신 '그의 나라와 그의 의'를 구하는 삶이 무엇인가를 말하는 것이다. 하나님의 보내심, 하나님 나라가 시작된 것으로 아브라함 생애를 이해할 수 있을 것이다. 아브라함으로부터 온 세상을 향한 하나님 나라의 시작을 우리는 확실하게 볼 수 있다."3)

오늘을 살아가는 왕 같은 제사장(벧전2:9)인 우리 그리스도인들을 위한 기도라고 말할 수 있다. 그런 점에서 공평과 정의를 행하는 하나님 백성들의 삶은 이 세상을 공평과 정의로 다스리시는 하나님을 본받는 삶인 것을 알 수 있다.

> 아브라함은 강대한 나라가 되고 천하 만민은 그로 말미암아 복을 받게 될 것이 아니냐 내가 그로 그 자식과 권속에게 명하여 여호와의 도를 지켜 의와 공도를 행하게 하려고 그를 택하였나니 이는 나 여호와가 아브라함에게 대하여 말한 일을 이루려 함이니라 (창18:18-19)

---

3) 김근주, 『구약의 숲』(대장간, 2014), 103-104쪽.

아브라함은 하나님이 주신 땅과 자손에게 명하여 공평과 정의를 행하는 삶을 살도록 부름 받은 존재다. 공평과 정의를 행할 공간이 필요하기에 땅이 약속되며, 공평과 정의를 행할 주체가 필요하기에 자손이 약속된다. 그런 점에서 구약성경 전체에서 강조되는 기업과 자손에 대한 약속은 이 땅에 이루어지는 하나님 나라와 바로 연결된다는 것을 알 수 있다. 아브라함에게 주신 약속 가운데 하나는 아브라함이 하나님의 부르심을 따라 살게 될 때 땅의 모든 족속이 그로 인하여 복을 받게 된다는 약속이다.(창12:3) 이 얼마나 큰 복인가!

아브라함이 받은 복의 의미

하나님의 백성에게 주어진 땅과 자손의 약속은 하나님의 사람들만 풍성하게 하고 그들만 복을 누리게 하지 않고, 땅의 모든 족속, 이방인들에게도 하나님의 복이 넘쳐흐르게 한다. "그동안 아브라함의 이야기를 비롯한 족장들의 이야기는 대부분 개인 경건의 모범을 보여 주는 본문으로만 읽히거나 이해되어 왔다. 믿음과 순종의 문제를 단지 개인적이고 실존적인 차원으로만 파악하려고 한 것이다. 그러나 창세기 12:1-3의 하나님의 약속은 땅, 후손, 임재와 보호, 이름의 창대 등에서 볼 수 있듯이 하나의 정치적, 공동체적 실체를 지향하고 있다. 다시 말해 의(義)와 공도(公道)를 이루는 나라를 형성하는 방향으로 움직이고 있다.(창19:19; 히11:10, 16) 따라서 우리는 아브라함의 이야기를 하나님 나라의 관점에서 더욱 더 풍요롭게 읽을 수 있을 것이다. 아브라함을 축복한다는 말은 아브라함과 같은 믿음의 길을 지지하고 따르는 행위를 말하며 아브라함을 저주한다는 말은 아브라함이 걸어간 믿음과 순종의 길을 적대시하는 행동을 의미한다. 결국 여기서 아브라함은 믿음과 순종이 하나님의 복을 유통시키는 근본 원리임을 구현하는 모범으로 선택받았음을 알 수 있다."4)

---

4) 김회권, 『모세오경1』(대한기독교서회, 2005), 96-97쪽.

8장 야곱의 복

> 침몰하지 않으리라는 보장이 있을 때
> 폭풍이 휘몰아치는 배에 타고 있는 것은
> 오히려 유쾌한 일이다
> — 파스칼 『팡세』에서

> 주께서 사랑하는 자를 징계하시고
> 그의 받으시는 아들마다 채찍질하신다
> — 히브리서 12장 6절

 야곱은 전체 성경에서도 특기할 만한 인물이다. 여기에서는 야곱의 전 생애를 다루지는 않고 그 생애에서 가장 중요한 부분인 얍복강 사건 전후를 중심으로 살펴보려고 한다. 야곱은 형 에서에게 장자권을 빼앗은 후 20년 동안을 방황하며 속고 속이는 가운데서도 세상적으로 성공적인 삶을 살았다.
 20년 전 장자권 탈취 사건을 생각하면서 형 에서와 만난다는 사실에 몹시 마음이 심란했다. 이때 하나님이 두 진영의 군대를 보내 주신다. 야곱이 요청해서 온 것이 아니라 야곱이 마침내 약속의 땅, 가나안을 향해 들어선 것을 하나님이 기뻐하며 친히 보호하겠다고 보내신 것이다. 하나님을 의지하여 그 땅에 들어가라는 뜻이다. 그런데 문제가 있다. 그동안 형의 화가 풀렸는지 아니면 아직도 죽이려고 벼르고 있는지 알 수 없으니 야곱은 두렵기만 하다.

> 야곱이 세일 땅 에돔 들에 있는 형 에서에게로 자기보다 앞서 사자들을 보내며 (창32:3)

야곱이 지금 제일 두려운 것은 에서의 반응이다. 먼저 그가 어떻게 나올지 살펴봐야 했다.

> 그들에게 명령하여 이르되 너희는 내 주 에서에게 이같이 말하라 주의 종 야곱이 이같이 말하기를 내가 라반과 함께 거류하며 지금까지 머물러 있었사오며 내게 소와 나귀와 양 떼와 노비가 있으므로 사람을 보내어 내 주께 알리고 내 주께 은혜 받기를 원하나이다 하라 하였더니 (창32:4-5)

'거류하다'는 '잠시 머문다'는 뜻이다. 야곱은 라반의 집에 잠시 머물러 있다가 이제야 고향으로 왔다고 자기가 돌아온 이유를 설명하고 있다. 야곱이 와서는 안 되는 곳에 온 것이 아니라고 말하는 동시에 혹시 에서의 마음이 상할까 겸손하고 조심스럽게 말하고 있다.

장자권

이삭이 야곱에게 "열국이 네게 굴복하고 네가 형제들의 주가 된다"고 축복한 반면,(창27:29) 에서에게는 "네 아우를 섬길 것"이라고 했다.(창27:40) 그런데 20년이 지난 지금, 야곱이 말하는 것을 보라. 야곱은 형 에서에게 사자를 보내면서 "너희는 내 주 에서에게", "주의 종 야곱이"(창32:4)라고 말한다. 축복이 원래 야곱이 주가 되고, 에서가 종이 되어야 하는데, 야곱이 자기를 "주(에서)의 종 야곱"으로 스스로 낮추는 모습이다.

이삭의 복은 마침내 이루어질 것이다. 그러나 그 과정에서 하나님을 의지하지 않은 허물이 무서운 죄로 돌아온다. 때를 기다리면 주실 하나님의 복을 지레 머리를 써서 도둑질한 야곱이다. 그 허물 때문에 도망쳤고, 그때의 허물이 아직도 유효하다.

한번 죄를 지은 자는 용서받기 전까지는 죄의 그늘에서 벗어나지 못한다. 그게 드러났든 드러나지 않았든 상관없이 내면에 두려움이 있게 마련이다. 도둑이 제 발 저린다고 하지 않는가? 이것이 죄의 무서움이다.

죄를 짓지 않은 사람은 당당하다. 만약 야곱이 죄를 짓지 않았다면 형 에서에게 당당하게 만났을 것이다. 이와같이 지은 죄가 평생의 짐이 되는 법이다. 그 영향력이 너무 크다. 어떤 사람이 죄를 짓고 감옥에 갔다 나왔다. 죄값을 치렀으니 그 사람을 이제부터는 정직한 사람이라고 부르는가? 아니다. 그냥 감옥에 갔다 온 사람이다. 그 이미지를 바꾸기란 무척 어렵다. 벌을 받은 걸로 끝났다고 생각하면 오산이다.

야곱과 에서의 관계가 그렇다. 하나님의 선택은 처음부터 야곱에게 있었지만, 에서의 입장에서 보면, 누가 뭐래도 자기가 장자이고 또 야곱이 비열한 방법으로 사기를 친 셈이다. 팥죽으로 장자권을 사고 에서인 척 속여서 아버지의 축복을 가로챈 야곱으로 인해 에서가 상처를 받은 것은 너무나 당연하다. 야곱이나 에서나 모두 이 문제에 얽매여 있다.

에서와 야곱이 20년이 넘도록 불화에 붙잡혀 있었다는 것을 기억하자. 성화 중에 있는 야곱은 아직 자신의 한계 안에 갇혀 있다. 하나님을 의지하고 기도로 풀어야 할 문제이지만 아직 그 정도의 믿음을 갖지 못했다. 문제를 해결해 줄 사람, 즉 형 에서를 만나봐야 할 것 같은 생각에 사로잡혀 있다. 신앙의 사람은 성숙해질수록 잘못에 민감하다. 하나님을 알고 닮아 갈수록 자기의 잘못을 깨닫는다. 그만큼 죄책감이 강해지고 죄의 무게가 묵직하게 느껴지니 상대를 만나서 풀고 싶어진다. 에서가 400명을 거느리고 오고 있다고 한다. 종들이 보기에도 에서의 얼굴이 펴졌는지 구겨졌는지 애매하기만 하다. 그러니 야곱은 두렵기만 하다.

하나님은 어느 한 사람을 하나님의 사람으로 만들고자 작정하실 때 환경과 사람을 사용하실 때가 많다. 그러므로 환경과 사람은 하나님의 음성을 분별하는 데 있어 굉장히 중요한 도구다. 하나님은 환경을 통제하거나 주변 사람들을 끊어 버림으로써 하나님이 작정한 사람을 훈련시키시기도 하신다. 왜 통제하고 끊으시는가? 하나님께만 집중하게 하기 위해서다. 지금 야곱이 처한 상황을 보라. 호의적인 환경인지 적대적인 환경인지 판단하기가 어렵다. 게다가 마음이 두렵고 답답하다.

> 야곱이 심히 두렵고 답답하여 자기와 함께한 동행자와 양과 소와 낙타를 두 떼로 나누고 (창32:7)

하나님이 우리에게 말씀하시는 또 하나의 이유는 마음의 느낌이다. 그래서 마음에 화인을 맞은 사람은 하나님의 음성을 들을 수 없다. 스스로 환경을 바꾸고 사람을 바꾸려고 애쓰지 말자. 환경이 막히고 마음이 답답하다면 그냥 기도하자. 환도뼈 사건은 야곱이 자초한 일이다. 하나님이 만드신 것이 아니다. 거기까지 가야 굴복하기 때문에 하나님이 끌어가신 것이다. 하나님이 인생을 왜 이렇게 꼬이게 만들었냐의 대답은 간단하다. 야곱은 여기서도 잔머리를 쓴다. 야곱은 자기 양 떼를 두 떼로 나눈다. 준전시 체제로 돌입한다. 한 떼를 잃으면 나머지 한 떼라도 보호하겠다고 머리를 쓴 것이다. 이때 야곱은 기도한다.

> 내가 주께 간구하오니 내 형의 손에서 에서의 손에서 나를 건져내시

> 옵소서 내가 그를 두려워함은 그가 와서 나와 내 처자들을 칠까 겁이 나기 때문이니이다 주께서 말씀하시기를 내가 반드시 네게 은혜를 베풀어 네 씨로 바다의 셀 수 없는 모래와 같이 많게 하리라 하셨나이다 (창32:11-12)

기도 내용을 보면 기도하는 사람의 수준을 알 수 있고 그가 무엇을 붙잡고 있는지 알 수 있다. 야곱은 하나님이 약속한 언약의 내용을 기억하고 있고 그것을 근거로 기도하고 있다. 하나님께 살려달라고 떼만 쓰고 있는 것이 아니다. 그럼에도 야곱은 언약을 기억하는 자의 모습이 아니다. 혹여 아내와 자식들을 잃을 까 봐 '내 씨'를 강조한다. 아내와 자식들이 죽는다면 "네 씨로 바다의 셀 수 없는 모래와 같이 많게 하리라" 하신 약속이 이루어질 수 없다고 하소연하는 것이다.

야곱이 에서의 낯을 피해 벧엘로 도망갈 때만 해도 이렇게 간절하지 않았다. 벧엘에서 서원한 것을 보면, 그동안 하나님 앞에 무릎을 꿇는 신앙이 자란 것이 분명해 보인다. 그냥 기도하는 것이 아니라 그러나 한편으로는, 자기가 언약의 계승자임을 인식하면서 하나님이 베푸신 은총에 감사하는 기도를 드리는 것을 보면 그렇다.

하나님이 바다의 모래처럼 셀 수 없이 많은 후손을 약속하셨다고 하면서도 처자식들이 죽임을 당할까 봐 두려워한다. 입술로는 하나님이 은혜를 베푸셨다고 고백하면서도 깊이 신뢰하지 못하고 있는 것이다. 머리와 삶이 따로 따로인 신앙이다.

믿음은 고난 가운데 있을 때 자란다. 문제가 있을 때 믿음이 간절해진다. 이 사건에서 중요한 것은 야곱의 고백이 아니라 그의 삶의 변화다. 하나님이 찾으시는 것은 입술의 고백이 아니라 삶이기 때문이다.

> 그것을 각각 떼로 나누어 종들의 손에 맡기고 그의 종에게 이르되 나보다 앞서 건너가서 각 떼로 거리를 두게 하라 하고 (창32:16)

야곱은 얍복강에서 에서에게 줄 예물을 택하여 보낸다. 그런데 그 방법이 인간적이다. 야곱은 두 가지 이유 때문에 예물을 여러 떼로 나누어서 보냈다. 첫째는 에서의 묵은 감정을 달래기 위해서다. 열 번 찍어 안 넘어가는 사람이 없고, "뇌물은 의인의 마음을 녹게 하기도 한다." 계속해서 예물이 오는 것을 보고 감정이 누그러지길 바라는 것이다. 둘째는, 만일 에서가 예물을 받지 않으면 도망갈 시간을 벌기 위해서다. 세상적으로 보면 야곱의 전략은 탁월하다. 그러고도 야곱은 불안하고 두려워서 처자식과 모든 소유를 앞에 보내고는 홀로 남았다.

> 야곱은 홀로 남았더니 어떤 사람이 날이 새도록 야곱과 씨름하다가 자기가 야곱을 이기지 못함을 보고 그가 야곱의 허벅지 관절을 치매 야곱의 허벅지 관절이 그 사람과 씨름할 때에 어긋났더라 (창32:24-25)

홀로 남았더니

야곱이 홀로 남았다는 것은 다른 모든 것으로부터 분리된 상태를 말한다. 하나님은 야곱을 모든 것에서 분리시키고 결판을 내기로 작정하셨다. 여기서 '씨름'의 어근은 '먼지가 쌓이다', '붙잡다'에서 나온 것으로 먼지가 일어나 쌓일 정도로 서로 붙잡고 격렬하게 싸우는 모습을 말한다. 그들이 날이 새도록 치열하게 싸웠지만 결과는 하나님이 야곱을 이기지 못했다고 한다. 진 게 아니라 이기지 못한 것이다. 야곱의 목숨을 건 간절함에 그 사람은 감탄했다.

보통 야곱이 얍복강에서 천사와 씨름하는 장면을 야곱의 기도로 본다. 큰 의미에서 그것은 기도로 볼 수도 있다. 기도는 내가 아니라 하나님을 의지한다는 고백이다. 그러나 여기에서 좀 더 정확하게 성경을 본다면 기도보다는 그냥 천사와 씨름하는 것으로 보는 것이 좋다. 따라서 진짜 기도문은 창세기 32장 9-12절이고 그 뒤에 나오는 것은 야곱이 천사와 씨름한 것이다. 하나님이 붙잡고 씨름하면서 야곱과 결판을 내신 것이다. 하지만 야곱의 기도를 이렇게 진심으로 구체적으로 기록한 것은 이것이 처음이다. 기도(祈禱)란 자신의 목숨(壽)을 자신의 도끼(刀)로 찍으려는 시늉을 한 것이다. 이와 같이 기도란 자기의 목숨을 걸고 하는 것이다. 지금 야곱의 기도가 그렇다.

얍복강에서의 씨름은 기도가 아니라 하나님이 야곱을 꺾기로 작정하신 사건이다. 벧엘에서도 만나 주셨고, 라반의 집에서도 사업을 세워 주셨고, 라반의 추격도 막아 주셨다. 야곱은 매 순간 하나님의 보호를 경험했음에도 결정적인 순간에는 자신의 수단과 방법을 의지했다.

이것이 우리의 모습이 아닌가? 하나님께서 날이 새도록 야곱의 고집을 꺾으려 했으나 야곱이 끝까지 고집을 굽히지 않자, 하나님이 야곱의 고집을 이기지 못하셨다. 다만 그의 환도뼈를 만지셨다. 여기서 '치매'는 '닿다', '만지다'란 뜻으로 하나님이 야곱을 때린 것이 아니라 단지 만지기만 하셨다는 의미이다. 하나님이 살짝 만지기만 해도 우리의 힘은 무너진다. 환도뼈가 위골되어서 도망가기도 힘들게 되자 그때서야 야곱이 그 사람에게 복을 달라고 붙잡기 시작한다. 인간은 자신의 힘이 꺾여야 고집이 꺾이는 것이다. 하나님이 힘이 없어서 우리를 그대로 놔두는 것이 아니다. 살짝 만지기만 해도 으리의 고집은 꺾인다.

> 그 사람이 그에게 이르되 네 이름이 무엇이냐 그가 이르되 야곱이니이다 그가 이르되 네 이름을 다시는 야곱이라 부를 것이 아니요 이스라엘이라 부를 것이니 이는 네가 하나님과 및 사람들과 겨루어 이겼음이니라 (창32:27-28)

히브리인들에게 '이름'은 단지 부르는 것을 넘어서 그 사람의 존재 자체를 의미한다. 하나님이 묻는다.
"너는 어떤 삶을 살아왔느냐?"
"사람의 발꿈치를 잡고 약탈자의 인생을 살았습니다."
'야곱'은 '약탈자'란 뜻을 가지고 있다.
"다시는 약탈자로 살지 마라. 앞으로는 이스라엘로 부를 것이니 하나님을 붙잡고 살아라."
'이스라엘'은 '하나님과 겨루어 이겼다'는 뜻이다. 하나님은 야곱의 본질을 바꾸기 위해 지금까지 만들어 오셨다. 그런데 '이스라엘'이라는 이름의 의미가 선뜻 다가오지 않는다. 아무리 봐도 하나님과 겨루어 이긴 것 같지 않기 때문이다.

성경에서 야곱만큼 자기가 옳다고 믿는 것을 끝까지 고집한 사람을 찾아볼 수 없을 정도로 그는 이기적이고 교활한 성격을 가지고 등장한다. 이 사건은 실제적이면서도 매우 상징적인 사건이다. 하나님께서 야곱을 이기지 못했다. 즉 야곱의 이기심, 야곱의 고집, 야곱의 욕심을 하나님도 꺾을 수 없을 만큼 강하고 진하다. 이것이 우리 인간의 모습이다. 우리는 야곱의 모습 속에서 인간의 원형을 보게 된다. 야곱은 바로 나요, 우리들이 아닌가!

이스라엘

하나님께서는 이제 야곱을 당신의 사람으로 만들기 위해서 야곱의 환도뼈, 즉 엉덩이뼈를 쳐서 절뚝발이로 만드신다. 바로 이 사건으로부터 야곱의 위대한 생애가 AD와 BC로 나뉜다. 하나님께서는 이기심과 교만과 고집이 가득한 인간 야곱을 절뚝발이로 만들기까지 하셨다. 하나님께서 야곱을 위대한 사람으로 만들기 위해, 그 고집을 꺾기 위해, 그 이기심을 꺾기 위해서 환도뼈를 꺾고 절름발이가 되게 하셨다. 하나님께서는 그 때로부터 야곱을 향하여 "네 이름을 이스라엘이라 하라" 하셨다. 야곱의 위대한 생애는 절뚝발이가 된 다음부터 시작한다. 하나님께서는 사랑하는 사람을 절뚝발이가 되게 해서라도 기어코 당신의 뜻을 이루시는 분이시다.

야곱은 힘으로 하나님과 천사와 겨루어 이겼다.(호12:2-4) 고집으로 이긴 것이다. 그러나 그 고집 때문에 환도뼈가 위골되어서 결국 하나님께 복을 달라고 울며 간구하게 되었다. 이것이 '이스라엘'이다. 잘나고 대단해서 이스라엘이 된 것이 아니다. 사기꾼이자, 고집쟁이 야곱이 이스라엘이 된 것은 하나님께 울며 간구함으로 얻은 이름이다. '이스라엘'의 이름을 들을 때마다 하나님께 고집으로 겨룬 야곱을 기억하라는 것이다. 하나님과 씨름하다가 맞은 옛 사람을 기억하라는 것이다. 이스라엘은 그 고집이 꺾이고 울며 간구함으로 주어진 이름임을 마음에 새기라는 것이다. 그러므로 하나님께 고집부리지 말고 하나님만 붙잡고 울며 간구하는 삶을 살라는 뜻이다.

> 그러므로 야곱이 그 곳 이름을 브니엘이라 하였으니 그가 이르기를 내가 하나님과 대면하여 보았으나 내 생명이 보전되었다 함이더라(창

32:30)

이스라엘이 된 야곱은 그곳 이름을 '브니엘'이라고 불렀다. '브니엘'은 '하나님의 얼굴'이란 뜻이다. 하나님의 얼굴을 보았다는 것이다. 야곱의 신앙고백이 담겨 있는 이름이다.

하나님은 우리의 신앙이 삶의 고백이 되기를 원하신다. 그래서 하나님이 우리의 삶을 만지시는 것이다. 주님과 함께한 시간이 있고 자란 게 있다면 성공한 사람이다. 세상적으로 성공했어도 주님에 대해 무지하다면 실패한 인생이다. 인생이 끝나고 주님 앞에 서면 밝혀질 것이다. 절뚝거리는 야곱 앞에 드디어 에서가 나타났다.

> 에서가 달려와서 그를 맞이하여 안고 목을 어긋 맞추어 그와 입맞추고 서로 우니라(창33:4)

'달려와서, 안고, 어긋맞고, 입 맞추고, 우니라.'

야곱이 절뚝거리면서 일곱 번을 절하고 나아가니 에서가 칼을 들고 오는 것이 아니라 달려와서, 안고, 어긋맞고, 입 맞추고, 울었다고 한다. 마치 탕자의 이야기에서 아버지와 집 나간 둘째 아들의 이야기와 비슷하다.

> 에서가 눈을 들어 여인들과 자식들을 보고 묻되 너와 함께한 이들은 누구냐 야곱이 이르되 하나님이 주의 종에게 은혜로 주신 자식들이니이다 (창33:5)

에서가 "너와 함께한 이들은 누구냐"고 물었을 때 야곱은 자식들 얘기만 하고 아내들 얘기는 하지 않는다. 고대 근동에서는 부인에 대해 언급하지 않는 것이 관례였기 때문이다. 에서와 야곱은 장자의 축복권을 누가 갖느냐를 놓고 싸웠다. 어머니 리브가의 도움이 있었지만 야곱이 형 에서에게서 장자권을 빼앗은 것이다. 그러나 야곱이 하나님을 깊이 체험하고 나자 생각이 바뀌었다. 에서를 자극하지 않기 위해 하나님이 내게 자식들을 은혜로 주셨다고 말하고 있다. 에서와 싸우는 것을 피하고 있는 것이다.

야곱이 20년 만에 만난 에서에게 예물을 바친다. 당시에 적대관계에 있던 사람이 화해를 청할 때는 예물을 보내곤 했다. 상대가 예물을 받으면 드디어 화해가 성사되는 것이다.

> 내가 만난 바 이 모든 떼는 무슨 까닭이냐 (창33:8)

에서가 몰라서 물었을까? 에서도 그것이 화해의 예물임을 알았다.

> 은혜를 입으려 함이니이다 (창33:8)

은혜를 '덮는다'는 의미도 있다. 하나님께 은혜를 받았다는 것은 내가 잘나서가 아니라 하나님이 덮어 주셨기 때문이다. 고대 근동에서는 화해의 표시로 준 선물을 받지 않는 것은 거절의 의미다. 그런데 에서가 동생과 화해는 하겠지만 물질은 안 받겠다고 한다. 야곱이 객지에 나가 20년 동안 번 것보다 자기가 훨씬 더 많이 가졌으니 필요없다고 한다.

하나님이 주신 복을 야곱이 받았다. 속임수를 쓰면서까지 받은 복이다. 그런데 이제 보니 에서가 더 많이 가졌다. 하나님의 복을 받은 사람보다 복을 받지 못한 사람이 더 부유하다. 부유함을 가지고 하나님의 복을 가늠할 수 있는가? 아니다. 세상적인 부유함이 하나님의 은혜라고 생각하면 오산이다.

히브리인들에게 눈은 단순히 보는 것만이 아니라 마음 속 감정과 생각을 드러내는 통로라고 생각했다. 눈에 보이는 것에 마음과 관심이 가듯이, 똑같이 길을 가더라도 사람마다 보는 게 다르다. 사람은 자기가 관심 있는 곳에 눈이 머물게 되어 있다. 야곱의 눈에 에서가 어떻게 보였는가?

> 야곱이 이르되 그렇지 아니하니이다 내가 형님의 눈앞에서 은혜를 입었사오면 청하건대 내 손에서 이 예물을 받으소서 내가 형님의 얼굴을 뵈온즉 하나님의 얼굴을 본 것 같사오며 형님도 나를 기뻐하심이니이다 (창33:10)

이것이 예물을 드린 이유이다. 단순한 화해를 넘어서 에서의 얼굴에서 하나님의 얼굴을 봤다는 것이다. 놀랍다. 야곱이 그만큼 변했다는 뜻이다. 야곱의 눈이 바뀐 것이다.

사물은 어떻게 보느냐에 따라 달라진다. 똑같은 고난도 내 눈으로 보면 고난이고 하나님의 눈으로 보면 은혜. 요셉이 이집트로 팔려간 사건은, 형들의 눈으로 보면 인신매매지만, 하나님의 눈으로 보면 하나님의 주권이자 섭리다. 무엇을 보느냐, 어떻게 보느냐에 따라 완전히 다른 해석이 나오는 것이다. 삶이란 이런 것이다. 죄의 그늘에서 본다면 에서는 여전히 대적이요, 원수로 보일 수 있다. 여전히 장자권을 가지고 다투어야 하는 존재인 것이다. 하나님의 선택을 모르고 자기 안목으로만 보면 그렇다. 그러나 복은 빼앗는다고 뺏기는 것이 아니다. 오늘에 이르러서야 야곱은 하나님의 눈으로 에서를 보기 시작했다. 하나님의 섭리 가운데 있는 자신과 형 에서를 보게 된 것이다. 하나님은 신실하시고 실수가 없으시다. 이 고백대로라면 모든 것이 하나님 손에 있지 않는가? 그런데 우리는 하나님의 손에 있다고 하면서도 실제 삶에서는 마치 하나님이 없는 것처럼 살아간다. 우리가 바로 그렇지 아니한가? 자신의 관점에서 봐서 그렇다. 누구와 하나가 되려면 먼저 내 속에 있는 독기부터 빼야한다.

> 하나님이 내게 은혜를 베푸셨고 내 소유도 족하오니 청하건대 내가 형님께 드리는 예물을 받으소서 하고 그에게 강권하매 받으니라 (창 33:11)

히브리어 성경에는 '하나님이 내게 은혜를 베푸셨고' 앞에 '왜냐하면'이 있다. 설명을 더하는 말이다. 에서가 받아야 하는 이유를 설명하는데, 하나님이 주신 은혜를 나누고 싶다는 것이다. 중요한 것은 '청하건대, 예물을, 강권하매'와 같은 표현이다. 20년 만에 태도와 자세가 달라졌다. 선물을 줄 때 중요한 것은 그 사람의 말과 태도이다. 마음과 정성이 느껴져야 선물이 선물다운 법이다. 야곱의 진심을 보고 에서의 마음이 변했다. 옛날에 속이고 다투던 야곱이 달라진 것을 보고 에서의 마음도 변한 것이다. 그래서 야곱을 호위해 주겠다고 제안한다. 야곱이 옛날 같으면 잔머리를 굴렸을텐데 이제는 진심으로 은혜에 감사하고 있다. 이때 야곱의 나이가 90이 넘었다. 이제야 에서와 겨우 화해하게 된 것이다.

야곱의 인생의 의미

"우리 인생도 야곱과 같다. 세상 것으로 싸우고 갈등하고 위기에 처하기도 하지만 하나님의 만지심으로 변화되어야 한다. 야곱처럼 성화의 과

정을 겪어야 한다. 그리고 그 과정은 끝이 없다."1) 야곱의 생애가 우리에게 주는 메시지는 무엇인가? 형 에서와의 문제가 풀리고나자 야곱은 사랑하는 딸의 강간사건이 이어진다. 인생은 가도 가도 끝없는 고통 속에 살아가야 되는가? "야곱은 130세에 이집트로 이주해 이집트 왕 파라오를 알현하는 자리에서 자신의 파란만장한 생애를 간결하게 요약한다.

> 내 나그네 길의 세월이 일백 삼십 년이니이다 나의 연세가 얼마 못되니 우리 조상의 나그네 길의 세월에 미치지 못하나 험악한 세월을 보내었나이다 (창47:9)

"야곱의 파란만장한 생애는 한 평범한 개인을 향한 하나님의 인격 조련 과정을 아주 세밀하게 그려준다. 우리는 창세기 자체의 세밀하고 촘촘한 이야기 흐름에 걸맞도록 야곱의 변화과정을 살펴보았다. 야곱의 성화과정은 부모 같은 하나님의 훈육이야말로 인격의 성장과 진보를 가능하게 해준다는 사실을 잘 예증하고 있다. 그의 생애는 겉 보기엔 우연히 인간적인 욕망이 충동한 사건들로 점철되어 있는 듯 보이지만 실상은 야곱을 향한 하나님의 뜻이 초월적으로 작용하는 현장이다. 우리는 야곱의 이야기를 통하여 하나님의 뜻이 도덕적, 윤리적 청정 지역에서만 이루어지는 것이 아니라는 사실을 발견한다. 다시 말해 인간적 야망이나 운명에 도전하는 투지, 허약한 인간의 실수와 경거망동 등 입체적인 무대에서 극화(劇化)되는 하나의 각본처럼 전개된다는 사실을 본다. 야곱의 생애는 현대인의 합리적 사고로는 납득이 잘 안 될지 모른다. 그러나 그를 향하여 설계된 하나님의 작정이 이뤄질 때까지는 결코 그를 떠나지 않겠다는, 하나님의 절대 주권적 의지가 작용하는 현장이다. 그는 냉혹한 승부사로

---

1) 김남국, 『인생야곱』(두란노, 2015), 177-205쪽.

인생을 시작하여 청소년기를 종처럼 비천하게 살다가 장년기에 자수성가를 한다. 그러나 야곱의 인생 황금기인 장년기에 그의 강철 같은 의지가 산산이 부서지는 경험을 하게 되면서 하나님의 복으로 살아가는 법을 터득하기에 이른다.(32-33장) 급기야 노년에는 가정의 비극적이고 불행한 사건들 때문에 세속적 욕망을 추구하는 삶의 처량한 한계를 고통스럽게 만난다.(34-35장) 결국 그는 아주 늦은 인생의 말년에 이집트 왕 파라오에게 축복기도를 해 줄 정도로 성숙한 성자로 변했으며, 숨을 거두기 직전에는 손자들과 열두 아이들의 미래를 전망하며 복을 비는 예언자로 변화되었다.(창47, 49장)

야곱의 생애에서 생각 할 수 있듯이 인생의 가장 위대한 의미는 하나님의 뜻을 이뤄드리는 도구가 될 수 있다는 점이다. 성경적으로 말하면 인생이란 하나님의 세계사적 혹은 보편적 계획을 성취하는 도구가 된다. 하나님은 온 세계와 교섭하시지만 가장 미미해 보이는 개인도 살피신다. 모든 개인은 하나님 앞에서 세계를 대표하는 개인이며, 모든 개인의 삶 속에도 세계를 향하신 하나님의 보편적인 계획이 작용한다. 야곱의 인생살이 자체가 평범한 개인의 삶 속에서 작용하는, 절대자 하나님의 성스러운 계획의 생생한 증거다. 그는 소시민적인 출세 지향적 인생관을 가지고 살았다. 그러다가 세계 만민을 복되게 하시는 하나님의 구원 도구로 광활해지는 신앙 역정을 살았던 증인이다. 도덕적으로 결코 선량하다고 할 수 없는 흠 많고 점 많은 인생이던 야곱이 하나님의 구원사에서 주인공이 된 사실은 이 세상의 그저 그렇고 그런 장삼이사와 필부필부들까지 하나님의 구원 계획을 펼치는 도구가 될 수 있음을 강력하게 증거한다.

하나님의 뜻을 이뤄드리는 도구가 되기 위하여 야곱은 환난과 연단으로 담금질 된다. 특히 노년의 야곱의 인생이 얼마나 가파른 전락과 비통한 굴절을 겪는지 목격하면서 하나님의 뜻이 이뤄지는 현장을 대면한다.

창세기 30장 25절부터 35장까지는 야곱의 인생에서 일어난 가장 극적인 환골탈태, 형 에서와의 재회와 화해, 비통한 슬픔과 이별, 뼈아픈 상실의 연대기를 보여 준다. 20여년 전 원수로 결별했던 형 에서와의 화해와 재회의 감격은 그가 그토록 소중하게 여기던 자녀들과 가족들의 배반 앞에서 빛을 잃는다. 그의 자랑이던 자녀들은 오히려 우환거리가 된다. 딸 디나의 강간사건과 이 사건의 후폭풍으로 일어난 레위와 시므온의 하몰과 세겜 부족 학살 사건은 그의 노년을 어쩌면 더욱 경건하게 이끌었을 것이다. 맏아들 르우벤과 서모 빌하 사이의 근친상간은 자녀가 무엇인지, 가정이 무엇인지에 대해 고민하도록 만들었다. 마지막으로 가장 사랑하는 아들 요셉의 상실은 그의 노년을 결정적으로 고독하게 만들었다. 이 모든 과정은 고집 센 한 마리의 양을 올바로 인도하기 위해 양의 뼈를 꺾는 목자의 마음을 보여준다."2)

기독교 베스트셀러 가운데 『저 낮은 곳을 향하여』가 있다. 이 책의 저자인 안요한 목사는 젊은 시절 목사인 아버지를 저주할 정도로 신앙과는 거리가 먼 삶을 살았다. 그는 미국의 큰 회사에 취직할 만큼 매우 똑똑한 젊은이였다. 그러나 그는 미국 회사에 취직하기 위해 출국 수속을 준비하던 중 갑자기 두 눈의 시력을 상실하게 된다. 안요한은 그의 수기 가운데서 "하나님께서는 나를 사랑하시고 나를 목사로 만들기 위해서 눈먼 소경으로 만드셨다"고 고백하고 있다. 사람들은 소경이 되는 것을 싫어한다. 그러나 진정 하나님을 아는 자들은 비록 소경이 된다고 할지라도 감사하다는 고백을 할 수 있다. 오래 전 일이지만 금당 금은방 부부 살인 사건의 범인 박철웅은 세 사람을 잔인하게 죽인 후 자기 집 앞마당에 파묻고, 거기서 몇 달을 살았던 사람이다. 그가 사형 선고를 받은 뒤

---

2) 김회권, 『모세오경1』(대한기독교서회, 2005), 153-154쪽.

그의 옥중편지 『내목에 밧줄이 놓이기 전에』에 보면 이런 이야기가 나온다. "하늘에 계신 나의 하나님! 나의 주여! 사형수를 만들어서까지 나를 주님의 백성으로 만들어 주신 이 은혜와 사랑을 감사드립니다. 나 같은 죄인이 하나님 아버지라고 부를 수 있도록 허락하여 주심을 감당할 수 없나이다."3) 하나님께서는 절뚝발이로도 안 될 때, 소경으로도 안 될 때, 사형수로까지 만들어 성도로 만드시는 분이다. 그는 몇 달 후에 형장의 이슬로 사라졌다.

하나님께서는 필요하시다면 그의 자녀와 남편을 죽이기까지 하신다. 그것이 욥이 당한 시련이 아니었던가! 야곱이 절뚝발이가 되지 않았더라면 그는 부자며 똑똑한 사람으로 인정받았을지는 몰라도 하나님과 관계없는 불행한 인생을 살았을 것이다.

징계와 시험의 의미

이제 고난과 징계의 문제를 중심으로 복이 무엇인지에 대해서 생각해 보려고 한다. 미국의 정신 의학자인 스캇 팩은 「끝나지 않는 길」에서 "이 세상에 태어나는 인간은 누구나 고난을 받으면서 살아간다. 그런데도 사람들은 그것을 잘 모른다"고 하면서 책을 시작하고 있다. 욥기 5장 7절에 보면 "인생은 고난을 위해서 났나니 불티가 위로 날음 같으니라"고 했다. 인생은 고난을 위해서 태어났다. 인생은 그 자체가 고난이다. 고난으로부터 제외된 인간은 아무도 없다. 그래서 많은 사람들은 고난으로부터 면제되는 것을 복이라고 생각하는 것 같다. 과연 고난으로부터 면제되는 것이 복인가? 그것이 성경이 말하는 복일까?

---

3) 박철웅, 『내목에 밧줄이 놓이기 전에』(마당, 1983), 344-345쪽.

먼저 징계의 의미를 살펴보자. "주께서 사랑하시는 자를 징계하시고 그의 받으시는 아들마다 채찍질하심이니라"(히2:6) 하나님께서는 당신의 자녀에게 특별히 고난의 징계를, 징계의 고난을 주신다고 말하고 있다. 고난은 우리의 하나님 아버지가 살아계신다는 증거고 그 하나님 아버지께서 우리를 사랑하신다는 표현이다. "징계는 다 받는 것이거늘 너희에게 없으면 사생자요 참 아들이 아니니라"(히12:8) 이 말씀은 그리스도인의 삶에 징계와 고난이 없으면 하나님의 아들이 아니라는 것이다. 고난이 없으면 하나님의 자녀가 아니다.

그런데 오늘날 한국교회와 우리의 마음을 끊임없이 유혹하는 것은 예수님을 믿으면 모든 것이 잘 된다는 고정관념이다. 이것은 놀라운 사탄의 장난이다. 사탄은 천사의 모습으로 특별히 신앙인을 사로잡으려고 한다. 예수님을 믿으면 만사형통한다는 놀라운 사탄의 계략 속에 한국교회가 빠져 있는 것을 우리는 곳곳에서 목격할 수 있다. 하나님께서는 분명히 너희가 고난을 받아야 사생자가 아니요, 하나님의 아들이라고 하셨다.

본 회퍼는 "고난은 참 제자의 진정한 모습이다"라고 했다. 그렇다. 예수 그리스도를 믿는 사람들에게 고난은 징계가 될 수 있다. 그러나 믿지 않는 사람에게는 그것이 형벌이다. 예수 그리스도 안에 확실하게 섰을 때는 고난이 어떠한 형태라 할지라도 징계를 의미하지만, 하나님으로부터 떨어져 나간 자에게는 고난이 형벌의 의미를 가진다. 우리는 고난이 성도의 삶을 위해 유익한 것이라는 믿음이 있어야 한다. 더 좋은 것을 주시기 위해서 하나님은 우리에게 징계를 주신다는 사실을 확실히 알아야 한다. 예수를 믿으면 만사형통한다는 미신으로부터 떠나야한다. 모든것이 합력하여 선을 이루시는 하나님을 찬양하자. (롬8:28)

다음으로 징계의 종류를 생각해 보자. 먼저 하나님께서는 당신의 자녀를 깨우치기 위하여 고난을 주신다. 이 세상을 살아나갈 때 잘 되기만 하는 것만큼 비극적인 일도 없을 것이다. 왜냐하면, 세상일이 잘 되어 가면 인간의 뿌리 뽑을 수 없는 교만과 이기심이 자기 자신과 인생의 참 의미를 보지 못하게 만들기 때문이다. 그러니 불행이 아닐 수 없다. 인간이 얼마나 교만한가? 얼마나 이기적인가? 우리의 욕심이 얼마나 충만한가? 나 자신이 그렇지 아니한가! 하나님께서는 우리에게 고난의 징계와 육신의 병을 통해서, 재난을 통해서 인간이 얼마나 연약한 존재이며 인간이 얼마나 허망한 존재인가를 깨우치신다. 그래서 하나님께서는 그의 사랑하는 자녀에게 고난의 징계를 주시는 것이다.

신명기 8장에는 이스라엘 민족에게 광야생활을 주신 목적이 나온다. 하나님께서 이스라엘로 하여금 광야생활을 하게 한 의도는 이스라엘 민족을 낮추기 위해서이다.(신8:2) 우리의 인생길에 이러한 광야생활이 없으면 틀림없이 교만해질 수밖에 없다. 이것이 인간이다. 어려움을 겪지 않은 인간은 필연적으로 교만하게 된다.

또 하나님께서 이스라엘 백성에게 광야생활을 하게 하신 것은 사람이 떡으로만 사는 존재가 아니라 하나님의 말씀으로 사는 존재라는 것을 알게 하기 위해서이다. 광야의 삶이 없이 잘 먹고 잘 살고 모든 일이 마음대로만 된다면 사람은 자기 힘과 떡으로만 살 수 있다고 착각하게 된다. 그러나 하나님께서는 예수님을 따르는 사람들에게 징계를 주심으로써 인간이 얼마나 연약한가를 알게 하시고 겸손하게 하신다. 그러므로 하나님께서는 그의 사랑하는 자녀에게 고난을 주심으로 하나님을 찾게하고 또 하나님을 만나게 하는 것이다.

그러므로 성도에게 고난은 유익한 것이다. "고난 당한 것이 내게 유익이라 이로 인하여 내가 주의 율례를 배우게 되었나이다"(시119:17) 고난은 하나님께서 그의 자녀에게 주시는 신앙의 보약이다. 혹시 지금 어떤 고난을 받고 있는가? 어떤 징계를 받고 있는가? 감사하는 믿음을 가지고 이 고난과 징계 속에서 하나님의 뜻이 무엇인지를 생각하고 자신의 신앙을 돌볼 수 있는 계기가 된다면 얼마나 좋을까?

또 하나님께서는 자녀들의 타락을 예방하기 위해서 징계를 주신다. 너무도 죄된 속성을 가진 인간의 타락을 예방하기 위해서 하나님은 징계의 채찍을 드시는 것이다. 바울은 고린도후서 12장에서 다음과 같이 이야기를 한다.

> 여러 계시를 받은 것이 지극히 크므로 너무 자고하지 않게 하시려고 내 육체에 가시 곧 사단의 사자를 주셨으니 이는 나를 쳐서 너무 자고하지 않게 하려 하심이니라 이것이 내게서 떠나기 위하여 내가 세 번 주께 간구하였더니 내게 이르시기를 내 은혜가 네게 족하도다 이는 내 능력이 약한 데서 온전하여짐이라 하신지라 이러므로 도리어 크게 기뻐함으로 나의 여러 약한 것들에 대하여 자랑하리니 이는 그리스도의 능력으로 내게 머물게 하려 함이라 그러므로 내가 그리스도를 위하여 약한 것들과 능욕과 궁핍과 핍박과 곤란을 기뻐하노니 이는 내가 약할 그 때에 곧 강함이니라 (고후12:7-10)

바울만큼 위대한 성도는 없다. 기독교는 바울의 종교라고 말할 정도로 그는 참으로 위대한 인물이다. 바울은 놀라운 체험들을 많이 했고, 수없이 많은 기적의 능력을 가진 사람이다. 그런데 바울에게는 병이 있었다. 바울의 병에 대한 여러 가지 추측이 있지만 성경에는 구체적인 기록이 없다. 바울의 병이 무엇이었든 그가 지병으로 많은 고통을 받았다는 것만은 사실이다. 바울은 하나님께 병의 고통에서 떠나게 하여 주시라고 여러 번 기도했다. 그런데 하나님께서는 "너에게는 그 병이 있어야 한다. 네게 그 병이 없다면 너무도 교만한 인생을 살 것이다. 네가 가지고 있는 그 놀라운 능력과 나를 만난 것과 위대한 사역들이, 자칫 교만으로 빠지지 않게 하기 위하여 너는 죽을 때까지 그 병을 가지고 있어야 된다"(고후 12:7-10)고 응답하신다. 하나님께서는 바울을 사랑하셨다. 그래서 고질병을 주셨다. "내가 약한 그때에 강함이라."

파스칼은 비상한 천재였다. 그는 파스칼의 원리, 미적분론, 확률론을 발견하고 오늘날 계산기의 원조인 수동 계산기를 처음으로 발명한 사람이다. 그러나 파스칼은 어렸을 때부터 매우 허약했다. 이십대에 들어서면서부터 몸을 가누지 못할 정도로 건강이 나빠졌다. 파스칼은 팡세 이외에도 『병의 선용을 위한 기도』라는 소책자를 썼는데 이런 기도가 나온다. "제가 교만하지 않도록 주님께서는 저에게 병을 주셨습니다. 아버지여, 이 병을 잘 선용하게 하여 주시옵소서." 이것이 진정한 복을 받은 사람, 참으로 위대하게 살다 간 기독교인의 모습이다.

셋째로 징계의 목적이 무엇인지 살펴보자. "저희는 잠시 자기의 뜻대로 우리를 징계하였거니와 오직 하나님은 우리의 유익을 위하여 그의 거룩하심에 참여케 하시느니라"(히12:10) 하나님께서 징계를 주시는 목적은 우리를 거룩하게 하시고 우리의 삶에 유익을 주시기 위한 것이다. 의의 열매를 맺게 하기 위해서 하나님은 우리에게 고난을 주신다.(히12:11)

"여호와여 내가 알거니와 주의 판단은 의로우시고 주께서 나를 괴롭게 하심은 성실하심으로 말미암음 이니이다"(시119:75) 우리의 삶에 괴로움이 있는가? 괴로움은 살아계신 여호와 하나님께서 성실하시기 때문에 주신 것이다. 성경에 하나님께서 '성실하다'고 하는 말은 매우 중요한 의미를 가지고 있다. 하나님께서 성실하다는 말은 하나님께서는 변치 않으신다는 말이다. 하나님께서는 결코 포기하지 않으신다. 그분은 성실하시기 때문에 우리를 바른 길로 인도하시기 위해서 우리를 괴롭게 하시는 것이다. 그런 의미에서 우리의 괴로움은 오히려 큰 복이 되는 것이다.

"또 아들들에게 권하는 것 같이 너희에게 권면하신 말씀을 잊었도다. 일렀으되 내 아들아 주의 징계하심을 경히 여기지 말며 그에게 꾸지람을 받을 때에 낙심하지 말라"(히12:5) 어려움에 처해 있을 때 그 사람의 신앙이 진짜 신앙인지 아닌지를 판별할 수 있다. 성경에는 하나님의 징계를 받을 때 마음이 완고해지고 하나님을 떠나 버리는 사람이 있다. 이집트 왕 바로는 하나님의 여러 기적 앞에서 오히려 마음이 완악해졌다.

하나님의 사람들, 진정한 그리스도인들은 고난을 받을 때에 하나님의 손길을 의식하고 "아! 나에게 이와 같은 징계를 주셨구나" 깨닫는 자다. 반면에 하나님의 사람이 아닌 사람들은 고난과 역경 때문에 "하나님이 어디 있어?"라고 말한다. 자신이 성도가 아닌 것을 스스로 증명하는 것이나 다름없다. 그래서 하나님께서는 고난과 징계를 당할 때 "낙심하지 말라"고 하신 것이다. 고난은 변장한 하나님의 축복이다. 사탄은 광명의 천사처럼 우리에게 그럴듯하게 좋은 것으로 약속해 주지만 살아계신 하나님께서는 오히려 변장한 모습으로 우리에게 다가오신다. 시편 34편 19절에 "의인은 고난이 많다"고 했다. 의인은 잘 먹고 잘 사는 사람이 아니다. 많은 돈을 부여잡고 자기 것인 양 살아가지 않는 사람이다. 의인은 오히려 많은 고난을 당한다. 우리는 많은 고난을 당할수록 아름답고 위대한 삶을 살 수 있다는 것을 성경을 통해서 배워야 한다. "우리가 알거니와 하나님을 사랑하는 자 곧 그의 뜻대로 부르심을 입은 자들에게는 모든 것이 합력하여 선을 이루느니라"(롬8:28) 하나님께서는 어려운 일, 고통스런 일, 좋은 일, 기쁜 일들이 합하여서 성도들에게 좋은 결과를 만드시는 분임을 알자. 하나님께서는 우리들에게 건강과 돈, 명예 등 좋은 것을 하나님을 위해서 사용하라고 주신다. 또한 하나님께서는 우리 안에 있는 불순물을 제거하기 위해 나쁜 것도 주신다. 우리가 믿음으로 그것을 알아야 한다.

온상에서 자란 채소는 맛이 없다. 영양분도 덜하다. 밖에서 비와 눈을 맞고 자란 채소가 영양분도 많고 맛도 있다. 좁은 공간 안에서 기른 닭은 맛도 없고 영양분도 적다. 그러나 마당에서 추위와 더위를 견디며 자기 마음대로 돌아다닌 토종닭은 맛있고 영양분이 많다.

하나님께서는 우리가 토종닭이 되기를 원하신다. 고난을 당할 때에도 가볍게 여기거나 낙심하지 않고 믿음으로 기꺼이 이겨내는 사람이다. 그것이 참으로 복있는 사람이다.

9장 욥의 복

참된 행복은 슬픔과 고통 속에서 솟아난다
— 간디 「간디 어록」에서

고난당하는 것이 내게 유익이라
주께서 나를 괴롭게 하심은 성실하심으로 말미암음이니이다
— 시편 119편 71, 75절

　모두 42장으로 구성된 욥기는 성경 중에서도 비교적 두꺼운 책이다. 토마스 칼라일은 "욥기만큼 수많은 사상과 수많은 문학과 수많은 신앙인과 비 신앙인에게 골고루 감동을 미친 책은 없다"고 했다. 한 번이라도 진지하게 욥기를 정독해 본 사람이라면 욥기로부터 받은 도전을 잊지 못할 것이다. 욥기는 고난과 복의 문제, 특히 고난이 인간에게 어떤 의미를 갖는지에 대해 심각하게 조명하고 있다. 고난으로부터 제외된 인간은 아무도 없다. 어쩌면 인간은 이 세상에 태어나는 순간부터 죽는 순간까지 고난 속에 살아가는 존재가 아닐까? 과연 고난이 어떤 의미이며 진정한 복이 무엇인지 생각하도록 하는 책이 바로 욥기다. 이러한 의미에서 잘못된 기복신앙에 오염된 한국교회는 무엇보다도 욥기에 관심을 가져야 할 것이다. 어떤 신학자는 "욥과 같은 고민을 해 보지 않았다면 아직도 천박한 신앙에 머물고 있다고 말하지 않을 수 없다"고 했다. 욥의 생애를 통하여 하나님께서 주시고자 하는 진정한 복이 무엇인지 생각해보자.

먼저 욥은 어떤 사람인가? "우스 땅에 욥이라 이름하는 사람이 있었는데 그 사람은 순전하고 정직하여 하나님을 경외하며 악에서 떠난 자더라"(욥1:1) 칼빈은 『욥기 강해』에서 욥을 순전한 사람으로 소개하고 있다. 거짓이나 외식이 없는 사람, 겉과 속이 같은 사람이었다. 그리고 욥은 정직한 사람이었다. 순전하다는 것이 내면적 삶의 모습이라면 정직은 대인관계의 모습이다. 이웃과의 관계에서 욥은 정직하였고 어떤 사람을 해치거나 손해를 주거나 성가시게 하거나 속여서 빼앗는 사람이 아니었다.

또 욥은 하나님을 경외하는 사람이었다. 욥은 하나님을 참으로 사랑하는 자였고 하나님을 두려워하는 자였음을 알 수 있다. 욥은 악에서 떠난 자였다. 욥의 신앙은 말로만의 신앙이 아니었다. 그의 신앙은 진실로 악에서 떠난 신앙이었다. 이런 점에서 욥이 순전하고 정직하고 하나님을 경외하며 악에서 떠난 자였다는 사실을 명심할 필요가 있다.

욥기 1장 2절에 보면 욥은 그 소생도 많아서 아들이 일곱이요, 딸이 셋이었다. 또 "그 소유물도 많아서 양이 칠천이요 약대가 삼천이요 소가 오백 겨리요 암나귀가 오백이며 종도 많이 있었으니 이 사람은 동방 사람 중에 가장 큰 자"였다.(욥1:3)

고난 당하는 욥

욥은 명예로운 지위를 가지고 있으면서도 흠잡을 데 없이 완전한 신앙인이었다. 이쯤 되면 하나님께서 당연히 복을 유지시켜 줄만한 사람이 아닌가? 그러나 우리는 욥의 잘나가던 그 삶에 갑자기 노도광풍이 몰아치는 것을 보게 된다. 그토록 아름답고 귀한 인품과 흠 없는 신앙을 소유한 욥에게 오늘날 한국교회 식으로 말하면 복이 아닌 모진 고난이 몰아닥쳤다는 것은 쉽게 납득하기 힘든 일이다. 그의 모든 소유가 순식간에 사라져 버리고 그토록 애지중지하던 자녀가 한 사람도 아닌 열 명이나 모두 몰살을 당했다. 욥 자신마저도 통증이 심하고 보기에도 흉한 피부병에 걸리게 되었다. 욥기가 그렇게 많은 사람들에게 공감을 주는 이유는 욥이 당했던 것과 같은 고난은 누구에게나 갑자기 생길 수 있는 일이기 때문이다. 욥이 당한 일은 나와는 전혀 상관없는 일이 아니다.

우리는 어느 날 갑자기 사고를 당해서 불구가 된 사람의 소식을 접하게 된다. 내가 섬기는 교회 교인 중에서도 갑자기 사랑하는 20대의 아들이 백혈병에 걸려서 죽은 일도 있었다. 지금은 성인이 된 내 딸아이가 여섯 살 때 덤프 차에 부딪치는 교통사고를 당했다. 집에서 책을 보고 있는데 어떤 사람이 헐레벌떡 뛰어와서 "지금 당신 딸이 교통사고를 당해서 병원으로 실려 갔다"는 소식을 전했다. 그 소식을 듣자, '아! 나한테도 이런 사고가 일어나는구나'하는 생각이 순간적으로 들었다. 딸은 이틀 만에 깨어났지만 그 하루 동안에 별의별 생각을 다했다. 2005년 쓰나미로 서남아시아 사람 수천 명이 목숨을 잃었다. 기독교 국가인 미국에서도 허리케인으로 수 천 명이 죽고 수십 만 명이 집을 잃어버리는 사건이 많이 일어난다. 얼마 전에는 교회에서 운영하는 유치원에서 불이 나 어린아이들 예닐곱 명이 죽었다는 소식을 들었다. 이러한 불의의 사건들을 보면 어떤 생각이 드는가? 하나님께서 나쁜 사람들만 골라 벌을 주는 분이라 생각하는가? 이러한 한치 앞을 알 수 없는 사건들이 매순간 우리의 삶을 둘러싸고 있음을 본다. 과연 하나님께서는 나쁜 사람들만 골라서 불치병에 걸리게 하고, 자동차 사고를 당해서 죽게 하신다고 아직도 그렇게 믿고 있는가?

인과응보 논리의 위험성

욥이 자식과 재산을 다 잃고 그토록 고통스런 병에 걸렸을 때, 그 소식을 전해들은 친구들이 그에게 와서 위로한다. 욥의 친구들이 욥에게 무슨 이야기를 했는지 살펴보자.

> 생각하여 보라 죄 없이 망한 자가 누구인가 정직한 자의 끊어짐이 어디 있는가 내가 보건대 악을 밭 갈고 독을 뿌리는 자는 그대로 거두나니 (욥4:7-8)

이것은 욥의 친구 엘리바스의 말이다. 엘리바스는 욥에게 찾아가서 "네가 무엇인가 알지 못하는 죄를 지었기 때문에 형벌을 받은 것이다"고 말한다. 두 번째 친구인 빌닷은 "하나님이 어찌 심판을 굽게 하시겠으며 전능하신 이가 어찌 공의를 굽게 하시겠는가 네 자녀들이 주께 죄를 지었으므로 주께서 그들을 그 죄에 붙이셨다"(8:3-4)고 말했다. 여기 두 친구들과 다음에 나오는 친구들도 공통적으로 욥에게 네가 틀림없이 죄를 지었기 때문에, 네가 틀림없이 잘못했기 때문에 하나님으로부터 벌을 받았으니 그러므로 너는 회개하라고 말하고 있다.

욥기 8장 11절은 이스라엘 사람들의 속담이 된 성경 구절이다.

> 왕골이 진펄 아닌 데서 크게 자라겠으며 갈대가 물 없는 데서 크게 자라겠느냐 (욥8:11)

왕골은 늪이 있어야 자란다. 물이 없는 데서 갈대가 자라지 않고, 자랄 수 없다는 말이다. 우리 식으로 표현한다면 "콩 심은 데 콩 나고 팥 심은 데 팥 난다" 또는 "아니 땐 굴뚝에 연기나랴"와 같은 속담이다.

친구들은 이구동성으로 "네가 그러한 고난을 받는 것은 틀림없이 죄를 지었기 때문이다. 그러므로 회개하라"고 욥에게 다그친다. 얼핏 보면 욥의 친구들의 조언은 매우 경건하고 신앙이 좋은 사람으로 보인다. 욥을 찾아가서 하나님을 말하고, 회개를 말하는 친구들의 말을 듣다 보면 그들의 신앙이 대단한 것 같고 욥의 신앙은 별로인 것 같기도 하다.

욥을 위로한 친구들의 논리는 한마디로 말한다면 '인과응보의 논리'다. 그러나 신앙생활에 있어서 이 인과응보의 논리만큼 무서운 것이 없다는 사실을 알아야 한다. 인과응보 사상이란 내가 행한 대로 하나님께서 갚아 주실 것이라는 생각이다. 성경 전체에서 '인과응보의 논리'가 없는 것은 아니다. 성경은 전체적으로 하나님의 명령과 순종을 말하고 있지만 욥기에서는 그런 가운데서 인과응보에 대한 예외가 있다는 것을 보여 준다. 인간은 어느 누구도 하나님 앞에서 선을 행할 수 없는 죄인이다. 인과응보의 논리 속에는 인간이 하나님 앞에서 감히 선을 행할 수 있다는 교만이 들어 있다.

사탄의 논리

욥의 친구들의 대화에서 인과응보의 논리를 살펴 보았는데, 곧 사탄의 논리 속에서도 그것을 발견하게 된다.

> 사탄이 여호와께 대답하여 가로되 욥이 어찌 까닭 없이 하나님을 경외하리이까 (욥1:9)

사탄이 하나님께 욥의 신앙에 대해서 문제를 제기하고 있는 장면이다. 여기 나타난 사탄의 사고방식은 욥이 어찌 까닭 없이 당신을 따르겠느냐는 것이다. 얼마나 논리적인가? "당신이 욥을 사랑하고 복을 주셨기 때문에 욥이 당신을 사랑한 것이지, 욥이 어찌 까닭 없이 당신을 경외하겠습니까?"(욥1:10)라는 말이다. 사탄의 논리는 이와 같이 철저하게 인과응보의 논리다. 하나님이 주셨기 때문에 욥이 그렇게 한 것이고, 욥이 그렇게 순종했기 때문에 하나님이 복을 주신다는 논리다.

그렇다면 왜 인과응보의 논리가 사탄의 논리인지 생각해 보아야 한다. 사람이 살다보면 일이 잘 될 때가 있고 잘못될 때가 있다. 오늘은 일이 잘 되다가 내일은 일이 잘못되기도 하는 경험을 하게 된다.

인과응보의 사고는 일이 잘 안 될 때 항상 하나님을 의심하게 만든다. 이 세상을 살다보면 잘 되는 일보다 안 되는 일이 더 많다. 생각해 보라? 나면서부터 죽을 때까지 일이 잘 되기보다는 안 되는 일이 더 많은 것이 엄연한 현실이지 않는가? 아니, 안 되는 일로 꽉 차 있는 것이 인간사가 아닌가? 우리의 경험이 잘 알고 있지 아니한가!

인과응보의 논리는 일이 잘 되지 않을 때는 결국 하나님의 은혜를 의심하고 부정하게 만든다. 내가 애쓴 만큼 하나님이 응답해 주셔야 되고 보답해 주셔야 하는데, 그렇지 못할 때에 하나님이 과연 살아계신 분인지에 대한 의심까지 하게 된다.

비행기 사고로 사람이 죽었을 때 멀리서 보는 사람들은 쉽게 '저 사람들은 어떤 죄를 지어서 저런 일을 당할까?'라고 생각할지 모른다. 그러나 막상 그 일을 당하는 사람의 입장에서는 얼마나 억울한 일인가? 그들은 사랑하는 남편과 아내의 죽음 앞에서 하나님의 존재를 의심할 수밖에 없을 것이다. 근래에 한국교회의 지도자라 하는 목사들이 대형사건으로 많은 사람이 죽고 재산이 한꺼번에 사라지는 큰 고통을 당하는 사람들에게 위로의 말 한 마디는 커녕 입을 모아 하나님의 심판이니 저주니 하는 말을 쉽게 하는데 이는 전형적인 인과응보의 논리다. 신앙이 교리화, 율법화 되면 이와 같이 비인간적이 될 수 있다.

『카라마죠프가의 형제들』에서 도스토예프스키는 주인공 이반을 통해서 세상에는 인간으로서 이해할 수 없는 고통들이 너무 많기 때문에 하나님은 계실 수 없다는 문제를 제기하고 있다. 세상에는 도무지 사람들이 이해할 수 없는 고난들과 이해할 수 없는 불합리한 일들이 너무 많이 일어나기 때문에 하나님이 계신다면 어떻게 그런 일이 일어날 수 있느냐는 것이다. 이 작품에서 이반은 무신론자의 대표로 등장한다. 무신론자인 이반을 통해서 도스토예프스키가 그리고자 했던 가장 중요한 문제는 이 세상이 이토록 불합리하고 부조리하고 고난이 많은데 어떻게 하나님이 존재하느냐는 문제다. 우리도 현실을 살아가면서 그토록 애썼는데도 일이 잘 되지 않을 때 마음 속에 '과연 하나님이 존재하는가?'라는 의심을 가질 때가 있지 않은가?

다음으로 생각해 보아야 할 것은 일이 잘 될 때다. 일이 못되면 '과연 하나님이 계신가? 내가 믿어야 할 이유가 무엇인가?'라고 의심하다가도 일이 잘 되기만 하면 내가 잘 해서 그렇게 되었다고 생각한다. 그러니 인간이 얼마나 간사하고 이기적인 존재인가? 내가 잘해서 출세하고 행복한 것이지 하나님이 함께해주셔서 잘 된 것이라고 생각하지 않는다.

그러나 부패한 인간이 어떻게 하나님 앞에서 선을 행할 수가 있는가? 하나님께서 우리가 행한 대로 일일이 보응하신다면 하나님 앞에서 우리는 날마다 죽어야 하며 또 날마다 죽어 마땅한 사람이지 않는가? 어떻게 우리 인간이 하나님 앞에서 "내가 이것을 잘 했으니 상을 주시오"라고 말할 수 있겠는가? 인과응보의 논리는 자칫 잘 살고 출세한 자는 하나님께 복을 받은 것이고, 가난하고 고통 받는 사람은 하나님이 저주하셨기 때문이라고 생각하기 쉽다. 이와 같이 욥기에서 보여 주는 것은 인과응보의 사상이 사탄적이라는 것을 알아야 한다. 물론 성경은 어떤 면에서 인보응보의 논리를 말한다. 그러나 인과응보의 사상은 하나님과 인간의 관계를 자칫 상업적으로 만든다. 하나님과 인간 사이의 관계를 주고받는 관계로 만드는 것이다. 어찌 하나님과 우리 사이에 상업적인 거래 관계가 이루어질 수 있겠는가? 하나님과 인간 사이에 인과응보의 관계가 있다는 이 상업적 거래 논리는 참으로 사탄의 생각이다. 하나님은 무제한적 사랑과 포용으로 죄 많은 우리를 은혜로 이끄시는 분이다.

우리는 욥기에서 인과응보의 사상에 입각한 기복 신앙을 정면으로 거부하는 욥을 보게 된다.

> 그가 이르되 그대의 말이 한 어리석은 여자의 말 같도다 우리가 하나님께 복을 받았은즉 화도 받지 아니하겠느냐 하고 이 모든 일에 욥이 입술로 범죄하지 아니하니라 (욥2:10)

욥이 말한대로 우리는 하나님으로부터 복을 받을 뿐만 아니라 재앙도 받는다. 좋은 것과 함께 나쁜 것도 받는다. 욥은 이 사실을 알고 있었다. 욥이 정직하고 순전하고 하나님을 경외하고 악에서 떠난 자였지만 그는 자기가 하나님으로부터 좋은 것을 받을 뿐만 아니라 재앙도 받는다는 사실을 알았다. 욥은 네 명의 친구들로부터 큰 벌을 받고 있다는 말을 들었다. 욥은 이 인과응보의 논리로 권면하는 친구들을 향해서 안타까운 마음으로 "나를 용납하여 말하게 하라"(욥21:1-3) 내 말도 좀 들어 보라고 말한다.

욥은 "너희들이 말하는 대로라면 어찌하여 악인이 살고 수를 누리고 세력이 강하냐"(21:7)고 되묻는다. 욥은 끝까지 인과응보의 신앙, 공로사상을 거부한다. 하나님은 그러한 분이 아니라는 것이다.

하나님을 본 욥

욥은 친구들과 서로 논쟁하기도 하지만, 한편으로 부조리한 현실에 대해 하나님께 호소한다. 마침내 하나님은 드디어 나타나셔서 욥에게 말씀하신다.

> 그러나 내가 가는 길을 그가 아시나니 그가 나를 단련하신 후에는 내가 순금 같이 되어 나오리라 (욥23:10)

여기에서 욥의 유명한 고백을 듣게 된다.
"나의 가는 길을 오직 그가 아시나니"라는 말은, 내가 가는 인생길을 아무도 알 수 없다. 인생의 가는 길은 인간이 알 수 없고 오직 여호와 하나님만이 아신다는 말이다. 사람은 이 세상에 일어나는 일들을 알 수 없다. 오직 여호와 하나님께서만 아신다. "그가 나를 단련하신 후에는 내가 정금같이 나오리라." 인생은 고난을 통하여 그의 인생이 순금처럼 되는 것이다. 사실 욥기는 고난과 복의 문제를 제시하면서도 우리들에게 확실한 정답을 주지는 않는다. "이것이 바로 복이다"라고 확실하게 말하지는 않는다. 무엇인가 명확한 답을 원하는 사람들은 실망할지 모른다. 그러나 욥기 전체의 결론에 해당하는 마지막 부분에서 우리에게 두 가지 교훈을 주고 있다. 즉 그 하나님이 나를 사랑하신다는 것을 욥이 알았을 때, 자기가 가지고 있는 모든 문제를 해결 받았다고 하는 사실이다.

> 내가 주께 대하여 귀로 듣기만 하였사오나 이제는 눈으로 주를 뵈옵

나이다 (욥42:5)

이것이 욥이 받은 고난에 대한 해결이다. 이제는 살아계신 창조주 여호와 하나님을 뵈었으니 눈 녹듯이 모든 것이 해결되었다는 것이다. 백문이불여일견(百聞而不如一見), 백번 보는 것보다 한번 보는 것이 낫다는 말이다. 설령 이 세상에서 아무 걱정 없이 잘 먹고 잘 산다고 할지라도 하나님이 계시지 않는다면 무의미하고 허망한 인생이 아니겠는가? 산다는 것이 무슨 의미가 있겠는가? 하나님이 계시지 않는데 백 년을 산다 한들 아니, 천 년을 산다 한들 무슨 의미가 있겠는가? 백 년도 잠깐이고 천 년도 잠깐이지 않은가? 인간은 한낱 물거품이고 한낱 안개일 뿐이 아닌가? 하나님이 계시기 때문에 이 세계는 살 만한 가치가 있고 의미가 있는 것이다. 나는 쥐나 닭 같은 동물도 죽이지도 못하지만 특별히 개미를 죽이지 않는다. 길을 가다가도 개미들이 많은 곳을 가면 밟지 않으려고 애를 쓴다. 개미는 먹이를 찾아 분주하게 돌아다니는데 사람이 무심코 지나가다 밟으면 죽는 것이 안타까워서이다. 그런 개미를 볼 때마다 '우리 인간도 저런 것이구나'라는 생각을 한다. 인간도 하나님이 없다면 마치 개미와 같은 존재일 뿐이다. 개미가 있는 곳에 갑자기 사람이 소변을 보게 되면 개미는 홍수에 빠진다. 개미는 거기에 빠져 죽을지도 모른다. 사람은 무심코 그런 일을 하는데 개미에게는 죽느냐 사느냐의 중대한 문제가 된다. 우리 인생은 흙에서 나와 흙으로 돌아간다. 하나님이 계시지 않는다면 참으로 무의미하기 짝이 없는 존재요, 한낱 티끌일 뿐이다. 그래서 욥은 13장 15절에서 다음과 같은 말을 한다. "그가 나를 죽일지라도 내가 그분 안에 소망을 가지리라"(영어 성경에는 Though he slay me, yet I will hope in him). 내가 비록 죽는다 할지라도 살아계신 여호와 하나님 때문에 소망을 갖는다는 것이다. 이 확신이 바로 욥이 받은 복이다. 욥은 엄청난 질고와 고난을 통해 확신을 갖게된다.

욥기는 고난을 당한 한 인간의 신앙 전기다. 사람이 살아가면서 당하는 고난의 문제는 악의 문제와 맞물려 여러 가지 의문을 제기한다. 욥기에는 고난이 제기하는 여러 가지 문제들이 거의 모두 다루어지고 있다. 때로는 논쟁을 통해, 때로는 고백을 통해, 때로는 물음을 통해, 그리고 때로는 찬양을 통해서이다. 욥기는 우리에게 다음과 같은 주제들을 생각하도록 이끌고 있다. 욥은 끝까지 믿음의 사람이었나? 만일 믿음이라는 것이 아무런 문제제기 없이 주어진 하나님의 말씀을 받아들이는 것이라면, 욥은 결코 믿음의 사람이 아니었다. 욥은 친구들의 담론, 곧 전통적인 신학을 받아들이지 않았다. 친구들이 고백하는 하나님을 거부했다. 말하자면 그는 고통 한가운데서 새로운 하나님을 찾고 있었다. 자신의 고통을 설명해 줄 분을 찾고 있었다. 친구들은 이렇게 말한다. 하나님은 전지전능하기 때문에 세상만사가 모두 하나님이 하시는 일이며, 그분은 전지전능하기 때문에 그분이 하시는 일은 옳다. 따라서 욥의 고난도 하나님이 주신 것이며, 그분이 주신 것이기 때문에 정당하다. 그러므로 욥이 할 일은 자신의 잘못을 돌이키고 고난을 수용하여 고난 속에서도 하나님을 찬양하는 일이다. 얼마나 훌륭한 믿음인가? 그들의 논리는 하나님에 대한 전적인 신뢰에서 나온 것 같다. 그러나 욥은 그런 믿음을 거부했다. 그렇게 받아들이고 넘어가기에 하나님은 더 큰 분이셨다. 만일 전통신학의 논리대로라면 하나님은 심판자에 불과하다. 자신의 의를 위해서 사람을 희생시키는 자에 불과하다. 사람이 죄짓기를 기다렸다가 잽싸게 무서운 벌을 내리는 분에 지나지 않는다. 죄짓지 않는 사람이 어디 있겠는가? 그렇다면 사람은 자신이 지은 죄의 결과로 하나님에 의해 꼼짝없이 불행을 당하고 말지 않는가? 무슨 일을 당하든 그것은 자신이 지은 죄의 결과로 하나님이 내린 것이 되지 않는가? 실제로 욥은 하나님이 그런 하나님인지 묻는다.

> 그러한데 주께서 이것들을 마음에 품으셨나이다 이 뜻이 주께 있는 줄을 내가 아나이다 내가 범죄하면 주께서 나를 죄인으로 인정하시고 내 죄악을 사하지 아니하시나이다 (욥10:13-14)

그것은 친구들의 논리를 따라 설명되는 하나님이다. 정말 그런 하나님인지 욥이 묻는 것이다. 욥이 볼 때 하나님은 적어도 그렇게 설명되는 분은 아닌 것 같았다. 하나님은 그렇게 말씀할 수 없는 분이시다. 그런 식의 하나님이라면 욥은 믿을 수 없었다. 그런 하나님을 어떻게 믿고 살겠는가!

그래서 욥은 하나님께 따졌다. 하나님에 대한 저항이었다. 하나님을 의심했다. 폭풍이 몰아치는 가운데 하나님이 욥에게 대답하셨다. "무지한 말로 생각을 어둡게 하는 자가 누구냐"(욥38:2) 이 구절로 미루어 볼 때 욥은 무슨 일을 저질렀다. 단순히 믿음이 좋은 사람이 아니다. 그는 뭔가를 떠들어 댔고 하나님을 의심했다. 그리고 무엇보다도 그는 전통 신앙을 그냥 받아들이지 않고 하나님께 근본적인 큰 질문을 던진 사람이다. 3장부터 37장까지 욥과 친구들의 논쟁 끝난 후, 38장에서 성경은 이렇게 기록하고 있다. 오랜만에 하나님이 등장하신다. "그 때에 여호와께서 폭풍우 가운데에서 욥에게 말씀하여 이르시되"(욥38:1) 폭풍우 속에 들린 하나님의 말씀은 욥의 물음에 대한 응답이다. 하나님의 계시는 물음에 대한 응답이다. 욥은 물었기 때문에 하나님의 응답을 들을 수 있었다. 우리는 이 땅을 살아가면서 하나님께 따지고 물어야 한다. 그것이 기도이다.

하나님은 또 이렇게 말씀하신다. "트집잡는 자가 전능자와 다투겠느냐 하나님을 탓하는 자는 대답할지니라"(욥40:2) 이 구절로 미루어 볼 때 욥은 하나님을 비난했다. 친구들과 대결하며 쏟아 내었던 욥의 탄원과 부르짖음과 절규는 범상치 않은 말이었다. 하나님을 그냥 잘 믿는 그런 신뢰에 찬 소리가 아니었다. 하나님과 대결하는 소리였다. 그런 점에서 욥기는 단순히 믿음의 책이라고 말할 수 없다. 새로운 믿음의 책이다. 하나님을 새로이 발견한 책이라고 할 수 있다. 하나님을 새로이 발견한 것은 어떤 면에서 새로운 하나님을 발견한 것이다. 그런 점에서 욥의 신앙은 무신론의 위험을 내포하고 있다. 하나님에 대한 저항없이 어떻게 살아있는 믿음을 찾을 것인가. 삶은 말로 다 설명되지 않는다. 그런 만큼 삶을 살리시는 하나님도 말로 다 설명되지 않는다. 그러므로 삶의 현장 가운데서 하나님을 믿는다는 것은 기존의 교리로 설명된 하나님에 대해 의문을 표시하고 대항하는 일이다. 살아계신 하나님은 늘 새로운 하나님이다. 하나님은 변함없이 사람을 돌보시는 하나님이기 때문에 새롭게 다가오는 하나님이다.

그것은 늘 새로운 신학을 정립하는 문제다. 하나님에 대해 새로운 언어로 새롭게 말할 수 있어야 한다. 사실 욥기의 문제는 "하나님에 대해 어떻게 말할 것인가"의 문제다. 우리가 믿는 하나님은 사람의 말로 된 하나님이다. 하나님은 말로 다 할 수 없기 때문에 시대에 따라 새롭게 말하는 것이 필요하다. 욥이 볼 때에는 죄와 벌의 짧은 인과관계 속에서 하나님을 말하는 것은 하나님을 인간의 언어에 가두는 것이다. 그때에는 그런 신학에 저항하는 것이 진정한 하나님을 찾는 길이다. 친구들과 달리 욥은 하나님이 어떤 분이라고 서술하는 신학없이 다만 친구들의 신학에 저항했을 뿐이다. 그처럼 저항하는 말이 하나님을 찾는 길이다. 고난에 처한 사람을 살리지 못하는 신학에 대한 저항의 언어만으로도 이미 새로운 신학이다.

사람이 당하는 어려움이나 고통은 수없이 많다. 과거에 인류는 모든 고난을 염두에 두고 그러한 화를 피하는 방법을 생각해야 한다. 종교적인 사고방식 속에서 살았던 그들에게 화는 언제나 부정을 탄 데서 생기는 벌이었다. 다시 말해서 인간이 저지르는 죄에 대한 벌은 고난이었다. 그래서 부정을 타지 않기 위해 애를 쓰고, 여러 가지 금기 사항을 만들어 조심조심 살았다. 그러나 현대인은 대부분 직접적인 인과관계 속에서 고통의 문제를 해결해 버린다. 고난을 죄의 결과로 보지 않고 우연히 발생한 것으로 본다. 병이 든 것은 과로나 바이러스 때문이고, 길 가다가 넘어져 다쳤을 때는 자신의 부주의 탓으로 돌리고 끝난다. 더 깊이 들어가 자신의 죄를 묻는 차원까지 가지 않는다. 그러나 현대인들도 자신이 약해지거나 감당하기 어려운 일을 당할 때, 또는 뜻밖의 재앙을 당할 때 어느새 종교적인 심성으로 돌아간다. 예를 들어 아픈 자식을 둔 부모는 다른 부모에 비해 훨씬 종교적이 될 가능성이 많다. 종교적이 된다는 것은 어떤 전능한 존재에 도움을 구한다는 얘기도 되지만, 고통을 계기로 자신의 삶을 돌아본다는 것이다. 고난은 사람에게 돌아봄과 회개하는 마음을 가져다준다. 고난 속에서 자신을 '돌아보는' 사람은 남에게 모진 짓을 하지 못한다. 고난은 남을 '돌보는' 마음을 낳는다. 그렇게 볼 때 삶의 고난은 우리에게 하나님에게 돌아가는 다리 역할을 하는지도 모르겠다. 과학적인 사고방식에서 생긴 직접적인 인과관계를 넘고, 과학 이전 시대의 종교적인 짧은 인과응보의 관계를 넘어, 길고 깊은 인과관계에 들어간다. 그것이 성경이 푸는 고난의 문제다. 과학이 무시한 죄와 벌의 인과관계가 다시 돌아온다. 그러나 하나님 앞에서 다시 깨닫게 된 죄와 벌의 인과관계는 단순히 부정 탄 것을 깨끗하게 하는 의식이 아니다. 욥을 위로하러 온 친구들은 하나같이 죄와 벌의 인과관계를 쉽게 설정했다. 그러나 욥은 자신의 불행을 죄의 결과로 쉽게 설정하는 친구들의 신학을 거부했다. 욥기는 그처럼 죄와 벌의 문제에 새로운 차원을 여는 책이다. 우리는 욥이 그처럼 길고 깊은 인과관계에 들어갔다고 본다. 38장에서 나타난 하나님의 말씀이 욥의 고난에 대해 아무런 설명을 하지 않고 있음에도 불구하고, 42장에서 욥이 자신이 당한 고난을 수용하게 되는 것은 자신의 고난과 죄 사이에 무슨 인과를 인정했기 때문에 가능했을 것이다.

고난의 신비

그런 점에서 고난은 신비다. 고난의 신비가 있다. 고난은 매우 파괴적이지만 사람으로 하여금 근원에서 하나님을 만나게 하는 역할도 한다. 하나님 밖에는 의지할 데가 없을 때 인간은 하나님과 가장 깊은 관계에 들어가게 되기 때문이다. 욥은 알거지가 되고, 알몸만 남게 되었을 때 생명의 진수를 본다. 그렇다고 고난을, 하나님께로 인도하는 선이라고 할 수는 없다. 욥기의 등장인물 중에서 엘리후는 마치 고난이 선인 듯 말하고 있다. 그러나 그것은 고난 당하는 사람의 처지를 직접 경험해보지 않고 하는 말이다. 모름지기 성도는 공감(empathy) 능력을 가져야 한다! 고통 당하는 사람 쪽에서 이해한 신학이 옳다. 한 사람이 당하는 고난이 어떤 큰 흐름에 이바지한다고 해도, 고난은 역시 악이다.

고난은 사람을 파괴하기 때문이다. 고통 속에서 사람은 자신의 인격을 해치고, 삶을 원망하며 세상에 대해 냉소적이 되기도 한다. 지쳐서 스스로 자학하는 지경에 빠지기도 한다. 내면에 거친 공격성이 생겨서 남에 대해 상당히 공격적인 성향을 가지게 되기도 하며, 살아남기 위해 비겁하게 되기도 한다. 고난은 믿음을 뒤흔들기도 한다. 하나님에 대한 신앙에서 떠나게 하기도 한다. 그래서 우리는 고난이 얼마나 파괴적인지 잘 알기 때문에 고난은 악이다. 고난은 없을수록 좋다. 고난이 삶을 깊이 있게 한다고 해서 고난을 찬양할 수는 없다. 하나님은 우리가 고난 당하는 것을 원치 않으신다. 이것은 욥기에서 우리가 논의해야 할 중요한 관점 가운데 하나다. 그래서 고난은 신비다. 고난의 신비는, 고난이라는 불행이 선이라는데 있지 않고, 고난이 하나님이 주신 것이라는 데 있지도 않으며, 파괴적인 한가운데서 가장 건설적인 생명의 본질을 만날 수 있다는 데 있다. 사람이 겪는 고난은 사람을 고통스럽게 함과 동시에 하나님도 고통스럽게 한다. 그런 점에서 고난은 선일 수 없다. 다만 고난 속에서 욥은 하나님이 어떤 분인지 알게 되었다.

"욥기 서문에서 성경은 욥을 "우스 땅에 욥이라 불리는 사람이 있었는데 그 사람은 온전하고 정직하여 하나님을 경외하며 악에서 떠난 자더라"(욥1:1)라고 서술하고 있다. 한마디로 의인이라는 얘기다. 그런 의인에게 느닷없이 불행이 밀어닥쳤다. 엘리바스와 빌닷과 소발은 욥이 당한 고난을 죄의 결과로 보았다. 욥은 의인이 아니었기 때문에 그런 불행을 당한 것이라는 얘기다. 그러나 욥은 그런 친구들의 논리를 거부했다. 욥과 친구들의 신학적인 논쟁의 핵심은 거기에 있다.

욥이 자신의 죄를 전혀 인정하지 않았다고는 볼 수 없다. 다만 그런 불행을 당할 만한 죄를 지었는가?라는 물음으로 보아야 한다. 왜 다른 사람들은 멀쩡한데 내게 이런 고난이 닥치는가? 그런 불공평은 의로우신 하나님의 개념을 훼손하지 않는가? 그것은 하나님에 대한 의문이다. 하나님은 도대체 무엇을 하고 계신가? 그리하여 인간의 불행은 신정론(神正論)의 문제와 연결된다. 하나님이 선하시고 전능하시다면 왜 의인들이 고난을 받는가? 신정론의 물음은 늘 무신론의 위기를 안고 있다. 자신의 불행을 받아들일 수 없을 때 사람은 신앙을 떠나기도 한다. 불행을 받아들이지 않는다는 것은 그 불행의 부당함을 뜻한다. 부당한 일들이 벌어질 때, 사람은 하나님을 의심하게 된다.

다른 사람들과 비교했을 때 나의 고난이 부당하지만, 하나님 앞에서 고난의 부당함을 더 이상 얘기하지 않기로 한 것이 욥기의 결론 부분이다. 앞에서 말한 대로 욥이 자신의 고난과 자신의 죄 사이에 무슨 인과관계를 설정했기 때문이리라.

그러나 문제는 여전히 있다. 하나님 앞에서 욥은 자신의 절대 죄를 보고 그래서 자신이 당하는 고난을 수용하기로 했다고 하더라도, 여전히 문제는 남는다. 욥보다 의롭지 못한 사람들이 잘살고 있지 않은가? 그런 불공평함은 여전히 존재하지 않는가? 의인이 당하는 고난의 문제다. 그래서 욥기는 그리스도의 고난을 예견하는 책이다.

이 문제는 "세상에서 벌어지고 있는 의인의 고난을 어떻게 받아들일 것인가" 하는 시각에서 이해되어야지, 누군가는 꼭 벌을 주는 하나님의 집요한 심판의 시각에서 이해되어서는 안 된다. 하나님이 세상을 용서하기 위해서는 희생물이 꼭 필요하다는 식으로 생각해서는 안 된다는 말이다. 사실 이 문제가 완전히 풀리는 것은 하나님의 고난에서다. 어떤 의인이 희생물이 되지 않고, 하나님이 십자가에서 인류를 위해 고난을 받으신다. 십자가의 고난으로 반드시 죄의 대가를 물어 벌을 세우는 하나님의 이미지는 사라진다. 기독교는 십자가에 달린 그분을 하나님으로 고백하면서, 의인의 대속하는 고난이라는 신학에서 생기는 심판자 하나님의 모습을 약화시키고, 오히려 자신이 고난을 당하면서까지 사람을 용서하고 받아들이시는 하나님의 모습을 찾았다.

현실에서 의인이 꼭 잘사는 것은 아니다. 오히려 의인에게도 고난이 있다. 그것을 어떻게 이해할 것인가? 의인의 고난을 세상에서 일어나는 당연한 현실로 받아들이고 끝내면 사람은 의를 비웃게 된다. 그러나 한편으로 의인이 잘되기를 바라는 마음도 있다고 보아야 한다. 의는 최후 승리에 대한 희망이다. 인과응보라는 뿌리 깊은 관념도 그런 문제와 관련이 있을 것이다. 그러나 우리가 사는 인생을 통해 볼 때 현실에서 인과응보는 실현되지 않는 경우가 많다. 그리고 불행한 사람을 오히려 손가락질하는 경우도 많다. 의인도 잘살아야 의인이지, 불행하여 힘을 잃고 나면 무슨 알지 못할 죄를 지은 죄인으로 의심하는 것이 세상 물정이다. 고난 당하는 의인은 아직도 묻는다. 왜 하필 내가 이런 불행을 당해야 합니까? 욥은 어떻게 자신의 고난을 수용하고 받아들이는가?

위에서 우리는 욥기를 이해하고 우리 삶을 이해할 몇 가지 큰 관점을 얘기했다. 그러나 성경은 우리에게 더욱 더 큰 상상력을 허용한다. 본문을 보면서 우리는 위에서 제기한 문제 말고도 삶의 신비와 관련해서 여러 가지 문제를 생각해 보게 될 것이다."1)

> 욥이 여호와께 대답하여 가로되 내가 스스로 깨달을 수 없는 일을 말하였고 스스로 알 수 없고 헤아리기 어려운 일을 말하였나이다 내가 말하겠사오니 주여 들으시고 내가 주께 묻겠사오니 주여 내게 알게 하옵소서 내가 주께 대하여 귀로 듣기만 하였삽더니 이제는 눈으로 주를 뵈옵나이다 그러므로 내가 스스로 한하고 티끌과 재 가운데서 회개하나이다 (욥42:1-6)

인간이 안다는 것이 무엇인가? 인간이 알고 있는 것이 얼마나 될까? 욥이 놀라운 경험을 하게 된다. 하나님을 본 것이다! 이렇게 하여 욥은 모든 의문이 해결되었다. 그리고 그제서야 회개한다. 성경은 말의 책이다. 그

---

1) 양명수, 『욥이 말하다』(분드출판사, 2003), 13-22쪽.

러나 하나님이 나타나시는 모습이 성경 여러 곳에서 볼 수 있다. 그리고 우리는 종말에 하나님 나라에서는 모든 사람들이 하나님을 볼 것이다. 그런 의미에서 말보다 보는 것이 더 중요하다는 것을 알 수 있다.[2] 신현(神顯)은 매우 중요하며, 중요한 사건이 있을 때마다 하나님께서 나타나신다는 것을 알 수 있다. 이것이 특별하게 나타난 것이 예수 그리스도이시다. 그러므로 예수님을 통해 하나님을 뵙자!

> 내가 주께 대하여 귀로 듣기만 하였사오나 이제는 눈으로 주를 뵈옵나이다 (욥42:5)

> 예수께서 이르시되 빌립아 내가 이렇게 오래 너희와 함께 있으되 네가 나를 알지 못하느냐 나를 본 자는 아버지를 보았거늘 어찌하여 아버지를 보이라 하느냐 (요14:9)

욥은 얼마나 하나님을 보기 원했던가! "내 살 갗이 다 썩은 다음에라도, 내 육체가 다 썩은 다음에라도, 나는 하나님을 뵈올 것이다. 내가 그를 직접 뵙겠다"(욥19:27)고 말하지 않았던가? 그는 자기의 억울한 일생을 보살펴 줄 사람을 찾지 않고 하나님이 알아주길 바랐다. 죽은 이후에 백골이 진토가 된 이후에라도 넋이라도 하나님을 보기 원했다. 그런데 욥은

---

2) 유평근·진형중, 『이미지』(살림, 2001), 101-117쪽. 유대교와 같이 유일신 사상의 종교, 문화적 전통 안에서는 언어의 우위성에 의해 신성한 존재에 대한 시각적 표현은 금기시 된다. "태초에 말씀이 있었다."는 구약의 표현을 빌어 기독교적 유일신 사상이 성상 파괴, 즉 우상 파괴적 요소가 있다. 보이지 않는 절대적인 존재에게서 애초에 들려온 것은 절대 진리로서의 말씀이며, 그 보이지 않는 절대 진리를 시각적 이미지로 표현하는 것은 절대 진리에 인간의 대한 왜곡 행위, 즉 우상을 만드는 행위가 된다.(105쪽) 이 문제로 가톨릭과 동방 정교회의 성상(聖像)논쟁이 일어난다.(754-849년) 그러나 현대에 들어와 시각의 중요성, 즉 성상옹호자가 많아지는 것을 어떻게 보아야 할까? 그런의미에서 청각적 하나님과 시각적 하나님에 대해서 생각해 볼만 하다.

지금 하나님을 본다. 하나님과 욥의 만남은 욥기의 절정이다. 하나님을 본다는 것은 지성의 최고의 경지를 가르킨다. 인식론에서 최고의 경지를 가르킨다. 그동안 욥은 믿음을 버려두고 날카로운 언어로 따지고 물었다. 그러나 이제는 자신의 무지를 안다. 하나님은 헤아려 알 수 있는 분이 아니라는 것을 안다. 그러나 '욥이 하나님을 보았다'는 말이 욥이 실제로 하나님을 보았는가 하는 문제에 대해 학자들간에 견해의 차이가 있다.3) 파스칼이 하나님을 만났을때 "아브라함의 하나님, 이삭의 하나님, 야곱의 하나님은 철학자나 학자의 하나님이 아닙니다."라고 고백한 이후 그의 생각과 삶이 완전히 바꾸어진 것처럼 욥이 하나님을 본 것도 우리가 알 수없는 신비함과 같은 것이라고 말할 수 있지 않을까? 야곱이 얍복강에서 절뚝발이가 되고, 새 이름을 받고 하나님을 만난 다음 이렇게 말한다.

> 그러므로 야곱이 그 곳 이름을 브니엘이라 하였으니 그가 이르기를 내가 하나님과 대면하여 보았으나 내 생명이 보전되었다 함이더라 그가 브니엘을 지날 때에 해가 돋았고 그의 허벅다리로 말미암아 절었더라 (창32:30-31)

야곱은 죽었다가 살아났고 큰 복을 받았다. 야곱은 하나님을 대면하였는데도 생명이 보전되었다. 인간은 하나님을 볼 수 없다. 하나님을 본 사람은 죽는다. 야곱이 얍복강 사건이 일어난 그곳을 기념하여 브니엘이라 하였고 브니엘을 지날 때에 해가 돋았다. 절망 중에 암으로 고생하던 사람이 수술이 잘되어 살아날 수 있다는 희망이 가득 찬 마음으로 어제 밤 푹 잘 자고, 아침에 창 밖으로 찬란한 태양이 떠오르는 아침을 맞이한다면 비록 상처가 있지만 온 몸이 가뿐하고 기쁜 마음으로 가득하니 이 어찌

---

3) 데이빗 J.A 클린스, 한영성 역, 『욥기 하』(솔로몬, 2014), 338-339쪽.

행복하지 않겠는가!

다시 이어 욥의 말을 들어보자. "저는 제 주장을 거두어들이고 티끌과 잿더미 위에 앉아서 회개합니다."(욥42:6)라고 고백하면서 욥의 불행과 고난의 문제는 해결되었다. 문제에 대한 답을 얻어서 해결된 것이 아니라, 삶이 무엇인지 자신 누구인지 근본적인 답을 얻어서 해결되었다. 우주에 가득찬 은총을 느끼면서 자신이 물었던 문제는 더 이상 문제가 되지 않는 방식으로 해결되었다. 욥은 고통이 해결되지 않았는데도 하나님을 신뢰하는 법을 알게 되었다. 욥기 서두에서 사탄이 무엇이라고 말했는가? "욥이 어찌 까닭없이 하나님을 경외하리이까?"(욥1:9)라고 하면서 인간에 대한 하나님의 믿음을 시험을 하지 않았던가. 그러나 이제 고통이 해결되지 않았는데도 하나님을 신뢰하는 법을 배운 욥은 까닭없이 하나님을 경외하는 사람이 아닌가? 사탄과의 내기에서 하나님이 이겼다. 말하자면 사람에 대한 하나님의 희망이 이겼다. 사람은 죄인임에도 불구하고 하나님의 희망이 버릴 수 없는 존재임을 욥기는 우리에게 보여주고 있다.

욥의 하나님을 본 압도적인 은총 앞에서 세상과 죄의 깊이를 안 욥이 자신은 죽어 마땅한 죄인임을 고백하는 순간 불행의 부당함의 문제는 사라진다. 물론 죄와 벌의 인과관계가 정확하게 설정된 것은 아니다. 자신의 불행은 자신이 저지른 죄의 대가가 아니라고 생각할 수 있다.

하나님께서 욥에게 복을 주신다

여호와께서 욥에게 이 말씀을 하신 후에 여호와께서 데만 사람 엘리바스에게 이르시되 내가 너와 네 두 친구에게 노하나니 이는 너희가

나를 가리켜 말한 것이 내 종 욥의 말 같이 옳지 못함이니라 (욥42:7)

두 번이나 반복해서 나오는 구절이다. 그 동안 친구들은 하나님 편을 들기 위해 인간 욥의 불행을 설명하느라고 바빴다. 그들은 하나님 편으로 기울었다. 그러나 욥은 그들의 설명을 받아들이지 않았다. 불행을 당한 사람으로는 하나님 편을 들 수 없다. 그리고 하나님께 대들었다. 친구들은 하나님을 지켜드리려고 애썼고, 욥은 자기를 지키느라 전통교리를 거부했다. 그래서 욥의 언어는 저항의 언어요, 부당함을 따져 묻는 날카로운 언어다. 하나님도 사람이 하나님의 수단이 되는 것을 원치 않는다. 얼마나 좋으신 하나님의 은총인가? 하나님께 저항하는 욥이 하나님을 떠받드는 친구들보다 더 옳게 말했다고 하나님이 말씀하신다.

그동안 탄식하며 도전하며 불평하여 비신앙적으로까지 보였던 욥의 말을 하나님께서 옳게 보셨다는 최종 선언이다! 의인의 고난은 다른 사람의 죄를 대속한다는 점이다. 여기서 욥의 고난은 의인의 고난으로 부각된다. 그리고 의인의 고난이 세상에서 의미가 있음을 암시하고 있다. 욥은 엄청난 고난을 겪고 있지만 세상의 죄를 속하는 고난이 주어진다. 세상은 의인들 때문에 꾸려져 나간다. 다른 사람들은 모두 그들에게 빚지고 있다. 세상은 죄가 깊다. 세상은 그 죄 값을 어떻게 갚을 것인가? 의인들의 고난은 그 죄 값을 대신 받는 것이다. 고난 받은 의인들은 '세상 짐을 지고 가는 하나님의 어린양이다. 세상은 그 깊은 악에도 불구하고 죄 값을 대신 치르는 의인들이 있어 아직도 존속된다. 그리고 그들의 기도는 세상을 살린다.

주께서 욥의 말년에 이전보다 더 많은 복을 주셔서 욥이 양을 만 사천 마리 낙타를 육천마리 소를 천 겨리 나귀를 천마리나 거느리게 하셨

다 (욥42:12)

해피 엔딩이다. 의인은 이 세상에서 복을 받는다. 그런 희망이 없으면 누가 의롭게 살겠는가? 이 땅에서 인과응보의 보상이 없다면 누가 하나님을 섬기며 자신의 손해를 감수하겠는가? 그런 자로서 욥은 복을 받았다. 까닭없이 하나님을 섬긴다는 것이 무엇인가? 이 세상에서 부귀영화와 무관하게, 세상이 말하는 복과 무관하게 하나님을 섬기는 자가 아닌가? 하나님은 하나님이시기 때문에 섬기는 것이지, 그분이 내게 남다른 복을 주시기 때문에 섬기는 것은 아니다. 이제 그런 경지에 도달했다. 그런 욥에게 복이 주어졌다. 하나님을 섬기는 까닭으로 삼지 않는 사람에게 복을 주신다. 이제 욥은 까닭없이 하나님을 섬기는 법을 배운 사람이다. 이제 욥에게는 세상적인 풍요와 성공은 중요하지 않다. 하나님을 믿는 그 믿음이 풍요로움에서 누구 못지 않게 풍요로운 자다. 부귀영화는 오히려 거추장스러운 것이 될 수 있다. 사실 양 사천 마리와 낙타 육천 마리와 겨릿 소 천 쌍과 암나귀 천 마리는 그에게 관심 밖이다.

그러므로 우리가 기도해야 하지 않겠는가? 하나님이 세상을 사랑하신다면 의로운 사람들이 잘되게 하소서. 욕심없이 진리를 섬기는 이들이 이 땅에서 복을 받게 하소서. 그래서 하나님이 살아계심을 만민이 보게 하소서. 욥의 복은 그런 우리들의 소망을 표현하고 있는 것은 아닐까.

10장 바알신과 맘몬신

> 보다 더 많이 갖는 일에만 전념하는 사람은
> 정신적으로 병든 사람이다
> 그러한 사람으로 구성된 사회 또한 병든 사회다
> — 에리히 프롬 「존재냐 소유냐」에서

> 한 사람이 두 주인을 섬기지 못할 것이니
> 혹 이를 미워하고 저를 사랑하거나
> 혹 이를 중히 여기고 저를 경히 여김이라
> 너희가 하나님과 재물을 겸하여 섬기지 못하느니라
> — 마태복음 6장 24절

이스라엘 민족의 탄생은 창세기 12장 1절에서부터 시작된다. 여호와께서 아브라함에게 "너는 너의 본토 친척 아비 집을 떠나 내가 지시하는 땅으로 가라"고 하신 말씀은 언뜻 보기에 복에 대한 내용으로 알려져 있지만, 이스라엘 민족의 태동과 하나님 나라가 시작된 것을 보여 주는 위대한 구절이다. 하나님께서 아브라함을 통해 새로운 나라, 하나님 나라를 세우시겠다는 뜻이다. '내가 지시하는 땅, 가나안'에 들어갈 때 모세와 여호수아는 이스라엘 민족에게 "오직 하나님만을 섬기고 다른 신을 절대로 섬기지 말라"(수24:15)고 거듭 강조했다. 만약 다른 신을 섬기면 그 땅으로부터 다시 쫓겨나리라고 여러 번 경고를 받았다.

바알신

이것이 신명기와 여호수아서가 가르쳐 주는 가장 핵심적인 교훈이다. "만일 너희가 여호와를 버리고 이방신들을 섬기면 너희에게 복을 내리신 후에라도 돌이켜 너희에게 화를 내리시고 너희를 벌하시리라"(수24:20) 여호수아는 죽을 때 유언처럼 마지막으로 이 말을 남겼다. 다른 신, 이방신은 도대체 어떤 신인가? 도대체 그 신이 어떤 신이기에 모세와 여호수아가 그토록 신신당부를 했을까? 그 신은 다름 아닌 '바알신'이다. 바알신은 원래 중동 지방의 토착신이다. 바알에 대한 신앙은 전래로부터 쭉 내려온 뿌리 깊은 민간신앙이었다. 마치 오늘 우리나라 무당 종교와 비슷한 신앙이다. 풍요와 쾌락을 약속하는 신이다. 복을 약속하는 신이 바로 바알신이다. 하지만 하나님의 경고에도 불구하고 바알신의 유혹이 얼마나 크고 강했던지 이스라엘 민족은 시간이 갈수록 여호와 신앙에서 바알신앙으로 변절되어 가기 시작했다. 이스라엘은 점차 풍요의 신, 복의 신, 쾌락의 신, 즉 바알신을 섬기게 된 것이다. 이스라엘은 여호수아와 함께했던 장로들이 살아있을 당시에는 그래도 하나님을 섬겼다.(수24:31) 그러나 여호수아가 죽고 난 후 뒤이어 사사들이 등장할 때부터 바알신을 섬기기 시작한다.(사2:11)

사사시대의 배경에는 가나안 문화가 있다. 사사시대의 이스라엘은 끊임없이 가나안 신인 바알에게 이끌렸다. 오늘날 시리아 북부지방의 라스 샴라에서 발굴된 고대 우가릿 왕국의 토판들은 이 지역에 퍼져 있던 바알 신화를 생생히 전해주고 있다. 폭풍의 신 바알은 풍요와 비를 관장하는 신으로 번식과 힘을 상징하는 황소의 형태를 취하고 있다.

자연의 변화가 신화(神話)와 연관되어 있고, 신화와 결부된 종교적 행동을 통하여 자연의 현상을 조절할 수 있다는 믿음이 생겼다. 일정한 종교적 의식을 행하면 그를 통해 풍요와 번영을 보장받을 수 있다고 여기는 것이다. 바알 신앙이 이렇듯 농사의 풍성한 결실과 연관되었기에 가나안의 농부들은 바알에게 제사하지 않을 경우에 풍작을 기대할 수 없다고 여겼다. 새로이 가나안에 들어가게 된 이스라엘 역시 마찬가지였다. 마치 오늘날 사회생활은 사회생활의 규칙이 있고, 신앙은 신앙의 규칙이 있다고 분리하듯이, 고대의 이스라엘도 농사와 생활에서 바알을 따르고, 신앙에서 여호와를 섬기는 분리된 생활이 나타나게 되었다. 바알이 그토록 이스라엘에게 매력적이었던 요소는 풍요에 대한 약속때문이었다.

"많은 경우, 이스라엘은 여호와와 바알을 동일시하기도 했다. 여호와를 섬기는 방식과 바알을 섬기는 이방 의식이 뒤섞이게 되었고, 이러한 혼합주의는 이스라엘이 가나안에 들어온 시점부터 전개되었다. 그러나 이스라엘의 신앙은 본질적으로 질투하는 하나님을 섬기는 신앙으로, 여호와 하나님은 배타적이며 하나님 외에 어떠한 경쟁자도 허용하지 않으시는 분이다. 여호와의 주권은 절대적인 것으로 이스라엘의 삶의 전반에 미치는 것이며, 역사와 자연 모든 것이 그분의 주권 안에 들어 있다. 그러므로 여호와는 역사의 주인이고, 바알은 풍요의 주인이라는 이분법적인 생활은 근본적으로 여호와 앞에서 살아가는 삶을 위반하는 것이었다. 세겜에서의 여호수아도 마찬가지였다. "만일 여호와를 섬기는 것이 너희에게 좋지 않게 보이거든 너희 열조가 강 저편에서 섬기던 신이든지 혹 너희의 거하는 땅 아모리 사람의 신이든지 너희 섬길 자를 오늘날 택하라 오직 나와 내 집은 여호와를 섬기겠노라"(수24:15-16) 그래서 후대의 예언자들은 여호와냐 바알이냐 택하라"고 요구하게 된다. 여호와는 우리의 삶 전체의 주관자이며 그 백성의 전적인 헌신을 요구하시는 분이시기 때문이다."[1]

---

[1] 김근주, 『구약의 숲』(대장간, 2014), 175-177쪽.

하나님께서 그토록 바알신을 멀리하라고 경고했건만 이스라엘 민족은 바알신을 섬기는 죄를 범하고 만다. 드디어 북왕국 시대의 아합왕 때에는 이스라엘이 온통 바알신 천지로 바뀌어 버린다. 바로 이때부터 예언자들이 등장한다. 하나님의 신탁을 받은 예언자들이 민족을 살리고 여호와 하나님의 신앙을 살리기 위해서 등장한다. 이것은 중요한 의미를 가진다. 우리는 엘리야와 바알신과의 싸움을 안다. 결국 통쾌한 승리를 하였지만 엘리야는 바알신과의 싸움 후에 절망에 빠졌다. 왜냐하면 여호와 하나님을 따르는 자들이 너무 소수였기 때문이다. 엘리야가 이렇게 절망과 좌절 가운데 빠져 있을 때 하나님께서는 "절망하지 말아라. 내가 바알에게 무릎 꿇지 않은 칠천 명을 남겨 놓았으니 걱정하지 말아라"(왕상 19:9-18)는 음성을 들려주셨다. 여기에서 우리는 그 당시 여호와 하나님을 따르는 자는 극소수였던 반면에 바알신을 숭배하는 사람이 얼마나 많았던가를 알 수 있다. 예레미야 시대에도 바알신 숭배가 있었다. 예언자들이 이스라엘을 향하여 회개하고 돌아오라고 한 것은 바로 바알신으로부터 떠나라는 외침이었다. 예레미야 11장 13절에 보면 바알신의 모양을 만들어 세운 제단이 매우 많았음을 보여준다.

이스라엘 민족은 이러한 예언자들의 메시지를 들으면서도 바알신을 버리지 않았다. 그 결과 이스라엘 민족에 대한 하나님의 심판이 시작된다. 이스라엘 민족은 가나안 땅에서 버림받고 쫓겨났으며 앗시리아, 바빌로니아, 로마의 지배를 계속 받는 등 고난과 유랑의 역사 속으로 내동댕이쳐지고 만다. 이것은 그들이 하나님께 순종하지 않고 바알신을 섬긴 결과였다.

왜 이 바알신이 왜 이토록 이스라엘에게 큰 유혹이었을까? 그 신은 도대체 어떤 신이기에 그렇게 강한 힘을 가지고 있었을까? 이스라엘 사람들이 왜 여호와 하나님을 버리고 바알신을 따랐는지를 살펴보는 것은 매우 중요하다. 첫째로 바알신은 편리한 신이었다. 바알을 숭배하는 신앙은 결단과 순종이 필요없는 신앙이다. 보이는 형상을 만들어 그 형상 앞에 제물을 갖다 바치고, 그 형상에 절만하면 농사가 잘 될 것이라는 믿음을 가졌다. 얼마나 편리한 신앙인가! 둘째로 바알신은 물질적이고 가시적인 복을 약속한다. 편리한 신인 데다가 손으로 만져볼 수도 있고 눈에 보이는 물질적인 복을 보장하고 있으니 참으로 금상첨화다. 이스라엘 민족은 수많은 하나님의 영광을 체험했음에도 결국 바알신을 따라가는 민족이 되었다. 이스라엘 사람들은 바알신을 숭배하지 말라고 그렇게 신신 당부했는데도 결국 순종하지 못함으로서 하나님으로부터 심판을 받게 된다.

> 유다야 네 신들이 네 성읍의 수와 같도다 너희가 예루살렘 거리의 수대로 그 수치스러운 물건의 제단 곧 바알에게 분향하는 제단을 쌓았도다 (렘11:13)

> 바알에게 분향함으로 나의 노여움을 일으킨 이스라엘 집과 유다 집의 악으로 말미암아 그를 심은 만군의 여호와께서 그에게 재앙을 선언하셨느니라 (렘11:17)

결국 이스라엘은 하나님께 불순종함으로 바빌로니아와 로마에 의해 멸망하기에 이른다.

이것은 이스라엘 민족만의 이야기가 아니다. 곧 나의 모습이고, 우리들의 모습이 아닌가? 지금도 한국교회는 이 바알신의 유혹을 받고 있다. 바알신과 여호와 신을 동시에 섬기는 혼합주의에 빠지지는 않았는가? 우리는 지금 편리한 신, 가시적인 복을 약속하는 바알신을 찾고 있지는 않는가?

맘몬신

구약에서 바알신은 신약에서 보다 본질적인 신으로 등장한다. 신약에 와서 예수님께서 돈을 맘몬(Mammon)이라고 부른다.(마6:24; 눅16:13) 예수님은 맘몬 대신에 당시 돈이나 부를 나타내는 아람어 낱말을 쓸 수도 있었는데 맘몬이라는 용어를 사용함으로써 돈을 의인화하고 일종의 신격으로 다루었다. 돈에 신성을 부여했다는 사실은 돈에 대해서 뭔가 특별한 것을 말씀하고 있는 것이다. 왜냐하면 예수님의 평소 언어습관은 의인화나 신격화하는 일이 드물었다.

> 한 사람이 두 주인을 섬기지 못할 것이니 혹 이를 미워하고 저를 사랑하거나 혹 이를 중히 여기고 저를 경히 여김이라 너희가 하나님과 재물을 겸하여 섬기지 못하느니라 (마6:24)

예수님이 우리에게 계시해 보여주는 것은 첫째, 돈은 하나의 '권세'라는 것이다. 이 낱말은 단순히 힘을 가르키는 말이 아니라, 신약성경의 권세가 함축된 의미를 지닌 말이다. 권세는 스스로 움직이는 것, 자율을 가지는 것, 고유의 법칙을 갖고 있는 것이며, 그래서 하나의 주체로서 행위를 하는 것이다.

둘째, 그 권세는 영적인 가치를 지닌 것이다. 그것은 단순히 물질세계와 관련된 것이 아니라 영적인 의미를 가지고 있다. 돈의 권세는 결코 중립적이지 않고, 인간으로 하여금 어디를 향하게 한다. 성경에서 종종 죽음이 인격적인 힘으로 등장하듯이 돈이 그러하다. 돈이 권세인 이유는 인간이 돈을 필요로 하기 대문이거나 재물을 얻는 수단이 되기 때문이거나 또는 많은 것을 살 수 있기 때문이 아니다. 이 모든 것 이전에 돈은 이미 하나의 권세며 돈이 드러내는 외적 현상들은 권세라는 실체가 겉으로 드러난 현상일 뿐이다.

  예수님이 하나님과 맘몬 사이에 설정한 병립(竝立) 관계를 과소평가해서는 안 된다. 그것은 수사학적인 어법이 아니고 하나의 현실이다! 인격으로서의 하나님과 인격으로의 맘몬, 이 둘은 서로 상반된다. 어느 것이든 둘 중 하나와 인간과의 관계는 주인과 종의 관계다.(마6:24) 하나님이 주인인 것과 똑같이 맘몬도 주인이다. 즉 인격을 가진 주인이라는 말이다. 예수님은 돈의 노예가 된 어떤 구두쇠에 대해 말하고 있는 것이 아니라 영혼의 왜곡을 말하는 것이다. 예수님은 돈을 잘 쓰라든가, 정직하게 벌라든가 하는 교훈을 많이 말씀하지는 않으셨다. 그는 하나님과 견줄 만한, 사람 위에 주인으로 군림하는, 특별한 목적을 가진 권세에 대해 말하는 것이다. 우리는 돈을 필요로 할 수 있다. 그러나 사실은 돈이 사람을 필요로 한다. 돈이 사람을 얽매어 돈의 법칙에 따라 살지 않으면 안 되도록 사람을 예속시킨다. 우리가 잘 아는 대로 현대인에게 돈이란 중대한 것이다. 돈 이외의 것들, 즉 사랑과 정의, 지혜와 생명 같은 말은 모두 관념적인 말에 지나지 않는다. 흔히 사람들은 돈 이야기하기를 꺼린다. 대화 도중에 누가 돈 문제를 제기하면 무례한 사람으로 몰린다. 이와 같이 돈에 대한 거룩한 감정이 모든 사람의 깊숙한 곳에 자리 잡고 있기 때문이다. 성경은 돈 때문에 생기는 문제들을 윤리적 차원에서 다루지 않는다. 그것은 우선 우상숭배의 문제요, 영적인 문제다.

결국 사람은 자기가 가장 사랑하는 것을 따른다. 성경에서 돈에 집착하는 것 또는 돈을 사랑하는 것을 정당하게 생각하는 본문은 하나도 없다. 진정한 그리스도인이라면 하나님보다 돈을 사랑하는 것을 정당화시킬 수 없으며, 돈을 사랑하는 것이 하나님의 영광에 참여하는 것이라거나 복을 받은 증거라고 말할 수 없다. 예수님은 선택의 필요성을 강하게 역설하고 있다. "하나를 사랑하면 다른 하나는 미워한다." 따라서 하나를 사랑하는 것은 다른 것을 단순히 멀리하거나 관심을 두지 않는 수준이 아니라 다른 것을 '미워하는' 것이다. 돈을 사랑하는 것, 거기에 집착하는 것, 그것은 하나님을 미워하는 것이다. 따라서 바울이 왜 돈이 모든 악의 뿌리라고 말했는지를 이해하게 된다.

> 돈을 사랑함이 일만 악의 뿌리가 되나니 이것을 탐내는 자들은 미혹을 받아 믿음에서 떠나 많은 근심으로써 자기를 찔렀도다 (딤전6:10)

이것은 윤리문제를 따지는 것이 아니라 오히려 철저히 그와 반대적인 표현이다. 돈이 하나님에 대한 증오인 한, 결국 돈은 하나님과의 사이를 갈라놓는 모든 악의 뿌리다. 그래서 바울은 본문에서 돈을 사랑하는 사람은 그 믿음을 '잃는다'고 강조한다. 단순히 윤리적인 잘못으로는 믿음을 잃지 않는다. 윤리적인 잘못은 믿음에서 '멀어지게' 하는 사탄의 유혹일 뿐이다.

그러므로 돈에 대한 사랑을 물리치는 것은 우리의 능력에 속한 일이 아니다. 우리의 힘은 부족하다. 하나님의 개입이 필요하다. 돈에 대한 사랑, 곧 우리가 아무리 거기에서 자유롭다고 해도 벗어나지 못하는 돈에 대한 애착을 드러낸 말씀으로 이해해야 한다. 하나님의 명령에 따라 우리의 삶을 가늠하지 않는 한 우리는 아직 돈에 사로잡혀 있는 것이다. 이 둘의 화합, 그것이야말로 사람이 늘 찾아 헤매는 것이지만, 이 둘은 절대 화합될 수 없다."2)

경제학자인 게오로그 짐멜(Georg Simmel, 1858-1918)은 그의 방대한 저서 『돈의 철학』에서 "돈은 사회의 화학적 힘이다"라고 말한다. 돈은 사회에서 일어나는 모든 관계들을 본질적으로 바꾸어 버린다는 말이다. 남녀간에 사랑도 돈이 개입하자마자 사랑은 변질되어 버린다.

맘몬신과 바알신은 사이좋은 의형제다. 구약의 이스라엘을 유혹하는 신이 바알신이었다면, 신약에서 우리들을 유혹하는 신은 바로 맘몬신이다. 예수님께서 하나님과 맘몬을 동시에 섬길 수 없다고 하신 것은 맘몬신의 위력을 간파하신 말씀이다. 예수님께서 하나님과 맘몬 사이를 병립시킨 것을 과소평가해서는 안된다. "한 사람이 두 주인을 섬기지 못할 것이니 혹 이를 미워하며 저를 사랑하거나 혹 이를 중히 여기며 저를 경히 여김이라"라고 하신 것은 둘 중의 하나를 택해야만 한다는 것을 말한다. 사람들의 본성은 동시에 두 가지 것, 즉 여호와 하나님과 맘몬신을 함께 섬기기를 원한다. 그러나 예수님께서는 결코 둘을 동시에 섬길 수 없다고 분명하게 말씀하셨다.

현재는 돈이 황제처럼 숭배되는 시대다. 심지어는 『돈 황제』라는 책이 나올 정도다. 돈이 최상의 가치다. 돈만 있으면 오늘 우리 시대에 안 되는 게 없다. 돈이면 성공도 살 수 있고, 사랑을 살 수 있고, 명예도 살 수 있고, 효자도 될 수 있고, 심지어 좋은 신앙인도 만들 수 있다. 돈이야말로 현실 세계에서 하나님보다 힘이 있다. 사회에서 뿐만 아니라 교회 안에서도 하나님의 말씀보다 돈의 위력이 더 큰 것을 솔직하게 인정할 수밖에 없다. 현실적으로 돈이 지배하고 있고 돈이 황제로서 추앙을 받고, 돈이

---

2) 자끄 엘륄, 양명수 역, 『하나님이냐 돈이냐』(대장간, 2006), 107-126쪽.

황제로서 권세를 누리고 있는 것이 오늘의 세계와 교회의 현실이다. 평상시에는 신앙이 좋아 보이는 사람이라도 비상시가 되면 돈의 유혹에 넘어가기 마련이다. 여호와 신만으로는 부족하기에 돈의 신을 찾는 것이 우리들의 모습이다. 진정 나를 든든하게 하고, 편안하게 하고, 내 마음을 끄는 것이 하나님인가? 돈인가? 돈을 섬기는 것이 바로 기복주의다! "여호와는 나의 힘이요, 나의 노래요, 그는 나의 구원이시라." 시편의 노래가 있다. 과연 그러한가? 교회를 다니는 많은 사람들이 "돈은 나의 힘이요, 돈은 나의 노래요, 돈은 나의 구원"이라고 고백하고 있지는 않은가?

오늘 우리 사회는 대학입시 문제로 심각하게 고민하고 있다. 대학입시는 우리나라를 성공 지상주의로 물들게 하는 사탄이다. 사탄은 한국 땅 곳곳에 출몰하여 돈과 출세 외의 다른 것을 바라보지 못하게 만들고 있다. 왜 이렇게 대학입시가 우리들의 중요한 문제가 되고 있는가? 대학에 들어가기 위해서 어려서부터 몇 백만 원, 몇 천만원을 들여가면서 과외를 하고, 평소에는 기도가 무엇인지도 모르는 사람이 입시 때가 되면 백일기도와 금식기도를 하는 열심은 어디에서 나오는가? '대학입시 대비 산상기도회'는 요즘 아주 흔한 교회 내 집회가 되었다. '백일기도회'라는 불교식 축복기원 집회가 유행하더니 이제는 아들의 장래를 고민하는 어버이들을 위한 기도회도 생겼다. 평소에는 기도가 무엇인지도 모르는 사람들이 구름 때처럼 몰리고 있다. 입시가 이렇게 중요한 문제로 대두된 것은 한마디로 공부를 잘 하는 것이야말로 돈과 성공을 보장하고 결혼의 대상까지도 바꿀 수 있기 때문이 아닌가? 공부를 잘 하는 것, 좋은 대학에 가는 것이야말로 복을 보장해주는 확실한 근거고 길이기 때문이다. 좋은 대학을 가는 것보다 더 확실한 것이 없다는 것을 보면, 사람들이 얼마나 영리한지를 알 수 있다.

그러기 때문에 좋은 대학을 들어가는 일이라면 신앙도 동원하고, 돈도 동원하고, 할 수만 있다면 모든 것을 다 동원하는 것이다. 우리나라에서 가장 뿌리 깊고 많은 신도를 가지고 있는 신흥 종교가 어떤 종교인지 아는가? 바로 '대학-교(大學-敎)'다. 공부를 잘 해서 좋은 대학에 들어가는 것은 돈과 좋은 결혼, 나아가서 인격과 출세까지도 보장해 준다. 거기다 인문학보다 현실적으로 돈을 많이 벌 수 있는 학과를 좋아한다. 이런 상황에서 한국의 미래는 어떻게 될 것인가? 이 시대는 돈이 지배하고 있다. 돈의 권세가 우리들의 삶을 속속들이 지배하고 있는 시대를 살고 있다. 맘몬신을 거역하는 것은 이스라엘 민족이 가나안 땅에 들어가서 바알신을 따르지 말라는 하나님의 명령을 어기고 만 것처럼 매우 어려운 일이다!

민중의 아편

많은 사람들은 위로를 얻기 위해서 교회에 간다고들 한다. 우리의 하나님은 위로의 하나님이시다. 참되고 완전한 위로는 오직 여호와 하나님께로만 있다. 교회는 분명히 위로의 저수지가 되어야 한다. 그러나 위로가 어떤 것인지에 대해서 한 번 생각해 볼 필요가 있다. 위로의 실체가 도대체 무엇일까? 내가 지금 무슨 위로를 구하고, 받고 있는지를 생각해 보아야 한다. 많은 사람들은 결단 없이, 순종 없이, 고난 없이, 아픔 없이 쉽게 위로를 얻고자 한다. 가시적이고, 직접적이고 물질적인 결과를 원하고 있다. 프리드리히 니체가 '신은 죽었다'고 선언한 이후 이십 세기 초 위대한 사상가이며 많은 사람들에게 영향을 미쳤던 칼 마르크스는 순종 없는, 결단 없는, 아픔이 없는 기독교를 향해 '민중의 아편'이라고 말했다. 단순한 의미에서 기독교 신앙이 '민중의 아편'일 수 없지만 현실은 그것이 아니지 않는가? 신이 죽었으니 당연히 신앙이란 마약이 될 수 밖에 없다. 마약은 우리의 기분을 좋게 해 준다. 몇 푼 돈만 있으면 기분이 좋아지고 힘이 솟아나게 하는 것이 바로 아편이다.

오늘 한국교회가 과연 '민중의 아편'이 아닌가를 엄숙하게 생각해 볼 필요가 있다. 아편 같은 위로를 얻으려는 사람들이 한국교회 안에 너무도 많다. 그것은 순종을 거부하는 종교다. 그런 신앙은 고난과 결단을 거부한다.

지금 아편을 찾는 무리들이 갈수록 교회 안밖에 늘어나고 있다. 아편으로 우울한 기분과 쓰라린 통증을 한방에 날려 버릴 수 있다. 아편을 맞으면 신바람이 난다. 그러나 아편을 맞으면 순간적으로 기분은 좋을지 몰라도 건강해지는 것이 아니라 결과적으로 몸과 마음을 해치게 된다. 오늘 우리 한국교회가 많은 수의 교인이 있다는데 왜 이토록 무기력한가? 아편을 맞고 있기 때문이다. 요즘은 교인들의 비위를 맞춰주는 목사들이 늘어나고 있다. 아편을 주어야 교회가 성장한다는 논리는 이미 증명된 사실이다. 아편을 안 주면 교인 수가 늘어날 수 없다. 쉬운 신앙, 결단이 없는 신앙, 순종이 없는 신앙, 아픔을 주지 않는 신앙이 인기가 있다. '내게 강 같은 평화'를 부르며 두 손을 들고 찬양하면 기분이 좋아지고 힘이 생기는 것 같고, 얼굴에 화색이 돈다.

"거기에다 우리나라도 일본과 함께 세계적 도박국가가 되어가고 있다. 도박, 복권, 경마, 경륜, 카지노 등 도박이 성행하고 있다. 강원랜드 중독관리센터의 책임자인 박선재 상무는 이렇게 말했다. 우리는 카지노를 운영한지 13년이 되었다. 13년간 카지노를 운영하면서 여러 가지를 느낄 수 있었다. 일단 카지노는 지역주민들의 선택의 여지가 없는 '극약처방'이었다.

어떤 철저한 중독 방지, 관리 시스템으로도 사행산업의 부작용, 가족 붕괴, 자살, 지역 공동체의 파괴 등을 근본적으로 막을 수 없었다. 그렇기 때문에 지역 재생 전략으로 카지노를 유치하는 일은 카지노가 사행산업이라는 것을 염두에 두고 매우 신중하게 이뤄져야 하며 철저한 준비가 필요하다. 강원랜드는 국가에서 운영하기 때문에 '통제'가 가능하다. 하지만 민간기업의 투자로 카지노를 만들었다면 부작용을 막을 수 없다고 생각한다."3)

또 교인 중 어떤 사람들은 아무 생각없이 주식에 투자하는 사람들도 있다. 주식에 투자하는 사람은 좋은 신앙인이 결코 될 수 없다. 왜냐하면 그들은 하나님을 주야로 묵상하는 것이 아니라 돈을 주야로 묵상할 수 밖에 없기 때문이다. 주식은 그리스도인의 영성을 가질 수 없게 만드는 무서운 독(毒)이다.

또 저축이 신자에게 무엇을 의미하는지 살펴보자. "성경이 제시하는 그리스도인의 자세는 저축행위에 대한 새로운 인식전환이다. 사람이 돈을 따로 챙길 때, 그리고 사람이 무엇을 확실히 해둘 때, 그런 행위가 무엇을 의미하는지를 생각해야 한다. 사실 미래를 확실히 해두려는 행위는 저축행위에 포함되어 있다. 이러한 행위는 미래를 보장받으려는 의지, 사고나 상황변화, 재산의 변화 등 앞으로 닥칠지 모를 일에 대해 스스로 안전을 강구하려는 의지의 표현이다. 자기의 노후생활을 보장받기 위해서거나 자녀양육을 위해 그렇게 하는데, 어떻게든 그것은 미래를 보장받으려는 수단이다. 미래의 불확실성, 삶의 돌발 사고에 대비하여 재물을 예비해두어 불의의 상황에 대비하고자 하는 자세다. 그것이 저축의 역학 구조. 이것은 믿지 않는 자, 유물론자, 그리고 대부분의 사람들에게는

---

3) 고마츠 키미오·다케코시 마사히로, 홍상현, 『카지노믹스의 허구』(미래를소유한사 람들, 2015), 4-10쪽.

아주 합당한 행위다. 그들은 미래에 대한 완전한 불확실성 속에서 살아갈 수 없다고 생각하는 것이다. 잠시 후면 삶이 통째로 날아갈지 모르며, 그걸 막을 만한 아무런 수단도 갖고 있지 않다고 생각하면서 살아갈 수는 없다. 그래서 돈을 저축하여 미래를 보장받으려는 것이다. 돈이 보장을 못하면 어떻게든 국가의 보장이라도 받으려고 한다. 이점에서 국가가 경영하는 사회주의도 자본을 축적하는 자본주의와 다른 바가 없다. 그러나 안정을 추구하기 위해 시작한 저축은 급속히 자율의지로 발전된다. 부자는 독립과 자유를 선언한다. 그러한 기반 위에서 그는 스스로 자기 삶을 구축하고 자기가 원하는 대로 삶을 끌고 간다. 결과적으로 저축은 그로 하여금 비기독교적인 경향을 강화하고 마침내 하나님 부재를 선언하게 된다. 이는 마치 부자가 "좋은 물건들을 많이 쌓아 두었으니 안심하고 먹고 마시고 즐기라"고 한 것과 같다.(눅12:17~21) 그러나 모든 저축을 정죄하는 것은 물론 아니다. 선물을 한다거나 살 집을 마련하기 위한 구체적인 목적을 가지고 저축을 한다거나 또는 수입이 불규칙한 공장의 경우 그 수입을 몇 년간 저축한 후 분할하는 것은 있을 수 있는 일이다. 내년에 씨를 뿌리기 위해 농부가 미리 예치해두거나 기업의 불가피한 투자는 있을 수 있다. 이런 것들은 자기나 자녀의 장래를 보장하기 위해 준비하는 저축이나 보험에서 제외된다.

어쨌든 저축은 인간의 매우 단순한 성향을 나타낸다. 저축을 함으로써 인간은 하나님을 불신하고 세상 것을 신뢰하게 되고 하나님과의 관계보다 돈과의 관계를 더 좋아하게 된다. 왜냐하면 이 돈 관계란 이론의 여지없이 존재(to be)중심에서 소유(to have)중심으로 예속되기 때문이다. 그러므로 미래를 보상하는 수단으로 우리는 저축을 하지 말고, 거짓 안정을 신뢰하지 말아야 한다(딤전6:17-19).[4]

---

[4] 자끄 엘륄, 『하나님이냐 돈이냐』(대장간,2008), 150-207쪽.

이스라엘 신앙에 있어서 바알신이 항상 올무와 함정이 되었던 것처럼 이 시대를 살아가고 있는 우리들의 신앙에 있어서도 맘몬신이 올무와 함정인 것을 알아야 한다.

구약의 부와 신약의 부

돈의 문제는 인류 역사에서 언제나 사람들에게 골칫거리였다. 구약에서 대부분의 부는 좋고 의로운 것으로 여겨지는데 반해, 신약에서 부자는 거의 예외 없이 정죄되고 있다. 이것은 분명 놀라운 사실이다!

하나님 앞에서 부를 많이 얻기 위해 기도하는 것은 옳은 태도가 아니다. 우리가 할 수 있는 유일한 기도는 잠언에 있는 "나를 가난하게도 마옵시고 부하게도 마옵시고 오직 필요한 양식으로 나를 먹이시옵소서"(잠 30:8) 라는 기도다. 부는 허영일 뿐이다.

> 부자 되기에 애쓰지 말고 네 사사로운 지혜를 버릴지어다 네가 어찌 허무한 것에 주목하겠느냐 정녕히 재물은 스스로 날개를 내어 하늘을 나는 독수리처럼 날아가리라 (잠23:4-5)

> 충성된 자는 복이 많아도 속히 부하고자 하는 자는 형벌을 면하지 못하리라 (잠28:20)

부는 사람과 관계를 맺을 때 인간의 위대한 정신과 가치를 드러내는 것이 아니라 오히려 인간의 악을 드러낸다. 성경은 말하기를 부는 타락의 기회다. 이와 관련하여 우리는 다음의 두 가지를 지적할 수 있다. 사람은 하나님보다 재물에 더 신뢰를 두는 경향이 있기 때문에 부는 타락케 하는 유혹이다. 일단 부의 힘을 소유하게 된 사람은 자신의 사랑과 희망과 안전을 돈의 힘에 의지하려 한다. 왜냐하면 사람은 하나님이 약속하고 주시는 것보다는 당장 눈에 보이는 것을 더 좋아하기 때문이다. 이것은 어쩔 수 없는 인간의 본성이다. 인간은 보통 재물과 돈 위에 앉아서 이렇게 말한다.

> 또 내가 내 영혼에게 이르되 영혼아 여러 해 쓸 물건을 많이 쌓아 두었으니 평안히 쉬고 먹고 마시고 즐거워하자 하리라 하되 (눅12:19)

많은 재물을 가지고 있으면서 의롭게 되기란 참으로 어렵다. 의란 다름이 아니라 하나님의 행위에 절대적으로 복종하는 것이다. 또한 물질의 풍요는 하나님을 무시하게 만든다. 사람은 배가 부르면 교만해지기 마련이다. "그들이 먹여 준 대로 배가 불렀고 배가 부르니 그들의 마음이 교만하여 이로 말미암아 나를 잊었느니라"(호13:6) 오늘날의 세계는 돈이 차고 넘쳐 가난한 사람들까지도 부자들의 정신에 동참하게 되었다.

부를 가진 사람은 하나님께 큰 의무를 지고 있다. 부유한 사람은 가난한 사람들의 말을 듣고 그들을 돕기 위해 언제든지 자신의 재산을 나누어 줄 준비가 되어 있어야 한다. 이것은 부를 가진 대가다. 이와 같은 자세가 재물을 옳게 사용할 수 있는 유일한 길이다. 성경은 부자에 대한 가난한 자들의 권리도 언급하고 있다. 잠언 31장 5절에 보면, 항상 불행하고 가난한 자들을 생각하고 그들의 권리를 세워주어야 한다고 말한다. 그러므로 부자가 가난한 자들에게 재산을 나누어준다고 해서 그것이 그의 덕행이나 공적이 될 수는 없다. 그는 단지 그 자신의 의무를 이행했을 뿐이다. 잠언에서 가난한 자들의 권리를 세우라는 말은 가난한 자들에게 재산을 나누어주라는 뜻이다. 가난한 자들은 그가 가난한 사람이라는 이유만으로 부자로부터 재산을 나누어 받을 권리가 있다. 이 권리가 거부당할 때는 하나님께서 개입하셔서 그 권리를 회복시킬 수밖에 없다. 우리는 노동자를 어쩌면 그렇게 혐오하는 있는가? 그들이 교인들에게 무슨 해를 끼치길래 그들을 미워하는가? 노동자들은 가난한 자들이 아닌가? 당연히 교인이라면 그들의 편에 서야하는데도 그렇게 하면 당장 좌파, 종북으로 몰리는 상황이 되었다. 안타가운 현실이다!

 돈에 대한 원칙적인 긍정을 천명하는 말이 잠언에 있음은 놀라운 일이 아니다. "부자의 재물은 그의 견고한 성이요."(잠10:15) 우리는 이러한 현실을 부인할 수 없다. 오늘의 현실을 직시할 때, 재물이 은신처가 되는 것은 확실하다. 그리고 돈은 모든 문제를 해결해주는 열쇠다. 여기에 무슨 악이 있단 말인가? 그러므로 돈을 거부할 이유는 없다고 보는 것이 일반적인 결론이다. 돈이라는 히브리어 낱말 '카사페'는 원래 무엇을 탐낸다는 뜻의 동사에서 유래된 말이다. 여기서 알 수 있는 첫번째 사실은 돈의 영적인 위력이 경제와 신학이 발전된 후에 생겨난 것이 아니고 처음부터 돈의 본질을 그렇게 인식하고 있었다는 말이다.
 돈이라는 낱말의 히브리어 어원에서 알 수 있는 두 번째 사실은, 인간은 돈을 소유하고자 하는 열정에 사로잡혀 있으며 소유하고 있는 돈의 양이 얼마이든지 인간은 결코 만족할 줄 모르며 더욱 더 많이 갖기를 바란다는 것이다.

> 은을 사랑하는 자는 은으로 만족하지 못하고 풍요를 사랑하는 자는 소득으로 만족하지 아니하나니 이것도 헛되도다 재산이 많아지면 먹는 자들도 많아지나니 그 소유주들은 눈으로 보는 것 외에 무엇이 유익하랴 노동자는 먹는 것이 많든지 적든지 잠을 달게 자거니와 부자

는 그 부요함 때문에 자지 못하느니라 (전5:10-12)

사람은 돈의 양에 만족할 줄 모르며 돈을 가진 자는 더욱 더 많이 가지려고 한다. 사람은 영원에 이르기까지, 그의 죽음에 이르기까지 자기가 가장 사랑했던 것을 따른다. 돈을 사랑하는 것, 그것은 망하여 사라지고, 무(無)로 되고, 죽음에 이르기까지도 돈을 따르도록 저주받은 것을 의미한다. 그러므로 신약성경에서 돈에 집착하는 것 또는 돈을 중시하는 것을 정당하게 생각하는 본문은 하나도 없다. 진정한 그리스도인이라면 하나님보다 돈을 사랑하는 것을 정당화시킬 수 없으며, 돈을 사랑하는 것이 하나님의 영광에 참여하는 것이라거나 복을 받은 증거라는 말은 통하지 않는다.

젊은 부자 청년

만일 돈이 영적인 이면을 가지지 않은 단순한 객체에 불과한 것이었더라도 예수님께서 돈을 그토록 멀리 하셨을까? 돈을 사랑하는 것, 그것에 집착하는 것, 그것은 하나님을 미워하는 것이다. 따라서 바울이 왜 돈이 모든 악의 뿌리라고 말할 수 있었는지를 이해하게 된다.(딤전6:10) 돈이 하나님에 대한 증오인 한, 결국 돈은 하나님과 우리 사이를 갈라놓는 모든 악의 뿌리다. 바알신과 맘몬신, 즉 돈의 문제는 예수님과 부자청년과의 대화에서 극적으로 나타난다.

과연 하나님 나라에 들어갈 자가 누구인가?

> 예수께서 둘러 보시고 제자들에게 이르시되 재물이 있는 자는 하나님의 나라에 들어가기가 심히 어렵도다 하시니 제자들이 그 말씀에

놀라는지라 예수께서 다시 대답하여 이르시되 얘들아 하나님의 나라에 들어가기가 얼마나 어려운지 낙타가 바늘귀로 나가는 것이 부자가 하나님의 나라에 들어가는 것보다 쉬우니라 하시니 제자들이 매우 놀라 서로 말하되 그런즉 누가 구원을 얻을 수 있는가 하니 예수께서 그들을 보시며 이르시되 사람으로는 할 수 없으되 하나님으로는 그렇지 아니하니 하나님으로서는 다 하실 수 있느니라 (막 10:23-27)

위의 말씀은 부자 청년이 "부를 다 팔고 가난한 자에게 주고 나를 따르라"는 말씀을 듣고 부자 청년이 슬퍼하고 근심하며 돌아간 다음 예수님은 제자들에게 말씀 하신 대목이다. 예수님의 가르침을 듣고 부자 청년은 충격을 받고 슬퍼하며 떠나갔다.(막10:22) 예수님은 부자 청년을 교회에 등록시키지 않으셨다. 한국교회라면 이 부자청년이 우리 교회에 등록했다고 자랑스러워 하고 재정이 늘게 되어 기뻐하지 않을까? 부자 청년이 통하여 많은 사람들에게 간증을 하게 되면 두루 두루 좋지 않겠는가? 어떤 목사는 처음부터 신앙이 좋을 수 없으니 시간이 지나 신앙이 성숙하면 자기가 가진 재산을 내어놓을 수 있을 것이라 생각하며 좀 더 기다리는 인내가 필요하다고 말할 것이다. 오히려 한국교회는 부자가 기분 나쁘다고 교회를 떠나면 그를 쫓아가서 설득하는 현실이 아닌가? 부자가 떠나면 목사와 교인들이 오히려 충격을 받고 슬퍼하지 않을까? 그러나 예수님은 그렇게 하지 않으셨다! 목사들은 예수님처럼 설교해야 마땅하지 않은가? 부자청년은 간절히 영생, 곧 하나님 나라를 원했지만 부를 포기할 수 없었다. 이 둘 사이에서 갈등 관계다. 그만큼 그에게는 재물이 중요했다. 그는 영생과 현세의 재물을 둘 다 가지고 싶었을 것이다.

부자는 하나님 나라에 들어가기 어렵다

물질문명의 편안함을 누리고자 하는 교인들은 대개 이 부자와 같은 태도를 가지고 있다. 그러나 하나님과 재물을 동시에 섬길 수는 없다! 정당하지 못한 방식으로 부를 축적하는 사람, 그렇게 모은 돈을 포기하지 못하는 사람은 재물을 섬기는 사람이다. 재물을 섬기는 사람은 하나님을 유일신으로 섬기는 사람이 아니다. 그러한 사람은 예수님의 제자라고 할 수 없다. "재물이 있는 자는 하나님의 나라에 들어가기가 심히 어렵도다(how hard it is)"(막10:23)라고 하였다. 이 말씀은 부자가 구원받기 심히 어렵다는 뜻이다. 아마도 부자들은 당연히 이 말씀을 좋아하지 않을 것이다. 그러나 이 말씀은 예수님의 말씀이다. 성도라면 거절할 수 없는 예수님의 말씀이다. 이 말씀을 거절하려면 성도이기를 포기해야 한다.

구원을 받지 못할 가능성이 훨씬 더 많은 부자 기독교인들이 많다. 그저 예수님만 믿으면 누구나 쉽게 구원을 얻는다고 가르치는 목사들이 많다. 그러나 예수님께서는 분명하게 말씀하신다. 부자는 하나님 나라에 들어가는 것이 심히 어렵다고! 이 말씀을 듣고 제자들은 놀랐다.(막10:24) 놀람은 예상하지 못한 것에 대한 반응이다. 제자들은 아마도 부자들이 구원받는 것이 쉽다고 생각했을 것이다. 그렇게 그들은 하나님보다 재물을 더 사랑한다는 것을 보여 주었다. 그들이 과연 구원받을까? 매우 어렵지 않겠는가?

예수님을 믿으면 물질의 복을 받는다는 생각이 한국교회에 깊이 뿌리 내리고 있다. 많은 사람들이 예수님의 말씀을 듣고 놀란 제자들과 비슷한 생각에 사로잡혀 있다. 이처럼 물질적인 복음에 사로잡힌 사람들은 예수님의 말씀을 듣고 놀라야만 한다. 예수님을 믿으면 반드시 물질의 복을 받게 되는 것은 아니다. 예수님을 따르는 길은 오히려 예수님과 함께 십자가에 못 박히러 가는 길이다. 십자가의 길은 거부하고 재물의 복을 받기 위해 예수를 믿는 자들이 있다. 그들은 교회당에 가고, 예배에 참석하고 집사나 장로가 될 수도 있고, 목사가 될 수도 있다. 그러나 하나님 나라에 들어가는 것은 심히 어렵다.

부자가 얼마나 하나님 나라에 들어가기 어려운지 예수님께서는 비유를 통해 명확히 알려주셨다. "낙타가 바늘귀로 나가는 것이 부자가 하나님의 나라에 들어가는 것보다 쉬우니라"(막10:25) 낙타는 바늘귀를 통과할 수 없다. 낙타가 바늘귀로 통과한다는 표현은 "불가능하다"는 뜻이다. 신학자들은 이런 저런 이유로 이 말씀을 쉽게 만들고 과장된 표현이라고 말하려 한다. 또 많은 목사들이나 교인들은 부자 청년의 이야기는 전혀 나와 상관 없는 말씀이라고 생각하고 있는 것 같다. 그러나 부자라면 모두 여기에 해당한다. 먹을 것과 마실 것, 집이 있는 사람은 모두 부자다. 가난한 자를 도울 재물이 있는 사람은 모두 부자다. "하나님은 우리가 신앙이 있는지 없는지를 재물을 통해 정확하게(exactly), 수학적으로(mathematically)으로 아신다. 부자는 그가 가진 재물이 얼마가 되든 간에 자신은 특전을 누리는 위치에 있음을 알아야 한다. 사람은 항상 다른 사람에 비해 부유하기 마련이다. 신자들은 재물을 드리는 행위를 통해 돈의 신이 폐위되었음을 보여 줘야 한다"5)

제자들은 예수님의 말씀을 듣고 부자가 구원 얻는 것이 심히 어려움을 알았다. 예수님의 말씀대로라면 도대체 누가 하나님 나라에 들어갈 수 있단 말인가? 부자가 구원 받는 것이 낙타가 바늘귀를 통과하는 것처럼 불가능하다면 가난한 자도 구원 받는 것은 결코 쉽지 않다.

예수님께서는 제자들이 바르게 이해했음을 확인하셨다. "사람으로는 할 수 없다!"(막10:27) 부자이든 가난한 자이든 스스로 구원받는 것은 불

---

5) 앙드레 비엘레, 박성원 역, 『칼빈의 사회적 휴먼니즘』(대한기독서회, 2003), 55-56쪽.

가능하다. 부유함은 구원의 장애물이지만, 그렇다고 가난이 구원의 조건은 아니다. 부유하든지 가난하든지 사람의 능력으로 구원받는 것은 불가능하다. 그러나 구원 받는 사람이 없는 것은 아니다. 왜냐하면 하나님께는 누구든지 구원이 가능하시기 때문이다. "하나님으로서는 다 하실 수 있느니라."(막10:27) 구원이 가능한 이유는 사람에게 있지 않고 오로지 하나님의 능력에 있다. 구원받기 불가능한 부자가 불의한 재물을 포기할 수 있도록 변화시키는 능력이 하나님께 있기 때문이다.

사람은 어떠한 변화를 받아 구원받기에 이르는가? 하나님의 능력은 사람을 변화시켜 예수님과 복음을 위하여 집이나 형제나 자매나 어머니나 아버지나 자식이나 전토를 버릴 수 있게 하신다.(막10:29) 하나님의 구원의 능력은 우리로 하여금, 집이나 토지, 가족마저도 복음을 따르기 위하여 포기할 수 있게 하신다. 성령은 불의한 재산을 처분하여 가난한 자들에게 나누어 줄 수 있도록 우리를 감동시키신다.

재물을 팔아 가난한 자들에게 주고 예수님을 따르면 하나님 나라에 들어갈 수 있다는 복음의 말씀은 부자들을 위한 것임에도 불구하고 부자들은 받아들이지 않는다. 오히려 가난한 자들이 먼저 받아들인다. "가난한 자는 복이 있나니 천국이 저희 것임이요"(마5:3) 교회는 가난한 자들이 먼저 받아들이는 복음을 포기하지 말아야 한다. 가난한 자들의 눈물을 닦아 주고 부자들이 심히 슬퍼하고 고민하게 만들어야 한다. 예수님의 복음은 불의한 재물을 포기하고 가난한 자들에게 주라고 명한다. 그렇게 할 때 하나님 나라에 들어갈 것이라고 한다.

우리는 예수님께서 전하신 복음을 왜곡하지 말아야 한다. 부자들이나 권력자들이 좋아하는 방식으로 말씀을 부드럽게 만들거나 아예 그런 말씀은 처음부터 배제하고 있지 아니한가? 복음은 인간이 싫어하는 것을 명한다. 진정한 복음은 교회의 문턱을 높인다. 이러한 복음을 전하면 교회의 문을 닫아야 할 것처럼 생각된다. "오늘과 같은 풍족한 시대에 예수님을 따르려는 그리스도인과 교회는 이 말씀에서 경각심을 일으켜야 마땅하다. 그리스도인들을 당혹스럽게 만들어야 한다."6) 나아가 "영혼을 상실하고 물질을 숭배하는 교회는 더 이상 예수님의 교회가 아니다. 우리들이 다니고 있는 교회에서 예배를 마치고 나면 부자들이 슬픈 기색을 띠고 근심하며 가는가? 아니면 양심의 가책을 벗어버리고 기뻐하며 가는가? 팔리지 않는 예수님의 명품 복음을 포기하고, 물질주의 짝퉁 복음을 전하지는 않는가? 예수님이 가르치신 복음은 값비싼 복음이다. 우리는 모든 것을 팔아 그 복음을 사야 한다. 이것을 값싸게 만드는 복음은 가짜 복음일 수밖에 없다."7) 본회퍼가 말한대로 "예수님의 말씀에 제자들이 놀라 그렇다면 누가 구원을 얻을 수 있으리이까?'라는 물음을 제기하는 장면을 보면, 이것이 부자 청년 한 사람에게만 해당하는 사안이 아니라 모든 사람에게 보편적으로 해당하는 사안임을 알 수 있다. 제자들은 "누가 부자입니까?'고 묻지 않고, 아주 일반적으로 "누가 구원을 얻을 수 있습니까?'라고 물었다. 왜냐하면 모든 사람이, 그리고 제자들 자신들도 하나님 나라에 들어가기가 매우 어렵기 때문이다. 예수님의 대답은 제자들에 대한 설명을 통해 이런 해석을 확증한다. 예수님을 따름으로써 구원을 얻는 것은 결코 인간의 가능성이 아니다. 그러나 하나님에게는 모든 것이 가능하다."8) "이제 우리는 하나님과 맘몬, 둘 중에 하나를 선택해야 한다. 맘몬을 원한다면 그는 하나님을 원하지 않는다는 뜻이다. 부자들은 이 고뇌의 선택 앞에 서 있다. 혼 나도 부자의 대열에 끼여 있지 않다고 말할 수 있는가?"9)

---

6) 하워드 요더, 홍병룡 역, 『급진적 제자도』(죠이선교회, 2015), 82-83쪽.
7) 신현우, 『메시아 예수의 복음』(킹덤북스, 2011), 237-245쪽.
8) 디트리히 본회퍼, 손규태·이신건 역, 『나를 따르라』(대한기독교서회, 2010), 90쪽.
9) 자끄 엘륄, 양명수 역, 『하나님이냐 돈이냐』(대장간, 2008), 224, 229쪽.

가난한 자는 어디 있는가?

예수님께서는 "가난한 자들은 항상 너희와 함께 있거니와 나는 항상 함께 있지 아니하리라"(마26:11)고 말씀하셨다. 그렇다면 지금 가난한 자들은 어디에 있는가?

> 내가 주릴 때에 너희가 먹을 것을 주지 아니하였고 목마를 때에 마시게 하지 아니하였고 나그네 되었을 때에 영접하지 아니하였고 헐벗었을 때에 옷 입히지 아니하였고 병들었을 때와 옥에 갇혔을 때에 돌보지 아니하였느니라 하시니 그들도 대답하여 이르되 주여 우리가 어느 때에 주께서 주리신 것이나 목마르신 것이나 나그네 되신 것이나 헐벗으신 것이나 병드신 것이나 옥에 갇히신 것을 보고 공양하지 아니하더이까 이에 임금이 대답하여 이르시되 내가 진실로 너희에게 이르노니 이 지극히 작은 자 하나에게 하지 아니한 것이 곧 내게 하지 아니한 것이니라 하시리니 (마25:42-45)

여기서 보는 바와 같이 예수님은 놀랍게도 가난한 자를 자신과 동일시하신다. 우리 주위에는 얼마든지 가난한 자들이 넘쳐 있다는 사실을 알아야 한다. 우리의 눈을 열어 볼 수만 있다면 가난한 자들이 우리 주위에 얼마나 많은지 볼 수 있다. 가난한자를 돌보지 않는 자는 예수님을 돌아보지 않는 것과 같다! 혹, 우리는 가난한자들과 함께 있지 않았다고 현장 부재를 증명(alibi)하려는 자와 같이 행동하는 사람은 아닐까? 성경의 저자이자 편집자이신 하나님은 무슨 이유로 하나님 나라와 기도에 대한 내용보다 두 배나 많은 약 2,350구절을 돈에 대해 언급하셨을까? 이는 천국과 지옥에 대한 내용보다 더 많은 수이기도 하다. 예수님은 정말 중요한 것이 무엇인지 모르셨다는 말인가?

11장 도스토예프스키의 대심문관

> 십자가에 못 박힌 진리는 어느 누구도 억누르지 않으며
> 어느 누구도 강요하지 않습니다
> 골고다의 신비는 자유의 신비입니다
> 예수님은 인간에게 자유를 주기 위해
> 이 세계의 힘에 의해 못 박혀야 했습니다
> —도스토예프스키,『카라마조프가의 형제들』중에서

> 진리를 알지니 진리가 너희를 자유케 하리라
> —요한복음 8장 32절

예수님은 공생애를 시작하시기 전에 광야에서 사탄의 시험을 받으신다.(마4:1-11) 예수님이 받으신 세 가지 시험의 내용은 첫째, 돌들을 떡덩이가 되게 하라. 둘째, 네가 만일 하나님의 아들이어든 성전 꼭대기에서 뛰어 내려 보라. 셋째, 네가 내게 경배하면 천하만국과 그 영광을 주리라는 것이었다. 첫째 시험은 빵과 돈, 즉 경제적인 문제에 관한 것이고, 둘째 시험은 기적, 즉 종교적인 문제, 세 번째 시험은 권력의 문제다. 철학자 베르쟈에프(N. Verdyaev, 1874-1948)가『도스토예프스키의 세계관』에서 "이 세 가지 시험은 예수님이 받으신 시험일뿐만 아니라 우리 모든 인간이 받는 시험이다"[1]고 말한 것은 매우 적절한 말이다.

인간의 욕망은 예수님이 사탄으로부터 받은 이 세 가지 시험에 압축되

---
1) N. 베르쟈예프, 이경식 역,『도스토예프스키의 세계관』(현대사상사, 1991), 212-224쪽.

어 있다고 봐도 과언이 아니다. 사탄이 예수님을 시험하였을 때 예수님은 이 세 가지 시험에 응하지 않으시고 놀랍게도 일언지하에 거절하셨다. 만약 예수님이 이 세 가지 시험을 받아들이고 사탄의 시험대로 응하였더라면 예수님의 신적 권위가 더 잘 나타나고 더 많은 사람들이 따르지 않았을까? 이 보다 좋은 기회가 어디 있을까? 예수님이 그렇게 하셨다면 이 세상이 지금보다 훨씬 행복하고 좋아지지 않았을까 하는 생각이 들지 않는가? "아, 저 사람이야 말로 대단한 사람이다. 아, 저 사람이 메시아가 아닌가? 저 사람이 하는 일을 보라!"고 하지 않았을 것인가?

도스토예프스키의 생애

세계 문학사에 우뚝 선 사람이 있다. 그가 바로 도스토예프스키다. 러시아 작가 도스토예프스키는 성경에 나오는 예수님이 받으신 세 가지 시험에 대하여 누구보다 진지하게 생각했던 사람이다. 도스토예프스키는 젊은 시절, 결혼 생활은 엉망진창이었고 도박 중독의 상태였다. 일단 도박을 하면 빈털터리가 되어서야 끝이 났다. 거기다 그는 평생을 간질병으로 고생했으며 음주와 마약에 취해 있었다. 또 그는 아들의 죽음을 옆에서 지켜보았다. 그가 소설에서 다룬 주제들은 돈, 치정, 죽음, 그리고 살인을 정점으로 하는 폭력이다. 그의 위대한 소설들은 그의 불행하고 파란만장 생애가 아니었더라면 결코 만들어 낼 수 없는 것들이었다. 1849년 그의 나이 28세 때, 4월 7일 빼뜨라셰프스끼 집에서 열린 정기 문학 모임에서 도스토예프스키는 '절대 왕정의 입장을 신봉했다는 이유로 고골을 비난하는 내용'을 담은 벨린스끼의 편지를 읽었다. 4월 23일 고발에 의해 새벽 5시에 문학 모임에 참석한 대부분의 사람들은 정보요원에게 체포당한다. 그후 9월 30일 재판이 시작하여 11월 13일 벨린스끼의 사악한 편지내용을 퍼뜨린 죄목으로 사형을 선고 받았다. 이때는 러시아 황제 니꼴라이 1세가 집권(1825-1855)하는 시대였다. 그는 페트로 파블로브스키 수용소에 수용되어 8개월 만에 사형집행을 언도받고 형장의 이슬로 사라져갈 절박한 위기에 처하게 되었다. 영하 50도의 추위 속에서 28세의 나이로 사형장에 끌려갔다. 병사들이 줄지어 있었고, 그들 뒤로 수많은 구경꾼들이 있었다. 죄수들은 검은 천에 싸인 교수대가 놓인 광장 한가운데로 끌려갔고 그곳에는 관도 놓여 있었다. 남은 시간은 5분, 그는 28년의 삶에 대한 후회의 눈물을 흘렸다. 바로 그때 북소리가 울려 퍼지고 급히 달려온 장교 한 명이 판결문을 낭독했다. 옛날 한국영화에서 금부도사 앞에서 사약을 받아들고 마시려는 순간 말을 탄 관리가 말발굽 소리도 요란하게 나타나 "어명이요!"라고 외치며 집행을 중지시키는 장면과 비슷하다. 황제의 특사로 형 집행이 중단되고 강제 노동형으로 시베리아 벌판, 또볼스끄로 끌려 간다. 이때 그의 나이 29세다. 그러나 도스토예프스키는 그 곳에서 삶의 놀라운 전환점을 맞이한다.[2]

1849년 12월 25일 시베리아의 유배지로 길을 떠난 도스토예프스끼는 시베리아 옴스끄에서 4년 동안 징역을 살았고, 이후 4년간 유형수 부대의 사병으로 복무했다. 그가 시베리아로 가는 도중 또볼스끄에서 그와 함께한 문학 정치 당원 나딸리야 폰비진의 아내가 10루블 지폐에 복음서를 숨겨 몰래 건네주었다.[3]

도스토예프스키는 감방에서 형을 치루는 동안 복음서를 늘 베개 밑에 두고 시시때때로 꺼내 읽었다. 그는 드디어 예수님을 만났고, 회심한 뒤부터 감방 안에 있는 다른 사람들에게 성경을 읽어주기도 하고 가르치기

---

2) 도스또예프스키, 이대우 역, 『까라마조프 씨네 형제들(하)』(2005), 1402쪽.
3) 위의 책, 1355-1392쪽.

도 했다. 그는 분노를 무기삼아 무정부주의자나 사회주의식 유토피아를 추구하는 대신에 그리스도의 십자가 쪽으로 뿌리를 내렸던 것이다. 그런 후에 그는 여러 작품을 썼고 수많은 사람들에게 큰 희망과 감명을 준 세계사적 대문호가 되었다. 그날 이후 미쳐버린 사람들도 있었지만 도스토예프스키는 완전히 변화된 새 사람이 되었다. 죽음을 뼛속까지 느낀 그의 인생은 완전히 달라졌다. 진정한 그리스도인으로 변했다.

"나는 예수 그리스도가 없는 인간의 삶을 상상조차 할 수 없다. 아무리 훌륭한 진리와 부귀가 있더라도 그것이 신앙에 위배되면 나는 그리스도의 편에 설 것이다"고 말했다. 도스토예프스키는 4년간의 시베리아 강제 노동과 군대 복무가 지겹고 힘든 시간이 아니라 새로운 삶의 출발점이 되었다. 4년 동안 5킬로그램에 가까운 쇠고랑을 팔과 다리에 매단 채 나락 같은 감옥생활을 해야 했지만, 그 기간 동안 머릿속으로 수많은 소설을 쓰고 또 썼다. 그는 생을 마감할 때까지 미친 듯한 속도로 집필했다. 복음이 그의 마음에 떨어지니 그의 생각은 수많은 사람들에게 영향을 주는 큰 나무로 자라 그 책을 읽는 많은 사람들에게 감동을 오늘까지도 감동을 주고 있다.

후일 그는 폰비진에게 보내는 편지에서 "설령 누가 내게 그리스도는 진리 밖에 있다고 수학적으로 증명해 보일지라도 나는 그런 진리보다는 그리스도와 함께 남는 쪽을 택할 것"이라고 고백할 정도로 그리스도에 깊이 매료되었다. 선물로 받은 복음서를 도스토예프스키는 성물처럼 평생토록 간직하고 유품으로 남겼다. 시베리아 감옥에서의 생활은 도스토예프스키의 세계관을 코페르니쿠스적으로 전환시켰다. 도스토예프스키는 어렸을 때 정교회를 다녔지만, 거듭난 그리스도인은 아니었다. 아, 그런데 한 여인으로부터 우연치 않게 받은 신약성경을 통해 완전한 그리스도인이 된 계기가 되다니! 이때 그의 나이 29세다. 하나님께서 역사 속에서 신적 우발성을 통해서 일하신 것을 보면 참으로 놀라운 일이다!

예수님을 만난 도스토예프스키

천재 과학자인 알버트 아인슈타인은 "도스토예프스키는 어느 과학자보다 위대했던 가우스 보다 더 많은 것을 내게 주었다"고 말했다. 철학자 프리드리히 니체는 "도스토예프스키는 내가 무엇인가를 배울 수 있었던 단 한 사람의 심리학자였다. 그는 내 생애에서 가장 아름다운 행운 중 하나다"라고 찬사를 아끼지 않았다. 심리학자인 지그문트 프로이트는 "그는 셰익스피어의 버금가는 자리를 차지한다."라고 했고, 우리 시대의 영성 신학자인 유진 피터슨도 "그는 나의 멘토요, 도스토예프스키 덕분에 다시는 하나님을 향해 흔들리는 위기를 겪지 않았다"고 고백했다. 도스토예프스키 연구가이기도 한 니꼴라이 베르쟈예프는 '대심문관은 도스토예프스키 창작의 절정'이라고 말했고, 작품 평론자인 꼰스딴찐 모줄스키는 "도스토예프스키는 세계 문학사의 위대한 기독교 작가들인 단테, 세르반테스, 밀턴, 파스칼의 옆 자리를 차지한다."라고 말한다.

그는 이런 말을 남겼다. "만약 누군가가 아무런 이의를 제기할 수 없도록 성경이 거짓임을 증명한다 할지라도 나는 사람의 참 말보다 예수님이 거짓말이라고 하는 하나님의 말씀을 믿는다." 불후의 책들, 『죄와 벌』, 『악령』, 『카라마조프가의 형제들』은 이런 배경에서 쓰여졌다. 누군가는 목사 1,000명의 설교를 합쳐도 『죄와 벌』이라는 도스토예프스키의 설교를 결코 감당할 수가 없다고 했다. 1859년 12월, 마침내 만 십년의 세월을 뒤로하고 미래의 대문호는 러시아의 수도 페테르부르크로 돌아왔다. 도스토예프스키는 인생의 황금기라 할 수 있는 이십대와 삼십대 초반을 체포, 수감, 유형으로 소진했다. 그러나 20년의 세월이야말로 이 후 그가 위대한 작가로 성장하는 데 가장 비옥한 토양이었다. 그가 받은 참담한 고통이 그를 만들어 낸 것이다. 그런 세월이 없었더라면 오늘의 도스토예프스키는 없었을 것이다. 『카라마조프가의 형제들』은 그의 마지막 생애 말년 59세에서 60세까지 쓴 책이다. 도스토예프스키가 이 소설을 완성한지 석 달 후에, 그의 비범하고 기이한 인생을 마쳤다. 1821년에 태어나 1881년 1월 28일 폐동맥 파열로 끝내 회복되지 못하고 60세 나이로 이 세상을 떠났다.4)

도스토예프스키 작품의 압권은 단연 『카라마조프가의 형제들』이다. 특히 '대심문관'에서 예수님이 받으신 세 가지 시험을 다루고 있다. 카라마조프가의 형제들은 한 사람의 주인공을 중심으로 한 소설이 아니라 한 가족에 대한 것이다. 이 작품은 카라마조프가 형제들의 행복과 불행을 중심으로 회전하고 있다. 그 가족이란 음탕하고 교활하고 냉소적 익살꾼인 아버지 표도르 파블로비치, 그리고 그의 네 아들, 장남 드미뜨리히, 무신론자 이반, 수도원의 견습 수도승 알료샤, 사생아로 보이는 스메르쟈코프가 이루는 만화경 같은 짧은 4일간의 사건을 극화 시킨 내용이다.

〈대심문관〉과 세 가지 시험

『카라마조프가의 형제들』에서 가장 감동적인 이야기로 이어지는 핵심적인 장면이면서 가장 문제가 되는 부분이 이반의 극시 〈대심문관〉이다. 〈대심문관〉은 작품 속에 등장하는 또 하나의 작품이다.

무대는 16세기 스페인의 세비야다. 스페인은 당시 인근에서 제일 부유

---

4) 홍대화, 『도스토예프스키』(살림, 2005), 39-40쪽.

한 나라였다. 그때 가톨릭 추기경이 대심문관이 되어 유대인을 포함한 무수한 사람을 이단으로 몰아 죽인다. 이 시기 가톨릭이 지배하는 스페인에서는 많은 사람들이 이교도 또는 이단으로 몰려 죽었다. 〈대심문관〉의 이야기도 이때를 배경으로 한다.

이단 심문과 단죄로 수백명이 화형에 처해진 어느 여름밤이 지나고 이튿날 예수님이 나타나셨다. 사람들을 위로하고 구원하기 위해 세비야에 오셔서 병자를 고치고 죽어가는 사람을 일으키시자 군중들이 한눈에 알아본다. 예수님이 재림했다며 가난한 사람, 아픈 사람이 떼를 지어 모여서 기적을 바란다. 이들을 고쳐주시는 예수님에게 대심문관이 부하들을 데리고 다가온다. 대심문관은 이 사람이 예수라는 것을 알면서도 체포해서 감옥에 가둔다. 그리고 그날 밤, 월계수 향과 레몬향이 진동하는 세비야의 열대야에, 아흔살 먹은 대심문관이 아무도 모르게 그림자처럼 예수를 찾아온다. 야위었지만 눈만은 활활 불타는 그는 이교도를 대하듯 예수를 심문한다.

아주 고압적으로 예수님을 비판한다. 당신이 예수인지 아닌지는 모르겠다면서도, 예수님의 가르침을 비판하기 시작한다. 예수님은 한 말씀도 하지 않으신다. 대심문관은 홀로 긴 이야기를 풀어놓는다. 좋다, 당신이 말해봐야 옛날에 했던 이야기 그대로일테니 말하지 마라. 당신은 더 할 말이 없다. 1,500년이 지나도록 우리는 당신의 가르침을 실행하기 위해 치열하게 현실에서 살았다. 그러나 당신 방식으로는 절대로 안 된다. 교회가 이 겁쟁이 반역자들의 양심을 영원토록 정복하고 사로잡으려면, 그리고 그들에게 행복을 주려면 세 가지 힘이 있어야 한다. 그 세 가지 힘이 무엇이냐, 바로 기적과 신비와 권위다. 먼저 기적을 보여주어야 한다. 사람들을 조직에 묶어두기 위해서는 사람들에게 현세적 이익을 제공해야만 한다. 그렇지 않으면 이들은 절대로 교회나 당신을 따라오지 않는다. 기적을 베풀어야 한다. 다음으로 신비가 필요하다. 사람들의 이목을 끌기 위해서 사람에게 내세의 존재를 확신시켜야 한다. 이들이 내세를 믿지 않으면 결코 교회에 오지 않을 것이고 종교를 믿지 않을 것이다. 마지막으로 권위가 있어야 한다. 사람들이 가르침을 지키도록 하기 위해서 사람에게 벌을 내리는 힘을 보여주어야 한다. 이러한 권위가 없으면 사람들은 따라오지 않는다.

대심문관은 누구보다도 예수님을 잘 알고, 누구보다도 하나님을 잘 따르려고 하는 사람이다. 하지만 현실의 교회는 기적, 신비, 권위가 아니면 예수님이 맡기고 간 이 땅에 더 이상 그들을 잡아둘 수가 없다. 대심문관은 그래서 오늘날의 교회는 이렇게 될 수밖에 없었다고 말한다. 당신이 잘못한 것이다. 만약 당신이 기적을, 신비를, 권위를 보여주지 않으면 한 사람도 남아날 사람이 없다. 그나마 우리들이 1,500년 동안 잘했기 때문에 교회가 유지된 것이다. 권위를 보여주기 위해서 이단을 처형하고, 사람들의 이목을 끌기 위해 내세의 존재를 확신시키고, 사람들을 묶어두기 위해서 그들에게 현세적 이익을 주었기 때문에 이 정도이지, 그러지 않았으면 한 사람도 남아있을 사람이 없다. 우리가 지금까지 얼마나 고생하면서 여기까지 왔는데, 너는 왜 우리를 방해하느냐, 이제 와서 다시 옛날처럼 하면 어쩌란 말이냐?

교회의 역설이다. 끔찍한 이야기다. 교회가 교회로서 살아남고 하나님의 영광을 현실 종교로 끌고 오기 위해서는 예수님식으로 하지 않고 대중이 좋아하는 방식을 따라야 한다는 것이다. 소위 포퓰리즘을 쓰지 않으면 한 사람도 예수님을 따를 사람이 없다는 것이다. 이나마 교회가 유지되고 사람들이 호산나, 할렐루야 하는 것은 자신들 덕분이라는 것이다. 그런데 왜 바로잡으려고 왔느냐. 이 사람들을 태워 죽였다고 우리를 나무라는 것이냐. 이 사람들을 죽이지 않으면 권위가 살지 않고, 권위가 없으면 한 사람도 우리를 쫓아오지 않는다. 이렇게 엄하게 다스린 덕분에 다른 종교로 가지 않는 것이다. 대심문관이 너무나도 세상을 잘 알고 예수님을 잘 아는데, 그 사이에 모순이 있다는 것이다. 이 충격적인 이야기는 바로 오늘의 한국교회, 우리들에 대한 이야기다.

유혹과 시련의 40일을 예수님도 마찬가지 겪었고, 그것을 극복하셨다. 그러자 사탄이 와서 세 가지 문제를 낸다. 수능시험과 비슷하다. "네가 만일 하나님의 아들이어든 명하여 이 돌들로 떡덩이가 되게 하라." 대심문관 말이 이것이다. 왜 떡을 만들지 않았느냐? 이 세상에는 빵을 준다고 하면 엎드리지 않을 사람이 없다. 빵이면 최고다. 그때 악마 말대로 떡을 만들어줬으면, 이 세상의 모든 악과 근심이 사라졌을 것이다. 대중은 등 따습고 배부르면 그것으로 만족할 것이기 때문이다. 돌로 떡을 만들어 주었으면 행복하게 살 사람들인데, 이 약한 인간들에게 왜 빵은 주지 않고 하나님 말씀을 따르라고 했느냐? 이 불쌍한 사람들에게 빵을 주었더라면 혁명도 안 일어나고, 도둑질도 없고, 굶어 죽은 자식 앞에서 통곡하는 일도 없었을 것이다. 이 모든 경제적 문제를 해결해줬으면 좋았을 것을 지난 1,500년뿐 아니라 앞으로도 1,000년 동안 인류는 하나님 말씀이 아니라 떡 때문에 아무 문제없이 살 것이다. 떡의 문제를 해결해주면 누구나 무릎을 꿇고 노예가 된다. 마귀에게 네 말대로 하겠다고 했으면 기독교는 지금 어떤 모습일까!

빵을 준다는데 교회 안 올 사람이 어디 있겠는가? 이때 빵이라는 것은 돈이고, 세속적 욕망을 다 채워주는 것이다. 이제 대심문관이 하는 말이 클라이맥스이다. 당신이 그때 내 권능으로 이 돌덩이로 빵을 만들어주겠다고 했더라면, 우리의 고민은 끝났을 것이다. 인간은 위대하지 않다. 인간에게 하나님 말씀은 그대로 지키고 살기 어려운 것이다. 인간이 얼마나 약한데 어쩌자고 자유를 주었느냐. 빵만 있으면 아무 근심없이 살 사람들인데, 도대체 몇 사람이나 빵 말고 하나님 말씀을 원하겠느냐.

이렇게 휴머니즘의 이름으로 대심문관은 빵과 자유의 문제를 거론한다. 빵 때문에 죄를 짓고 슬퍼하는 자가 너무나도 많은 것을 경험했기 때문에, 교회가 하나님 말씀보다는 빵을 줘야 한다고 보는 것이다. 그 덕분에 지금 이만큼이나마 유지하고 있는데, 왜 다시 와서 빵이 아니라고 하며 우리를 방해하느냐, 이 이야기다. 첫 번째가 빵, 곧 경제이니, 경제 문제를 해결해주면 다 된다는 것이다.

"예수께서 대답하여 이르시되 기록되었으되." 신명기에 나오는 이야기다. 그러니까 예수님은 자신의 이야기가 아니라 신명기에 이미 기록된 해답을 말씀하신다. "사람이 떡으로만 살 것이 아니요 하나님의 입으로부터 나오는 모든 말씀으로 살 것이라 하였느니라"(마4:4) 너는 왜 빵을 찾느냐. 인간은 빵으로 사는 것이 아니다. 하나님 말씀으로 살아야지 어떻게 빵만 가지고 사느냐. 나는 너희들한테 먹으면 영원히 죽지 않는 빵을 주러 왔다. 아무리 먹어도 죽는 빵이 대수란 말이야 하시는 것이다. 그러면 오늘날의 교회가 빵을 주는 교회인지, 하나님 말씀을 주는 교회인지 솔직히 이야기해보기 바란다. 90퍼센트는 그래도 교회에서 어려운 사람을 도와주고, 음식도 나눠주니까 오지, 교회에서 물 한 모금 주지 않고 하나님 말씀만 주면 대부분은 돌아서서 갈 것이다. 그래도 먹을 것, 세속적인 무엇인가가 있으니까 지탱되는 것이다. 이것이 바로 지금 교회의 현실이다.

여기서 빵이라고 했지만, 비단 먹을 것만을 이야기하는 것은 아니다. 의식주를 대표하는 말이다. 교회당에 비가 주룩주룩 샌다고 해보자. 덥고, 습하고, 곰팡내 나는데 누가 교회에 오겠는가? 이 대심문관은 인간의 현실을 너무나도 잘 아는 사람이다. 그도 지금 미칠 것만 같다. 나는 예수님처럼 살고 하나님 말씀 전해야 하는데 그래서는 이 사람들이 아무도 믿지 않을 것이니, 차라리 빵을 주는게 낫겠다는 것이다.

예수님이 받은 두 번째 시험은 예루살렘 성전 꼭대기에서 뛰어내리라는 것이었다. 정말 예수님께서 하나님의 아들이라면 발이 땅에 닿기 전에 천사들이 받아주리라는 것이다. 예수님은 "주 너의 하나님을 시험하지 말라 하였느니라"면서 신명기에 기록된 구절로 응답하신다. 이에 대해 대심문관은, 당신이 거기에서 뛰어내리고 천사들이 당신을 받아 올라왔더라면 우리가 이 고생을 하지 않아도 모든 사람이 당신을 믿었을 것이다. 그때 기적을 보여주었어야 하는데, 왜 뛰어내리지 않았느냐. 당신이 '그렇게 기적을 보여서는 안 된다', '기적 때문에 믿는 것은 안 된다' 하는 바람에 사람들은 기적을 보여주는 다른 종교를 찾아가고 우리에게 오지 않는다. 그러니 우리가 기적을 보여줄 수밖에 없지 않느냐 하고 공격한다.

예수님이 받은 세 번째 시험은 마귀에게 절하면 천하만국의 권위와 영광을 다 주겠다는 것이다. 예수님은 "주 너의 하나님께 경배하고 다만 그를 섬기라 하였느니라"며 마귀의 시험을 물리치셨다. 이에 대하여 대심문관은 이렇게 말한다. 그때 한 번만 절해서 왕국의 권리를 다 가졌으면 악인들이 통치하는 일도 없었을 것 아니냐? 왜 그것을 마다했느냐, 그 때문에 지금 얼마나 나쁜 사람들이 이 지상을 다스리고 있느냐고 말이다.

마귀가 말한 대로 떡을 주고, 높은 데서 떨어져서 기적을 보여주고, 만국의 권위를 가지고 하나님의 이름으로 세상을 다스렸더라면 이 지상은 지금보다 나아졌을텐데, 왜 이 셋을 마다했느냐. 이것이 빵을 주기만 하면 모든 사람들은 그 앞에 무릎을 꿇는다는 경제 제일주의, 물질 제일주의다. 이반이 이야기한다. "왜냐하면 이 세상에는 빵보다 명확한 것은 없기 때문이다." 먹는 것, 등 따습고 배부른 것, 돈은 분명한 것이다. 이게 없으면 어떻고 있으면 어떻다는 것은 너무나도 확실하다. 그러니까 사람들은 추상적인 것을 믿지 않는다. 빵을 준다고 하면 온 세상이 무릎 꿇는다. 그것을 왜 주지 않았느냐 한 것이다.

마지막으로 대심문관이 무슨 끔찍한 이야기를 하는지 보라. "우리들이 함께하는 것은 당신이 아니라 사탄이요, 그것이 바로 우리들의 비밀이지."

충격적인 이야기이다. 오늘날의 교회, 종교 조직, 하나님의 권능과 예수님의 이름을 들먹이는 사람들은, 이미 예수님을 믿는 사람들이 아니라, 이제껏 말한 세 가지를 주는 것으로 연명해가는 악마의 편이라는 것이다. 당시의 예수회, 가톨릭에 대한 비판이었다. 개신교에 대해서는 말하지 않았지만, 이른바 제도화된, 권위화된 종교, 신비와 권위의 기적으로 반석에 올라앉은 종교 시스템에 대한 강력한 비판이다. "그러나 갑자기 그는 아무 말 없이 심문관에게 다가오더니 아흔 살 노인의 핏기 없는 입술에 조용히 입을 맞추는 거야. 이것이 그의 대답의 전부야" 대심문관의 추궁에 대해서 그 동안 침묵하시던 예수님이 어떻게 하시는지를 보면 놀랍다. 예수님이 아흔 살 먹은 대심문관을 끌어안고 입을 맞추면서, '네가 잘 아는구나, 누구보다 잘 아는구나. 겉으로만 나를 따르는 자보다도 네가 나를 잘 알고 있구나' 하시는 것이다.

조시마 장로

조시마 장로의 이야기를 들어보자.

세상은 자유를 선언하였고, 현대에 들어서는 더욱 그렇지만, 그들의 자유 속에서 우리는 무엇을 보고 있는가? 그것은 예속과 자살에 지나지 않다! 세상은 이렇게 말하기 때문이다. '욕구가 있으면 충족시키라. 당신들도 귀인들이나 부자들과 똑같은 권리를 가지고 있지 않는가? 욕구 충족을 두려워하지 말고 오히려 더욱 증대시키라'고 말이다. 이것이 오늘날 이 세상의 교리이며, 세인들은 그 속에서 진리를 발견하고 있는 것이다. 그런데 욕구 확대라는 권리는 어떤 결과를 낳았는가? 부자에게는 고독과 정신적 자살을, 가난한 사람들에게는 질투와 살인을 낳았을 뿐이다. 왜냐하면 권리를 주었으되 욕구를 충족시키는 방법을 미처 가르쳐 주지 않았기 때문이다.

중요한 대목이다. 우리에게 세속적 자유, 평등은 주어졌다. 부자와 같이 잘 살 수 있는 동등한 권리를 갖게 되었다. 결과는 어떤가? 가진 사람은 고독과 정신적 자살에 빠졌고, 가난한 자는 동등한 권리를 가졌음에도 잘사는 사람들에 대한 질투와 살인에 빠져들고 만다. 욕망을 채울 수 있는 수단이 제시되지 않았기 때문이다. 이런 현실적인 측면을 일단 접어두고, "만약 돌을 빵으로 만들 경우 모든 문제가 해결되는가?"라는 문제를 던져보자. 일반적으로 국민 복지가 가장 잘되어 있다는 북유럽 국가들에서 자살률이 매우 높고, 가난한 나라의 국민 행복 지수보다 가장 잘사는 나라의 국민 행복 지수가 높고, 돈이 있어도 모든 문제가 해결되지는 않는다는 사실이다. 우리 나라도 경제적으로 세계 10위 내외 이지만 행복 지수는 세계 꼴찌이지 않는가? 도스토예프스키는 이 문제와 관련해 궁극적으로 종교적 차원으로 돌아간다. 돌을 빵으로 만들기만 하면 된다는 대심문관의 생각은 옳지 않다. 왜냐하면 그것은 인간에 대한 정확한 이해를 외면하고 있기 때문이다. 인간은 너무나 이상하고 복잡하고 변덕스럽고 불가해한 존재다. 또 그렇기 때문에 인간은 존중되어야만 한다. "빵만 주면 인간은 군소리가 없을 것이라는 대심문관의 믿음이 불쾌하게 들리는 이유는 변화무쌍한 인간을 배고픈 짐승으로 획일화하고, 인간적인 심리를 초보적인 경제학의 자루 속에 무참하게 구겨서 쑤셔 넣었다는 데 기인한다. 대심문관의 빵 이론은 인간에 대한 지독한 모욕을 깔고 있다.

그와 반대편에 서 있는 도스토예프스키 사상의 매력은 그가 인간을 인간답게 읽어내려는 데 있다. 그의 감상적인 경제학, 너무나도 심오한 신학은 모두 인간학에서 출발한다. 그는 인간의 모든 변덕과 인간의 이해할 수 없는 측면과 인간의 모든 욕구를 파악하려 노력했고, 인간을 그 생긴 그대로 존중하려 노력했다. 돈의 추구는 이 다양한 욕구들의 한 면만을 구성한다. 돌을 빵으로 만들어 인간들 앞에 가져다 바친다 해도 나머지 욕구의 측면들은 충족되지 않은 채 남아 있을 것이다."5)

이 세 가지 사탄의 시험 속에 인간이 추구하는 모든 욕망이 다 들어 있다. 그런데 예수님은 인간이 그토록 추구하는 세 가지 시험을 단호히 거부한다. "당신은 사람들이 그와 같은 시험을 극복해 낼 수 있는 사람이 얼마나 될 것이라고 생각했소?"라는 대심문관의 말처럼 인간들은 기적과 돈과 권력을 너무 좋아한다. 그것을 거부할 자가 누가 있단 말인가? "당신이 했던 세 가지 시험을 거절한 일들을 인간이 해낼 수 있을 것 같소? 결국 당신은 인간을 너무 존중했기 때문에 인간을 동정하지 않는 것처럼 행동했소."

---

5) 석영중, 『도스토예프스키 돈을 위해 펜을 들다』(예담, 2008), 326-334쪽.

자유

오늘의 교회는 예수님이 원하지 않는 교회가 되었다. 오히려 예수님이 거절한 것들을 묘약으로 생각하고 온 몸으로 찾으려 하고 있다는 것은 너무도 아이러니한 일이다. 대심문관은 계속 이어서 "우리들은 당신의 유혹을 손질해서 기적과 신비와 권력을 반석으로 삼았소. 그러자 사람들이 몹시 기뻐했고 그렇게 가르치고 행하는 우리들이 옳은 것 아니요?" 그리고 "어서 나가시오. 그리고 다시는 오지 마시오. 앞으로 절대 찾아와서는 안 되오. 절대로 절대로" 하고 모든 심문을 끝낸다. 대심문관은 마치 예수님이 이 땅에 오시지 않았으면 좋았을 것처럼 예수님이 거절했던 일들을 기꺼이 다했노라고 기고만장한다. 이것이 오늘의 교회의 현실이 아닌가? 그러나 기독교의 본질은 소유가 아니라 존재와 자유다.

"대심문관은 논증하고 설득한다. 그는 강력한 논리와 확고한 계획을 실현시키려는 강한 의지의 소유자. 그러나 그리스도는 묵묵부답과 부드러운 침묵으로 대심문관의 강력한 논증보다도 더 큰 감화력을 주고 있음을 우리는 안다. 이 시험들은 인간정신의 자유를 위하여 그리스도에게서 거부된다. 예수님은 인간이 빵과 기적과 지상의 왕국의 노예가 되기를 원치 않으셨다. 도스토예프스키는 기독교적 자유의 신비가 골고다의 신비, 십자가의 신비에서 나온다는 것을 알았다. 십자가에 못 박힌 진리는 어느 누구도 억누르지 않으며 어느 누구도 강요하지 않는다. 골고다의 신비는 자유의 신비다. 예수님은 인간의 자유를 위해 이 세계의 힘에 의해 십자가에 못 박혀야 했다."6)

예수 그리스도를 향한 시험은 적그리스도의 유혹의 본질이다. 이것은 새롭게 다듬어진 악이며 항상 선의 탈을 쓰고 나타난다. 적그리스도의 악

---

6) 석영중, 『자유』(예담, 2015). 이 책은 『죽음의 집』에서부터 『죄와 벌』까지 도스토예스키 작품을 통해 나타난 '자유'에 대해 상세하게 연구한 책이다.

에는 항상 그리스도의 선과 유사한 것이 있으며 언제나 혼합과 대체의 위험이 남아있다. 대심문관은 예수님이 거부한 세 가지 시험을 받아들임으로써 인간은 스스로 자신을 행복하게 만들고 세상을 지상낙원으로 만들기 원하는 많은 사람들의 표상이 되었다. 그러나 그리스도인의 자유는 돈과 권력과 기적을 거부할 때만 가능하다는 것을 알아야 한다. 오늘 한국교회는 기복주의, 즉 돈과 기적, 권력을 추구하기에 여념이 없다. 오늘의 교회는 예수님이 거부하였던 것을 다시 추구하는 대심문관과 같이 되었다. 추기경이 말한 대로 "우리들은 당신을 거부하고 악마를 따랐소."

한국교회는 어떠한가! 지금 누구를 따르고 있는가? 예수님을 거부하고 악마를 따르고 있는 것은 아닌가? 사실이 그렇지 않은가? 그러나 생각해보라. 예수님이 사탄이 시험한 내용이 우리의 구원과 삶에 필요한 것이라면 왜 거부하셨겠는가?

다시, 세가지 시험

앞에서 우리는 도스토예프스키의 대심문관을 통한 예수님의 세 가지 시험의 의미를 살펴보았다. 이제 우리는 좀 더 부연하여 복음서에서 말하는 예수님이 받으신 세 가지 시험들에 대하여 자끄 엘륄의 시각에서 살펴보려 한다.[7]

빵

돌을 떡으로 만들라. 이 시험 앞에서 예수님은 배고픔에도 자신을 입증

---

[7] 자끄 엘륄, 김은경 역, 『네가 하나님의 아들이라면』(대장간, 2010), 95-117쪽 요약 인용.

하는 기적을 행하기를 거부하면서 중요한 말을 한다. "사람은 빵 만으로 살 것이 아니요, 하나님께서 주시는 말씀으로 살 것이다." 빵이 필요하다는 것은 이론의 여지가 없다. 그러나 하나님의 말씀에 대한 굶주림은 훨씬 더 근본적인 것이다. 이는 존재 중의 존재요, 하나님 아버지인 살아있는 하나님의 말씀이 인간의 존엄성을 지키며 살아가는 것이 더욱 필수불가결하다는 사실을 깨달으라는 말이다. 오늘날 자본주의는 실제로 사람을 인간 이하로 만들어 버리지 않았는가?

> 주 여호와의 말씀이니라 보라 날이 이를지라 내가 기근을 땅에 보내리니 양식이 없어 주림이 아니며 물이 없어 갈함이 아니요 여호와의 말씀을 듣지 못한 기갈이라 사람이 이 바다에서 저 바다까지, 북쪽에서 동쪽까지 비틀거리며 여호와의 말씀을 구하려고 돌아다녀도 얻지 못하리니 그 날에 아름다운 처녀와 젊은 남자가 다 갈하여 쓰러지리라 (암8:11-13)

빵이 육체에 꼭 필요하듯이 하나님의 말씀은 인간의 전 존재를 위해 필수적이다. 인간은 육체만 있는 것이 아니다. 만약 우리가 존재 전부에 아무 양식도 공급하지 않고 이 살아있는 육체를 유지하고자 한다면, 모든 것이 시들어가고 육체도 그렇게 될 것이다. 예수님께서 그런 유혹에 그렇게 답한 것은 신앙심이나 이데올로기에서 나온 것이 아니다. 그것은 태초부터 지금까지 모든 문명 속에 있는 인간에 대해 준엄하고도 보편적으로 표현한 것이다. 예수님은 아주 간단한 비유를 들어 그의 결단을 분명히 밝힌다. "사람이 만일 온 천하를 얻고도 제 목숨을 잃으면 무엇이 유익하리요 사람이 무엇을 주고 제 목숨을 바꾸겠느냐"(마16:26) 이것이 이 첫 번째 시험 속에서 우리에게 던져진 질문이다. 현재 사회는 기술 덕분에 세계를 얻었지만, 현대인은 명백하게 그 존재를 상실했다. 현대인은 전 존재가 텅 비게 되었다. 욕망과 오락으로 가득 찬 공허일 뿐이다. 여전히 박정희에 대하여 많은 사람들이 좋아한다. 그는 한강의 기적을 만들어 잘 살게 해 주었다는 것이다. 그러나 그리스도인들은 아니 모든 사람들은 빵이 모든 것을 해결할 수 없다는 사실, 즉 하나님의 말씀으로 살아간다는 사실, 빵보다 자유가 더 중요하다는 예수님의 말씀을 들어야 한다.

권력

사탄은 물러가지 않았다. 그는 곧 좀 더 교활하게, 또 다른 제안을 내놓는다. 사탄은 그를 높은 데로 가서 그에게 세상의 모든 왕국을 보여준다. 그리고 예수님에게 말한다. "마귀가 또 예수를 이끌고 올라가서 순식간에 천하 만국을 보이며 이르되 이 모든 권위와 그 영광을 내가 네게 주리라 이것은 내게 넘겨 준 것이므로 나의 원하는 자에게 주노라 그러므로 네가 만일 내게 절하면 다 네 것이 되리라 예수께서 대답하여 이르시되 기록된 바 주 너의 하나님께 경배하고 다만 그를 섬기라"(눅4:5-8) 이와 같이 경제적인 시험이 있고 나서 바로 정치적인 시험이 등장한다. 이 본문에서 나타나는 아주 강경한 주장은 정확히 정치의 본질에 관한 것이다. 사탄의 선언은 아주 확고하다. 이 땅의 모든 왕국에서 정치적 권력과 영광과 영예, 이 모든 것은 사탄에게 속한 것이다. 이것은 분명히 심각한 문제다. 이는 우리로 하여금 정부와 권력에 대해 다르게 생각하게 한다. 그 모든 정치적인 것들이 다 사탄에게서 나오는 것이며, 사탄에게 충성의 서약을 했으며, 그 모든 것이 다 사탄에게 받아들여졌다. 이는 제도에 대해서도 사실이고 그 제도가 지닌 권력을 일정 기간 장악한 개인들에게도 마찬가지로 사실이다. 아주 유명한 말이 있다. "절대권력은 절대적으로 부패한다." 이 말은 우리에게 그 사실에 대한 하나의 설명이 되고 하나의 깊은 뿌리가 무엇인가를 보여준다. 누가 권력을 행사하기 원하는가? 누가 정치적인 영광을 누리기 원하는가? 자끄 엘륄이 『네가 하나님의 아들이라면』에서 "그는 이미 권력의 영에 사로잡혀 있는 사람이라는 것은 아주 분명하다. 정치가가 약속하는 공공의 이익을 위한다거나 인류애를 위해 헌신한다는 등등의 연설들은 권력 그 자체의 현실과 모든 정치가에 대해 눈 가리고 아옹 하는 것일 뿐이다. 이렇게 말하려면 권력의 영에 의해 사로잡혀야 할 뿐만 아니라 더욱이 권력을 나누어 줄 수 있는 자, 즉 사탄을 숭배해야만 하는 것이다. 그리고 그 뒤에 있는 권력 자체를 숭배해야만 하는 것이다. 그래서 주저 없이 다음과 같이 말할 수 있다. 정치적인 권력을 가진 모든 사람은, 권력을 선하게 사용하는 사람들이라 할지라도 사탄의 중재로 그 권력을 얻었고, 의식하지 못한다 할지라도 그들은 사탄의 추종자들이 된 것이다. 그러나 권력에 대한 이 갈증은 탐욕의 또 다른 표현일 뿐이라는 것을 늘 기억하도록 한다. 탐욕은 아담 이래로 인간의 모든 악과 모든 탐심의 요체다."

만일 예수님이 이 땅의 모든 왕국을 지배하는 권력을 가졌더라면, 계시된 진리를 모든 곳에 전하고 엄격하게 그것을 적용하게 하는 데 정말 편리하게 사용할 수 있었을 것이다. 정치권력을 복음을 위해 이용하여 선을 이루는 데 사용할 수 있다는 말이다. 애석하게도 그것은 교회가 수세기 동안 해온 것과 다르다. 이는 복음서의 간략한 몇 줄이라도 충분하게 묵상하지 않았기에 그렇다. 만약에 그랬었다면 콘스탄티누스 황제는 당시의 교회에는 계시된 진리를 전하려고 검을 든 수호자가 아니라 사탄으로 보였을 것이다.

예수님이 겪은 유혹은 좀 더 섬세하고, 근본적이었다. 사탄은 예수님에게 하나님 아버지가 보낸 뜻을 곧장 행동하도록 제안했다. 그런데 예수님은 거절한다. 그는 권능을 성급하게 사용하고 싶어하는 자신의 유혹을 거절한 것이고 그 권능을 취하여 스스로 사용하고자 하는 유혹을 거절하신다

예수님의 대답에서 나타나는 특징에 주목해보자. 우선 그는 사탄과 논쟁을 하지 않았다. 특히 예수님은 악마가 지상의 모든 왕국의 주인임을 자처하는 게 사실이 아니라고 반박하지 않았다. 진정한 주인은 하나님이다. 그래서 예수님은 간접적으로 사탄의 주장을 인정한다. 그는 대답으로 '성경에 기록하기를'이라 말한다. 첫 번째 유혹에 대해서도 예수는 '성경에 기록하기를'이라며 똑같은 답변과 근거를 댄다. 예수님은 사탄과 대면해서 성경의 근거를 대는 것 이외에는 어떤 공격도 어떤 논박도 하지 않으신다. 성경은 하나님 말씀이기 때문에 예수님에게는 성경이면 충분한 것이다. 사탄의 약속에 대해 그는 하나님의 유일한 계시인 성경으로 대적한다. 그는 하나님의 계시된 말씀에 오직 순종해야할 것을 말하신다. 그 계시의 말씀은 이미 주어졌고 영원히 유효하다. 그는 그 말씀을 완성하러 이 세상에 오신 것이다. 성경의 무기만으로 충분하다. 악마의 유혹에 대한 참되고도 충분한 답변은 언제나 성경 속 있다. 그것을 성취하려면 여전히 단호해야만 한다. 예수님은 말씀하신다. "주 너의 하나님께 경배하고, 그분만을 섬겨라." "성경이 기록하기를" 이 말 속에 이미 다 들어있다.

종교

이제 세 번째 유혹을 살펴보자. 이것은 누가복음의 차례이고, 마태복음에선 두 번째 유혹에 해당한다. 이번에 사탄은 전술을 바꾼다. 예수님이 성경 말씀으로 그를 대적하자 그도 역시 성경을 사용한다. 사탄도 성

경을 알고 있다. 그러므로 우리는 조심해야 한다. 우리가 성경을 사용하는 것조차 유혹하는 고리가 될 수 있다는 사실을 알아야 한다. 성경을 아는 것만으로, 성경을 알맞게 사용하는 것만으로, 우리에게 적합한 본문을 찾는 것만으론 충분하지 않다. 사탄은 성경을 이용하면서 "네가 하나님의 아들이라면"이라고 말한 것보다 진전된 것이다. 물론, 복음서 안에서 사탄이 예수님을 하나님의 아들, 메시아로 알아보는 것이 이 경우가 유일한 것은 아니다. 하지만, 예수님은 그들에게 입을 다물라고 명령했다. 우리는 우리가 진정한 그리스도인이고 우리의 행동이 하나님의 뜻에 합당하다는 동의와 변명과 증거가 될 말씀들을 끄집어내고자 성경을 얼마나 많이 이용해 왔던가? 성경은 처방 모음전도 아니고, 논쟁집도 아니다. 하나님의 계시는 전체적인 맥락에서 성경 구절을 따로 떼어놓는 것은 그 구절을 불가피하게 왜곡하게 될 수 있다는 것을 보여준다. 그래서 성경으로 어떤 말이든 할 수 있게 한다는 말이 종종 나오는 것은 그 전체적인 맥락에서 딱 한 문장을 따로 떼어놓는 경우다. 이런 경우가 한국교회에도 비일비재한 것이 아닌가? 사탄이 요구하는 것은 예수님이 정말 하나님의 아들임을 증거하는 기적이다. 그렇지만, 예수님은 죄인들을 용서하기 위해 왔다. 군중을 깜짝 놀라게 하려고 온 것이 아니다. 사탄이 요구하는 것 역시 순전한 능력의 기적이다. 높은 데서 뛰어내려도 다치지 않을 것이다. 예수님은 자신을 증거하거나 자신을 믿게 하기 위한 기적을 거부할 뿐만 아니라 권능을 드러내는 기적도 행하기를 거부한다. 다만, 사랑을 위해서는 예외적으로 권능을 사용하신다. 예수님이 배격하는 것은 마술이나 요술 같은 기적이다.

이제 예수님의 응답을 살펴보자. 그 응답 역시 성경으로부터 끌어낸 것이다. "너는 너희 하나님 여호와를 시험하지 말라." 예수님은 이 말씀을 사탄에게 "너는 나를 시험하지 말라"는 뜻으로 사용하지 않았다. 자신이 하나님의 아들임을 주장하지 않으셨다. 또한, "너는 하나님을 시험하고 있다"고도 하지 않았다. 예수님의 대답은 그런 뜻이 아니라, "나 예수가 네가 나에게 요구하는 대로 행한다면 내가 하나님을 시험하는 것이 된다"는 말이다. "내가 하나님의 아들임이 분명히 드러나게 하도록 하나님을 강요하는 것이 된다. 또한 하나님이 약속하신 언약들이 이루어지도록 내가 하나님을 강요한 것이 된다. 사람이 하나님을 신뢰할 수 있는지 없는지, 하나님이 자신의 언약을 성취하시는지 아닌지 하나님을 시험하여 알아내려는 것이다. 내가 성전 꼭대기에서 뛰어내리면 하나님에게 일종의 도전을 하는 것이다. 예수님께서 밑에 떨어져 박살나지 않을 것을 확신하며 성전 꼭대기에서 뛰어내렸다면 하나님 아버지를 그만큼 신뢰했기 때문일 것이다. 그보다 더 나은 것이 있을까? 그보다 더한 종교적인 행위가 있을까?

이제까지 인간이 겪을 수 있는 근본적인 세 가지 유혹들을 살펴보았다. 인간은 이 세 가지 영역에서 자신의 능력과 자유와 행복을 원한다. 사탄이 예수님을 유혹하려 했던 이유가 무엇인지 알게 되었다. 그럼에도 불구하고 한국교회는 사탄의 말에 귀를 쫑그리고 있지 아니한가? "우리를 시험에 들게 하지 마옵시고 다만 악에서 구하옵소서."

철학자 허버트 마르쿠제(Herbert Marcuse, 1922-1970)는 『일차원적 인간』에서 "현대 산업사회를 사는 현대인들은 자신이 매몰되어가고 있는 것조차도 모르며 구성원들이 사는 사회에 대한 모순을 몸으로 느끼지 못하고 현재의 상태를 비판 없이 살아가고 있다"고 말한다. 현대인들은 오직 빵과 권력과 신비만을 추구하고 있지 아니한가? 오늘의 그리스도인의 모습이 바로 그러하지 않는가?

자끄 엘륄은 『네가 하나님의 아들이라면』에서 "인간의 존재의 양식은 오직 하나님의 말씀만으로 된 것이다. 우리가 기술을 선택함으로 세상을 얻게 되었지만 명백히 존재를 상실해버렸다. 그리고 이제 인간은 욕망과 심심풀이로 대신 채우는 텅 빈 인간이다"고 말했다. 지금 인간에게 모든 것이 주어진다 해도 자유가 없다면 인간은 인간일 수 없다. 그럼에도 모든 인간과 교회는 여전이 예수님의 말씀을 거부하고 있는 현실이다.

한국교회는 대심문관처럼 지금도 예수님이 필요없다고 말하고 그를 영원히 쫓아 버리고 있지 아니한가? 니코스 카잔차키스의『수난』에서 우리는 예수님이 다시 고난 받는 것을 본다. 예수님이 오시면 사람들은 왜 그를 죽이려 하는가! 오늘날 한국교회도 그러하지 않는가? 들을 귀 있는 자는 들을지어다.

12장 예수님이 가르쳐 주신 복 (1)

> 그대는 축복의 산(예수님이 가르치신 팔복을 말함) 에
> 대한 이야기를 들었을지 모릅니다
> 그것은 세상에서 가장 높은 산
> 만약 그대가 그 꼭대기에 다다르게 된다면
> 그대는 한 가지 소망만을 품게 될 것입니다
> 그 산을 내려가 가장 깊은 골짜기에 살고 있는
> 어렵고 고난당하는 사람들과 함께하고 싶은 소망
> 그런 까닭에 우리는 그 산을 축복의 산이라 부르는 것입니다
> - 칼릴 지브란 『모래, 물거품』에서

> 나의 평안을 너희에게 주노라 내가 너희에게 주는 것은
> 세상이 주는 것 같지 아니하니라
> - 요한복음 14장 27절

오늘 한국교회는 복이 무엇인지를 놓고 큰 혼란에 빠져 있다.[1]

예수님의 위대한 교훈인 산상수훈은 복으로부터 시작된다. "복이 있다"는 말이 여덟 번이나 반복된다. 초등학생이라도 다발총으로 쏟아내듯이 예수님께서 복이 무엇인지 가르치는 말씀이라는 것을 알 수 있을 것이

---

[1] 본회퍼, 손규태·이신건 역, 『나를 따르라』(대한기독서회), 114-128쪽; 글렌 스타센·데이비드 거쉬, 신광은·박종금 역, 『하나님의통치와 예수따름의 윤리』(대장간, 2011), 52-72쪽; 달라스 윌라드, 윤종석 역, 『하나님의 모략』(복 있는 사람, 2007), 165-208쪽; 신현우, "팔복에 담긴 은혜와 윤리", 『그 말씀』(통권187호)(두란노, 2005), 52-60쪽; 도날드 헤그너, 채천석 역, 『마태복음 상』(솔로몬, 1999), 205-221쪽; 양용의, 『하나님 나라 어떻게 이해할 것인가』(성서유니온선교회, 2005), 346-369쪽.

다. 동양의 오복(五福)은 그렇게 좋아하면서 예수님이 가르치신 복의 말씀은 우리의 심금을 울리지 못할 뿐만 아니라 관심도 아예 없다. 참으로 놀라운 일이다! 우리는 부자가 되는 것이 복인 줄 알았는데 산상수훈에는 처음부터 가난한 자가 복이 있다고 나온다. 복이란 기뻐하는 것인 줄 알았는데 슬퍼하는 것이라 하고, 마음의 평안이 복인 줄 알았는데 고난이 복이라고 한다.

팔복

그래서 예수님이 가르쳐 주신 복의 말씀을 볼 때마다 우리의 마음속에는 반가움보다는 놀라움이, 기쁨보다는 불만족이 들고 합리적이라기보다는 무언가 궤변이라는 생각이 들어 지나쳐 버리려 한다. 그러나 팔복을 복이라 하지 않는 자는 믿음의 사람이 아닌 것만은 분명하다. 영국의 유명한 설교가인 로이드 존스 목사는 예수님의 복을 강해하면서 "이 놀라운 역설은 우리들을 당황하게 만든다"고 했다. 사실 예수님이 말씀하신 복은 우리가 생각했던 것과는 너무 달라서 당황하게 한다. 오늘 기복주의에 물든 우리에게 예수님의 팔복은 인기 없는 것이 너무 당연하다. 거기에다 여덟 가지 복을 말씀하시는 예수님의 어조는 '이러이러한 사람은 복이 있을 것이다' 혹은 '이러이러한 사람은 복이 있을 가능성이 매우 높다'라는 투가 아니라, 매우 확신에 찬 어조로 '이러한 사람에게 복이 있다'고 선언하신다. 호크(F. Hauck)는 '거룩한 역설'이라고 말한다.[2]

팔복은 인류의 문학적, 종교적 보배로 손꼽힌다. 십계명, 시편23편, 주기도문, 그 밖의 몇몇 성경 본문들과 더불어 팔복은 종교적 통찰과 윤리

---
[2] 도날드 헤그너, 채천석 역, 『마태복음 상』(솔로몬, 1999), 214쪽.

적 영감이 가장 뛰어난 내용 중 하나로 거의 만인의 인정을 받고 있다. 우리는 팔복을 음미하고 인정하고 묵상하고 판에 새겨 벽에 걸어 둘 수 있다. 그러나 핵심 질문은 그대로 남아 있다. 팔복에 대해 어떻게 반응하며 살아갈 것인가? "루터는 산상수훈이 모든 그리스도인에게 주어진 것이라고 주장했다. 그렇지만 루터 역시 순교자 유스티누스의 플라톤적 이원론과 비슷한 것을 채택했다. 산상수훈은 우리들의 자세를 위한 것이지, 행동을 위한 것이 아니라는 것이다. 루터는 팔복의 적용을 그리스도인의 내적인 삶의 영역으로만 제한하였으며, 공적 생활에서의 그리스도인에게나 또는 모든 교인들에게는 주어지지 않은 것이라고 했다. 그로 인해 초래된 결과는 세속주의였다. 오늘날 루터교 학자들과 목사들도 두 영역을 구분하는 것에 대해서 의심하고 있으며 교파적으로 이것을 교정하려고 노력하고 있다. 누구보다 본회퍼는 그렇다. 본회퍼는 산상수훈으로 회심했다고 고백했다."3)

"팔복은 산상 설교에서 하나님 나라의 시발점 역할을 하고 있음을 보여준다. 5장 1절에서 예수님은 '무리'와 함께 계시다가 그들을 떠나 산으로 올라가신다. 그러자 '그의 제자들'이 예수님께 나아온다. 여기서 '제자들'이 지칭하는 것은 열두 명으로 구분된 집단만을 지칭하는 것으로 보이지 않는다. 산상 설교가 끝난 뒤 반응을 보여 주는 마무리 단락(마 7:28-8:1)에서 예수님의 설교에 대하여 반응하는 자들이 '무리'라는 사실은 예수님을 따르는 전체 무리들도 산상 설교를 들었음을 분명히 해준다."4)

---

3) 글렌 스타센 & 데이비드 거쉬, 신광은·박종금 역, 『하나님의 통치와 예수 따름의 윤리』(대장간, 2011), 181-182쪽.
4) 게르하르트 로핑크, 정한교 역, 『산상 설교는 누구에게?』(분도출판사, 1990), 27쪽, 42-44쪽.

'복되다' '행복하다'는 의미를 가진 '마카리오스'라는 단어로 시작하는 팔복의 '복' 구문은 마태복음의 다른 곳들과 누가복음(눅6:20-23 참조)에서도 나타난다. 그렇다면 팔복에서 반복하여 사용되는 정형화된 구조의 핵심 단어인 마카리오스의 의미는 무엇인가? 대개 히브리어로 '아쉬레'인데 '대단히 행복한' 또는 '지극히 운이 좋은' 등의 의미를 갖는다. 이처럼 이 단어는 형언할 수 없는 행복감을 의미하는 데 사용된다. 팔복에서도 이 단어는 예수님께서 선포하신 하나님 나라 안에 있는 자들이 누리는 이루 말로 표현할 수 없는 행복한 상태를 묘사한다. 여기서 묘사되는 행복은 세상적인 행복이 아니라, 하나님 나라를 누리는 자들만이 경험할 수 있는 행복을 말한다.

팔복과 하나님 나라 그리고 제자도

팔복이 하나님 나라와 제자도와 철저하게 연관되어 있다는 사실을 잘 보여 준다.

팔복에서 말하는 하나님 나라는 현재 성취된 측면들 뿐 아니라 미래 완성될 측면들까지도 포괄한다. 팔복의 구절들은 제자들에게 하나님의 통치가 이미 임해있다는 증거이자 그 결과를 말하고 있다. 따라서 제자들은 세상적으로 볼 때 여러 가지 어려운 상황에 처해 있으면서도 지금 역설적으로 행복하다! 팔복은 제자들을 위한 복의 결과로 주어지는 행복 선언이지, 그 행복을 추구하라는 윤리적 명령이 아니다.

그런데도 팔복은 부차적으로 윤리적 기능을 하고 있음을 부인할 수 없다. 팔복을 읽는 그리스도인은 누구든지 자신의 현재적 자질과 상황이 팔복이 제시한 바와 차이가 있음을 느끼게 될 것이다. 그리고 그 결과 그는 팔복을 삶의 목표를 점검하고 교정하는 수단으로 사용하게 된다. 따라서 실질적인 차원에서 팔복은 윤리적 기능을 하는 것이다. 팔복이 이처럼 비록 부차적이지만 윤리적 기능을 갖는 이유는 그리스도인의 삶에 나타나는 하나님 나라의 현재성과 미래성 사이의 긴장관계에서 비롯된다고 볼 수 있다. 곧 그리스도인들에게 당연히 기대되는 행복이 그 삶 속에 '이미' 드러나고 있지만, '아직' 완성되지 않았기에 그렇지 못한 요소들도 발견되는 것이다. 그러나 이러한 부정적인 요소는 그리스도인들에게 당연한 현상으로 받아들여져서는 안 된다. 오히려 그리스도인들은 이러한 자신들을 발견할 때마다, 팔복이 제시하는 제자도의 본질적 특징이 무엇인지 확인함으로써, 자신의 문제를 직시하고 해결해 나가야 한다.

"팔복이 제시하는 제자도는 그리스도인들의 행복의 기준이 세상이 추구하는 것과 얼마나 다른지를 가장 인상적으로 말하고 있다. 그 어느 것 하나 세상이 흠모할 만한 것이거나 편한 것들이 아니다. 이처럼 세상의 행복과는 너무도 거리가 먼 것들이 왜 그리스도인들에게는 행복의 조건이 되는가? 그것은 모든 것들이 하나님의 통치를 받는 기본적인 자세이자, 그 결과로 주어지는 복들이기 때문이다. 제자가 보기에 자신의 중심과 상황이 세상적 기준에 비추어 아무리 보잘것없고, 손해 보는 것이고, 심지어 비참한 것이라 할지라도 그것이 하나님의 통치를 위한 것이고 또한 하나님의 통치의 결과라면, 그는 그 자체로 행복한 자인 것이다. 예수님의 제자들의 행복은 철저하게 하나님 나라 중심인 것이다. 팔복에 제시된 제자도는 하나의 이론에 그치는 것이 아니다. 그것은 세상의 소금이요 세상의 빛인 제자들이 세상 가운데서 직면하는 모든 현실적 상황 속에서 적용해 나가야 할 삶의 원리이다.(마5:13-16) 그것은 약속의 측면에서 미래에 완성될 하나님 나라와 연관된 가르침인 것은 사실이지만, 그 초점은 오히려 현재적 삶과 연관된 실천적 측면을 말하고 있다. 결론적으로 팔복은 하나님의 통치를 받는 그리스도인들이 이 세상에서 직면하는 모든 삶의 영역에서 언제나 점검해 보아야 할 제자도의 본질적 원리를, 그 세부적인 가르침에 앞서 하나의 표준으로 제시해 준 것이라고 할 수 있다. 따라서 하나님의 통치를 받는 모든 그리스도인은 팔복에 나타난 이 제자도의 원리를 언제나 우리들의 삶을 점검하는 표준이자 진정한 복의 기준으로 마음에 깊이 새겨야 할 것이다."5) "팔복은 우리가 일상적으로 이해하는 뜻이 아니라 무엇보다 구약과의 연결선상에서 보아야 분명하게 알 수 있다."6) 이제 팔복에 대해 하나 하나 살펴보자.

가난한 자

심령이 가난한 자는 복이 있나니 천국이 그들의 것임이요 (마5:3)

행복 선언의 첫 번째 대상은 가난한자들이다. 구약을 배경으로 보면 가난한 자의 운명은 빚진 자, 빚으로 인해 기업(基業, 분배된 땅)7)을 팔아넘긴 자, 빚으로 인해 노예된 자이다. 이런 자들에게 기쁜 소식은 다름이 아니라 빚 탕감, 기업 회복, 노예 상태에서의 해방이다. 이런 기쁜 소식은 빚 탕감의 해, 즉 안식년이 도래하거나 희년이 되거나 고엘(goel), 즉 가장 가까운 친족이 대신 빚을 탕감하거나 속전(贖錢)을 지불하고 기업을 회복시키거나 노예 상태에서 해방될 때 발생한다. 예수님께서는 구약의 사회적 해방을 배경으로 영적으로 가난한 자들에게 기쁜 소식을 선포하신다. 가난한 자들에게 전하는 기쁜 소식은 이사야 61장 1절 말씀을 연상시킨다. "주 여호와의 신이 내게 임하셨으니 이는 여호와께서 내게 기름을 부으사 가난한 자에게 아름다운 소식을 전하게 하

---

5) 양용의, 『하나님 나라 어떻게 이해할 것인가』(성서유니온선교회, 2005), 346-369쪽.
6) 신현우, "팔복에 담긴 은혜와 윤리", 『그 말씀』(통권187호) (두란노, 2005), 52-60쪽.
7) 5장 구약과 신약(2) 107쪽 '기업'에 대한 각주 참고.

려 하심이라." 마음이 가난하다는 말씀은 윤리적 가르침이 아니라, 사탄의 노예 상태에 있는 인류를 해방시키고 하나님의 자녀로 삼아 하나님 나라를 기업으로 주시고자 하는 은혜의 복음이다. 여기에서 분명히 해야 할 것은 행복을 받는 대상이 가난하다는 것은 아무것도 의지할 수 없고, 누구에게도 도움 받을 수 없는 상태에서 오직 하나님만을 의지하는 자를 말한다. 가난한 자들은 죄의 빚진 자들이며, 나아가 죄인들로 간주된 이방인들까지 포함하는 것이다. 가난한 자도 오직 하나님만을 의지하지 않을 때 부자가 될 수 있고 부자도 하나님께 절대 의존한다면 가난한 자다. 하나님 나라가 죄인들에게 은혜를 주어진다는 역설이 복음이다. 그들은 가난한 자 가운데서 하나님 나라를 유업으로 받는다. 우리가 영적으로 가난하기 때문에 구원받는 것이 아니라, 영적으로 가난함에도, 죄인임에도 불구하고 복을 받는 것이다. 우리는 은혜를 겸허히 받아들이는 데서 시작해야 한다. 하나님 나라는 우리의 겸손에 대한 상(賞)이 아니라, 하나님께서 값없이 주시는 은혜다.

슬퍼하는 자

애통하는 자는 복이 있나니 그들이 위로를 받을 것임이요 (마5:4)

두 번째 복 있는 사람은 우리에게 울라고 명하는 윤리적 교훈이 아니라, 울 수밖에 없는 비참한 현실에 처한 자들에 대한 위로의 말씀이다. 세상과 장단을 맞출 수 없고 짝할 수 없는 자들이다. 회개하며 애통하는 것이 위로의 상을 받을 수 있는 것은 공로가 아니다. 하나님의 위로는 죄인들에게 주어지는 은혜이다. 우리는 이 은혜의 복음을 공로의 율법으로 바꾸지 말아야 한다. 이사야 61장 2절의 '우는 자들'에게 기쁜 소식이 전

파된다. 여기서 우는 자들은 나라를 잃고 포로 된 자들이다.(사61:1) 유대인들은 나라를 잃고 포로가 되어 잡혀가 바벨론 강가에 앉아서 압박과 설움에서 울었다. "우리가 바벨론의 여러 강변 거기 앉아서 시온을 기억하며 울었도다"(시137:1) 유대인들은 나라 잃은 설움에 울며 "예루살렘아 내가 너를 잊을진대 내 오른손이 그의 재주를 잊을지로다"고 탄식 한다. 그런 유대인들에게 위로란 이스라엘의 회복으로만 가능하다. 이사야 40장 1절에 하나님께서 위로의 말씀을 전하신다. "너희는 위로하라 내 백성을 위로하라." 위로의 내용은 이사야 39장 6절의 바벨론 포로 예언을 배경으로 본다면, 포로 된 유대인들을 고향으로 돌아오게 하는 것이다. 이런 배경에서, 로마의 반식민지 상태에서 이스라엘의 회복을 고대하는 유대인들에게는 본문이 일차적으로 독립과 해방의 메시지로 다가올 수 있다. 본문은 울고 있는 유대인들에게 이스라엘의 회복을 약속하고 있다. 회복되는 이스라엘은 예수님이 오심으로 새 이스라엘 된 모든 민족들을 예수님의 제자로 삼아 이뤄지는 영적이고 보편적인 하나님 나라를 말한다.

온유한자

> 온유한 자는 복이 있나니 그들이 땅을 기업으로 받을 것임이요 (마 5:5)

세 번째 복은 온유한 자들이다. 우리는 온유함을 윤리적인 덕이나 공로로 생각해 내가 온유해지면, 새 하늘과 새 땅에 들어갈 수 있을 것이라고 곡해해선 안 된다. 온유한 자들은 땅을 정복하기에 너무 약한 자들이다. 그러나 하나님께서는 새 하늘과 새 땅을 선물로 주신다. 땅을 기업(基業)으로 받는다는 것은 구약적인 언어이다. 하나님께서 이스라엘을 이집트에서 해방시키시고 가나안 땅을 기업으로 주셨으며, 이스라엘 백성은 대대로 이 땅을 상속받았다. 이사야 61장 7절의 "그 땅을 기업으로 상속받을 것이다"와 일치한다. 여기서 그 땅을 기업으로 상속받는 자는 이사야 61장 1~3절에 나오는 가난한 자, 갇힌 자, 슬픈 자들이다. 약속의 땅 가나안을 잃고 이방인들에게 포로 된 자들이다. 이들은 힘없는 자들 즉 온유한 자들이지만, 하나님의 은총에 의해 고향을 되찾게 된다. '그 땅'은 '새 땅'으로서 3절의 '하늘나라'와 평행된다.

'온유한 자'는 '힘없는 자'를 가리키므로, 영적으로 온유한 자는 영적 측면에서 가난한 자와 동일하게 죄인을 가리킨다. 이들은 출애굽한 이스라엘이나 포로된 이스라엘처럼 땅이 없는 자들이다. 그러나 이들에게 마지막 구원으로써 '새 땅'이 주어진다. 예수님께서는 땅 곧 기업을 소유할 것이라고 말씀하신다. 이것은 예수님께서 죄인들에게 하나님 나라를 선포하는 복음의 메시지다. 온유한 자는 사람들이 책망하면 침묵하고, 사람들이 폭력을 가하면 참는다. 사람들이 쫓아내면 물러선다. 초대교회 해석에 따르면 부드러운 자는 "보복하지 말라"는 뜻이다. 모든 말투에서, 모든 몸짓에서, 예수의 사람들은 이 세상에서 속하지 않았다는 것을 보여준다. 그리스도인들은 세상에서 낯선 자(stranger)로 살아간다. 온유한 자는 유약승강강(柔弱承剛强)이다. "부드럽고 약한 것이 강직하고 강한 것을 이긴다." 소나무 가지를 꺾는 것은 강한 바람이 아니라 부드러운 눈이다. 소나무는 강한 바람으로는 꺾이지 않는다. 나는 설악산에 눈이 많이 오는 겨울에 딱 딱 소리가 나는 것을 듣고 본적이 있다. 강한 바람으로는 꺾이지 않던 소나무 가지가 조용히 소복소복 쌓인 눈의 무게에 의해서 부러지는 것이다. 온유한 마음은 이러한 눈과 같은 마음이다.

의에 주리고 목마른 자

> 의에 주리고 목마른 자는 복이 있나니 그들이 배부를 것임이요 (마 5:6)

6절도 의를 추구하라는 윤리적 교훈이 아니라 의에 주리고 목마른 자들 즉 의가 결핍돼 있는 자들에게 선포되는 기쁜 소식이다. 예수님께 복 받는 자는 의에 주리고 목마른 자다. '주리고 목마르다'라는 말은 매우 조급하고 간절하다는 의미다. 오늘 이 시대는 우리는 무엇에 목말라하고 있는가? 더 많은 쾌락을, 더 많은 소유를, 더 많은 권력을 얻기 위해 사람들은 애타게 목말라하고 있지는 않은가? 6절은 4절과 평행을 이루는 것으로 보인다. 이스라엘이 나라를 잃고 우는 자들은 의, 즉 하나님과의 관계를 잃고 목마른 자들과 동일하다. 우리는 여기 나오는 의롭다는 말을 이 세상에서 바르게 사는 것으로 오해하는 사람이 많다. 그러한 의미도 없는 것은 아니지만, 원래의 뜻은 우리와 하나님 관계에서 바르다는 의미를 말한다. 하나님께서 이스라엘의 하나님이 되고 이스라엘은 하나님의 백성이 되는 관계를 상실한, 나라를 잃은 유대인들은 바벨론에 포로로 잡혀가 울며 하나님과의 관계 회복에 주리고 목마르게 되었다. 이제 그들이 배부르게 된다는 것은 하나님과의 관계가 회복된다는 선언(롬5:1, peace with God)이다. '배부를 것이다'는 관계를 회복하시는 분은 하나님이다.

6절의 언어가 시편 107장 5, 9절의 언어를 연상시키는 것도 이런 해석을 지지해 준다. '주리고 목마름으로' 피곤한 자들에게 하나님은 '만족케 하시며, 좋은 것으로 채워' 주신다.

예수님께서 의의 관계를 회복하시기 위해 십자가에서 자신의 몸을 재물로 삼아 새 언약 체결의 제사를 드리셨다. 이를 통해 하나님은 우리의 하나님이 되시고 우리는 하나님의 자녀가 되는 새 언약의 관계, 즉 의가 이루어졌으며, 이제 우리는 영적으로 배부를 수 있게 됐다. 의에 주리고 목마른 자, 즉 의가 결핍된 죄인들에게 의가 충만하게 주어질 것을 선포하는 6절 말씀도 기쁜 소식이 아닐 수 없다. 우리가 의에 갈급하면, 이것을 공로로 삼아 하나님께서 의로움을 주신다는 공로 사상이 아니다. 하나님께서 의를 회복시켜 주신다. 오직 은혜로 의가 이뤄진다.

지금까지 말하는 네 가지 행복은 은혜의 복음을 받아들이고 의롭다 함을 입은 하나님 나라의 새 백성들에게 주시는 삶의 모습이다. 우리는 은혜로 인해 믿음으로 하나님의 백성이 되지만, 나아가 하나님의 뜻대로 하나님의 백성다운 삶을 살아야 한다.

자비를 베푸는 자

> 긍휼히 여기는 자는 복이 있나니 그들이 긍휼히 여김을 받을 것임이요 (마5:7)

6절까지 네 가지 복은 은혜의 선포인 반면에 7절부터 제시되는 네 가지 복은 예수님께서 주시는 윤리적 교훈이다. 그 중에 첫 번째 가르침은 자비를 베풀라는 것이다. 자비는 언약 관계에 대한 신실함의 구체적 표현이다. 자비를 베푸는 자들에게 하나님은 자비를 베풀 것이다. 예수님께서는 자비한 자가 복이 있다고 말한다. 자비는 특히 구약에서 하나님의 성품을 나타낼 때 쓰는 말인데 인자, 인애, 사랑의 뜻을 가지고 있다. 하나님의 백성으로서 하나님의 자비하심을 본받는 것이다. 하나님께서 자신의 백성들에게 자비를 베푸셨고 또 베푸실 것이기 때문에, 하나님의 백성은 자비를 베푸는 삶을 살아야 한다. 이는 은혜로 죄의 빚을 탕감받은 우리가 당연히 행해야 하는 의무이지만 우리가 이를 행할 때 하나님께서 칭찬하실 것이다.

자비한 자란 동정심(sympathy)을 가진 사람을 말한다. 새번역 성경에는 자비를 '불쌍히 여기는 마음'이라고 번역하고 있다. 상대방의 마음과 같아질 줄 아는 마음을 가진 사람이다. 우리는 지금 얼마나 잔인한 시대를 살고 있는가? 갈수록 무정한 시대를 살아가고 있다. 또 자비한자는 용서하는 마음이다. "나는 절대로 그 사람을 용서하지 않겠다"고 말하는 사람들을 가끔 본다. 그러나 그리스도인들은 그런 말을 해서는 안 될 것이다. 화가 나서 순간적으로는 "나는 저 사람과는 결코 화해하지 않겠다"고 할 수 있겠지만, 그 말이 잘못임을 인정하고 한 시간 후, 수 시간 후, 하루 내에, 일주일 내에 우리는 회개해야 한다. 주님께서는 우리에게 70번씩 7번 용서하라 하시지 않았던가? 하나님은 나같이 죽을 수 밖에 없는 죄인도 용서하셨는데, 별 것 아닌 우리가 "나는 절대로 용서하지 않겠다"는 말을 할 수 있겠는가! 만 달란트의 큰 용서 받은 자(큰 빚진자)가 100일간 벌 수 있는 100데나리온 빚진 자에게 자기의 빚을 갚으라고 말한 것(마17:18-35)과 다름없지 않은가?

마음이 깨끗한 자

> 마음이 청결한 자는 복이 있나니 그들이 하나님을 볼 것임이요 (마 5:8)

'마음이 깨끗한 자'는 시편 24편을 연상시킨다. "마음이 청결한 자는 여호와의 산에 오를 것이며 그 거룩한 곳(성전)에 설 자이다"(시24:3~4) 마음은 욕심이 없을 때 깨끗해진다. 출애굽기 33장 20절에 의하면 아무도 하나님을 볼 수 없다고 말씀하신다. 하나님을 본다는 표현은 성전 즉 하나님께서 계시는 곳에 들어갈 수 있다는 뜻이다. 우리가 영적인 빚을 탕감받았으므로 타인이 우리에게 진 빚을 탕감하는 자비를 베풀어야 하며, 세상의 재물이나 권세 그리고 명예를 상대화시키고 이런 것들에 대한 욕심을 갖지 말아야 한다. 깨끗한 자란 온갖 욕망과 의도 때문에 이리저리 흔들리지 않는 자다. 어린아이 같이 순진한 마음이다. 그러나 우리의 마음속에 얼마나 많은 불순물이 있는가? 시기와 질투와 교만과 욕심 같은 불순물들이 우리의 마음에 가득 차 있다. 마음이 청결한 자는 빈 마음을 지닌 사람이다. 마음 속에 불순물이 섞이지 않은 사람이다. 법정 스님이 『텅 빈 충만』8)에서 이렇게 적고 있다. "산사에서 존경하는 스님의 방에 들어갔는데 그 방에 아무것도 없습니다. 벽에 옷걸이도 없고 책도 없는 것입니다. 우리는 너무도 우리의 마음에, 우리의 삶에, 우리의 집에 무엇인가를 꽉꽉 채우려고 노력하고 있습니다."라고 했다. 빈 마음의 소유자가 복이 있는 자다.

평화를 만드는 자

> 화평하게 하는 자는 복이 있나니 그들이 하나님의 아들이라 일컬음을 받을 것임이요 (마5:9)

평화를 만드는 것도 윤리적인 덕이다. 여기서 평화는 단지 전쟁이 없

---

8) 필자가 공자, 노자나 스님의 말을 인용한 것은 일반은총 차원에서 모든 종교나 철학 속에는 진리의 파편이 있다는 것을 말하려는 것이다. 오직 진리는 그리스도 안에만 있다.

는 상태기 보다는 히브리어 '샬롬', 즉 정의와 평화를 합한 상태를 가리 킨다. 이런 샬롬을 만드는 자들을 하나님께서는 자신의 자녀라고 부르신다. 샬롬은 하나님과의 바른 관계에서 나오는 순종의 결과로 생기는 것이다. 그들은 하나님 나라 백성들이기 때문이다. 우리는 이 땅에서 샬롬을 만드는 자가 되어야 한다. 예수님의 제자들은 평화를 위해 부르심을 받았다. 우리가 이런 일을 행할 때 하나님께서 우리를 하나님의 자녀라고 부를 것이다. 샬롬을 만드는 일을 하면 하나님의 자녀이며, 샬롬을 파괴하는 일, 즉 불의, 분쟁, 탈취를 자행하면 하나님의 자녀라고 인정받을 수 없다. 예수님께서는 '평화를 만드는 사람'(peace maker), 평화를 창조하는 자에게 복이 있다고 말씀하신다. '군자 동의불화 화이부동'(君子 同而不和 和而不同)이란 말이 있다. 군자는 같아지면서도 불화하지 아니하며, 평화스러운 관계를 유지하면서도 같아지지 않는 것이다. 하나님 나라는 평화의 나라다. 자기주장을 포기하며 증오와 불의에 냉담한 자다. 똑똑한 사람, 많이 아는 사람이 아니다. '평화를 만드는 사람'을 생각할 때마다 프란체스코를 생각하지 않을 수 없다.9)

>주여, 나를 평화의 도구로 써 주소서.
>미움이 있는 곳에 사랑을 심게 하시고
>상처가 있는 곳에 용서를
>분열이 있는 곳에 일치를
>의심이 있는 곳에 믿음을
>절망이 있는 곳에 희망을

---

9) 이 시는 프란체스코가 직접 쓴 것이 아니라 1925년 미국 일리노이 주 시카고에서 열린 가톨릭 성체대회에서 처음 발표되었다. 지은이는 알려져 있지 않지만, 프란체스코가 그렇게 기도했을 것이라고 생각할 수 있다. 마크 갈리, 이은재 역, 『성 프란치스코』(예경, 2006), 185-186쪽.

어두움이 있는 곳에 광명을
슬픔이 있는 곳에 기쁨을 심게 하소서.

오, 거룩하신 하나님,
위로받기보다 위로하게 하시고
이해받기보다 이해하며
사랑받기보다 사랑하게 하소서.
이는 우리가 받은 것을 주어야 하며
용서받은 것을 용서해야 하기 때문입니다.
이로써 영생으로 다시 태어날 것이기 때문입니다.

의를 위하여 박해를 받은 자

> 의를 위하여 박해를 받은 자는 복이 있나니 천국이 그들의 것임이라
> (마5:10)

의를 위하여 핍박을 받는 것도 새 이스라엘 즉 하나님 나라 백성의 윤리로 제시된다. 하나님께서는 핍박을 무릅쓰고 하나님과 바른 언약 관계 즉 의를 지속하며 언약 관계에서 요구하는 의를 행하는 자들을 인정하신다. "이는 하늘나라가 저희들의 것이기 때문이다"는 말씀은 여덟 가지 복을 하나로 묶는다. 예수님의 제자들은 세상에 거침돌이다. 그러므로 제자들은 정의로운 삶을 살기 때문에 박해를 받을 수 밖에 없다. 세상이 그들에게 주는 대가는 인정이 아니라 비난이다. 예수님 때문에 제자들은 수치를 당한다. 그러나 모든 수치를 당하는 자는 예수님 자신이다. "사람들이 나로 인하여 거짓으로 너희를 비난하고, 핍박하고, 너희를 대

항하여 모든 악한 것을 말할 때에는, 너희는 행복한 것이다." 마태복음 5장 11절은 10절에 관한 부연 설명이다. 10절에서 말하시는 핍박은 예수님으로 인한 것이다. 예수님을 믿고 따를 때 필연적으로 고난이 따른다.

기뻐하고 즐거워하라! 이는 하늘에서 너희의 상이 많기 때문이다.

왜냐하면 그들이 너희를 이전에 선지자들을 이처럼 핍박하였기 때문이다.(마5:12) 12절도 10절에 관한 부연 설명이다. 의를 위해 핍박을 받는 자들이 행복할 수 있는 이유는 그들이 하나님의 상을 받기 때문이다. 또 예언자들도 그처럼 박해를 받았기 때문이다. 예레미야를 비롯한 여러 예언자들이 죽임 당하였음을 언급하고 있다.(느9:26, 렘2:30),

그들이 받는 상의 내용은 세상에서 받는 모독, 핍박, 악한 말의 반대되는 말이다. 예수님의 제자들은 가난과 고난을 통해 세상의 악과 불의를 힘차게 증언한다. 그것은 하나님께서 주시는 위로, 칭찬, 인정 받음이다. 의로 인해 핍박을 당하는 사람에게 하나님의 인정하심은 궁극적인 위로가 된다. "그렇다면, 이러한 공동체의 자리는 어디 있는가? 오직 하나의 장소에만 있다. 곧 골고다 언덕의 십자가 자리이다. 그분과 함께 제자들은 모든 것을 잃었고, 그분과 더불어 모든 것을 얻었다."[10] 역설이지 않은가!

팔복 산

팔복을 산에 비유하기도 한다. 그래서 팔복 산(山)이라고도 부른다. 가난한 마음은 팔복 산을 올라가는 첫 단계다. 마음이 가난하지 않고는 아예 팔복 산에 오를 수 없다. 우리는 산에 오를 때 헬리콥터를 타고 꼭대기로 바로 올라가는 것이 아니라 밑에서부터 차근차근 올라간다. 이렇게 오

---

[10] 앞의 책, 『나를 따르라』, 114-128쪽.

르기 시작한 팔복 산의 꼭대기에 무엇이 약속되어 있을까? 팔복 산의 꼭대기에는 핍박과 고난이 기다리고 있다. 고난과 핍박을 받는 자는 최고의 복을 소유한 자다. 우리의 생각과 예수님의 생각이 너무 다른 것을 본다. 그러나 예수님의 말씀은 진리다. 예수님께서 가르쳐 주신 복은 한국교회가 가르치는 복과 다르고 동양의 오복과도 전혀 다르다. 그런데 예수님을 따른다면서도 예수님이 가르치신 복에 대해서는 무관심하고 무시하는 것이 우리의 현실이다.

디모데후서 3장 12절에 보면 "무릇 그리스도 안에서 경건하게 살고자 하는 자는 핍박을 당하리라"는 말씀이 나온다. 성경이 말하는 경건이 무엇인가? 한국교회는 새벽기도를 열심히 하고 구역예배에 참석하고 수요예배에 참석하고 아침 저녁으로 성경을 읽고 기도하면 그 사람을 보고 경건하다고 말한다. 그러나 여기에서 바울은 경건한 사람의 증거는 핍박을 받는 것이라고 말한다. 예수님 때문에 핍박을 받을 때 진정한 경건이 있다. 성경은 단순히 조용한 밀실에 들어가서 기도하는 것을 경건이라고 말하지 않는다. 그런 사람은 조용한 사람이라고 할 수 있을지는 모르지만, 경건한 사람이라고 말하지는 않는다. 그런 사람은 전혀 핍박을 받을 이유가 없다. 그러나 참으로 경건하게 살고자 하는 자는 예수 그리스도 때문에 손해를 보고 어려움을 당할 수 밖에 없다. 예수님의 말씀대로 살고 복을 받은 증거는 출세하고 부자가 되었다는 것과는 상관없는 일이다. 성경 어느 곳을 보아도 그런 구절은 없다.

내 생각은 너희 생각과 다르다

이상에서 예수님께서 말씀하신 여덟 가지 복에 대해 간단하게 살펴보았다. 예수님께서 가르치신 복은 우리가 생각하고 추구하는 복과는 너무나 거리가 멀다. 이사야서 55장 8절에 보면 "내 생각은 너희 생각과 다르며 내 길은 너희 길과 다르다"는 말씀이 나온다. 그렇다! 하나님의 생각은 사람의 생각과 다르고 하나님의 길은 사람의 길과 다르다. 예수님께서 하신 말씀은 그 어떤 위대한 사람의 말과도 비교할 수 없는 진리다. 하워드 요더가 말한대로 팔복을 비롯한 산상수훈은 이 세상에서 성공하고 복 받기 위한 내용이 아니기 때문이다. 석가모니가 한 말을 읽어 보라. 공자가 한 말을 읽어 보라. 간디가 쓴 말을 읽어 보라. 칼 마르크스가 쓴 글을 읽어 보라. 예수님이 말씀하신 것과는 전혀 차원이 다르다는 것을 발견할 수 있다. 요한복음 7장 46절에 "그 사람(예수님)이 말하는 것처럼 말하는 사람이 지금까지 없었나이다"는 고백이 나온다. 예수님이 말씀하신 것과 같이 말한 사람은 지금까지 없었다. 물론 그들에게 진리의 파편들이 들어 있다. 누가 행복한 자인가? 누가 복을 받은 사람인가? 무엇을 복이라고 생각하는가? 복의 개념이 바뀌지 않고는, 복의 개념에 혁명이 일어나지 않고는 그리스도를 따르는 사람이라고 말 할 수 없다!

창세기 12장 1절에 하나님께서 아브라함에게 "너의 본토 친척 아비 집을 떠나 내가 지시하는 땅으로 가라"는 말씀이 나온다. 예수 그리스도를 따른다는 것은 내가 원하는 땅으로 가는 것이 아니다. 오늘 우리들 가운데는 내가 원하는 땅으로 가기 위해서 하나님을 이용하는 모습이 있다. 교인들 중에는 내가 원하는 땅으로, 내가 바라는 곳으로 가기 위해 예수 그리스도를 이용하는 모습들이 너무 많은 현실을 본다. 그러나 참된 신앙은 하나님께서 지시하시는 땅으로 가는 것이다. 참된 신앙은 하나님을 이용하는 것이 결코 아니다.

우리는 팔복 속에 예수님의 모습이 담겨져 있음을 보게 된다. 이 말은 곧 예수님의 모습을 닮은 자야말로 복된 사람이라는 말이다. 로마서 8장 29절에는 우리를 택하신 목적이 '아들의 형상을 본받게 하기 위해서'라고 하였다. 예수 그리스도의 모습이 이 팔복 가운데 가장 잘 나타나 있다. "너희 안에 이 마음을 품으라. 곧 예수 그리스도의 마음이니."(빌2:5) 이 여덟 가지의 마음, 이 여덟 가지 삶은 곧 예수 그리스도의 마음이고, 예수 그리스도의 모습이고, 그분을 따르는 자들의 모습이어야 한다. 진정한 복이 무엇인가? 예수 그리스도를 닮아가는 삶이다! 윤동주의 시를 들어보자.

〈팔복〉

슬퍼하는 자는 복이 있나니
슬퍼하는 자는 복이 있나니
슬퍼하는 자는 복이 있나니
슬퍼하는 자는 복이 있나니
슬퍼하는 자는 복이 있나니
슬퍼하는 자는 복이 있나니
슬퍼하는 자는 복이 있나니
슬퍼하는 자는 복이 있나니

13장 예수님이 가르쳐 주신 복 (2)

> 우리의 사명은 세상과 달라지는 게 아니라
> 그리스도와 비슷해 지는 것이다
> ―하워드 요더, 『급진적 제자도』에서

> 너희는 나를 불러 주여 주여 하면서도
> 어찌하여 나의 말하는 것을 행치 아니하느냐
> ― 누가복음 6장 46절

예수님은 무리를 향하여 "아브라함이 나기 전에 내가 있었다"(요8:58) 말씀하신다. 예수님께서 이 말씀을 하신 것은 30세가 조금 넘은 나이였다. 아브라함은 이스라엘 민족의 조상이요, 예수님의 조상이다. 역사적으로 보면 예수님보다 1,500여년 전의 사람이다. 그런데 이제 갓 서른 살이 넘은 새파란 청년이 이스라엘 민족이 그토록 존경하는 조상 아브라함에 대해 "아브라함이 나기 전에 내가 있었다"는 말을 서슴없이 한다.

유대인들이 무례하고 터무니없는 말에 분개했을 것은 당연하다. 예수님께서 자기들의 조상 아브라함에 대해서 아브라함이 있기 전에 내가 있었을 뿐만 아니라 아브라함은 나를 보기를 매우 사모하다가 죽었다고 했으니, 유대인들은 자기들의 위대한 조상 아브라함을 모독했다고 생각하고 분노하여 예수님을 일제히 돌로 쳐 죽이려고 했다. 예수님께서는 간신히 도망쳐 나왔다. 이 말씀은 생각하면 할수록 유대인들에게는 정말 충격적인 말이다. 유대인들에게 의구심을 불러일으키고, 오히려 혼란을 주고 있다. 귀와 마음의 문을 열고 진심으로 주님의 말씀을 듣는 자는 C.S.루이스 말대로 "나사렛 예수를 미쳤다고 하든지, 그렇지 않으면 그의 말에 무릎을 꿇고 이 말씀이 옳습니다"라고 하든지 둘 중 하나를 선택해야 한다. 예수님을 적당하게 성자니 위대한 사람이라느니 봐주지 말라. 본회퍼가 말한대로 "예수가 나를 죽이든지 내가 예수를 죽이든지 둘 중에 하나만 있을 뿐이다."

예수님의 말씀은 어느 것도 대충 넘겨 버릴 수 없다. 예수님께서는 다른 곳에서 "나를 본 자는 하나님을 본 것이요 나와 아버지는 하나이다"(요10:30)라고 말씀하셨다. 예수님께서 이 말씀을 하실 때 "나와 아버지는 하나일 가능성이 있다"고 하지 않으셨다. "나를 떠나서는 너희가 아무 것도 할 수 없다", "나는 길이요, 진리요, 생명이니 나로 말미암지 않고는 하나님께로 갈 수가 없다" 예수님의 말씀에는 조금도 양보가 없고, 조금도 겸손이라고는 찾아볼 수 없다. 그래서 예수님의 말씀을 듣고 있던 사람들 중에는 죽이려고 한 사람들도 있었지만, 예수님을 긍정적으로 본 사람들은 "저 젊은이의 말이 서기관들과 다르구나. 마치 권세 있는 자와 같구나"고 말했다. 어떤 사람들은 예수님을 왕으로 모시려고도 했다. 대제사장들이 예수님을 잡아오라고 군병을 보냈다. 그런데 군병이 돌아와서 하는 말이 "그 사람이 말하는 것처럼 말한 사람은 이 때까지 없었나이다"(요7:46)고 보고한다. 이 말을 듣고 있던 대제사장이 "너희들도 그 사람의 말을 듣더니 미혹이 되었느냐"라고 말한다.(요7:45~47) 예수님의 말씀은 지금까지 어느 누구도 그렇게 말한 적이 없는 내용이었다. 누군가 말한대로 복음서에 나타난 예수님의 삶과 말을 조작 할 수도 없다고 말했다.

예수님께서 팔복 외에도 무슨 복을 말씀 하셨을까? 네 가지만 살펴본다.

예수님이 누구인지 아는 자가 복이 있다

예수님께서는 자기가 누구인지 아는 사람이 복이 있다고 말씀하신다. 예수님을 아는 것 자체가 복이라는 것이다. 예수님을 안다는 만큼 더 큰 복이 어디 있겠는가? 이것을 모른다면 예수님이 누구인지 아직 모르는 사람이다. 예수님께서는 마지막 예루살렘을 향하시는 길에 제자들에게 물으셨다. "사람들이 인자를 누구라 하느냐. 가로되 더러는 세례 요한, 더러는 엘리야, 어떤 이는 예레미야나 선지자 중의 하나라 하나이다. 가라사대 너희는 나를 누구라 하느냐. 시몬 베드로가 대답하여 가로되 주는 그리스도시요, 살아계신 하나님의 아들이시니이다. 예수께서 대답하여 가라사대 바요나 시몬아 네가 복이 있도다. 이를 네게 알게 한 이는 혈육이 아니요 하늘에 계신 내 아버지시니라"(마16:13~17) 이 말씀은 예수님께서 공생애 마지막 부분에 가이사랴 빌립보에서 하신 내용이다. 3년 동안 열심히 자기를 따르던 제자들을 향해서 먼저는 "사람들이 나를 누구라고 하더냐?"고 물으신 다음에 "너희들은 나를 누구라고 하느냐?"라고 물으신다. 예수님의 전기 작가인 영국의 존 스튜어트는 『그리스도의 생애와 교훈』에서 "이 질문이야말로 이 세상에서 가장 위대한 질문이다"라고 했다. 예수 그리스도를 누구로 생각하느냐는 것은 인간에게 가장 중요한 문제다. 이 질문에 대하여 어떻게 답변하느냐에 따라서 그 사람이 어떠한 사람인가를 알 수 있다. 사람들은 누구나 구세주를 찾아 헤매고 있다. 하나님을 만나보고 싶어 한다. 그런데 베드로는 "너는 나를 누구라 하느냐?"는 예수님의 질문에 "주는 그리스도시요, 살아계신 하나님의 아들입니다"라고 고백한다. 이 말을 듣고 계시던 예수님께서는 "이 사람아, 어떻게 나를 하나님의 아들이라고 하는가?"라고 겸손하게 말씀하시지 않고 "예수께서 대답하여 이르시되 바요나 시몬아 네가 복이 있도다 이를 네게 알게 한 이는 혈육이 아니요 하늘에 계신 내 아버지시니라."(마16:17)라고 하셨다. 조금은 교만한 말이라고 생각되지는 않는가?

예수님께서는 자신이 누구인지를 아는 사람이 복이 있다고 하셨다. 참으로 놀라운 선언이다. 우리는 예수님이 어떤 사람이 복을 받는다고 말하셨는지를 분명히 알아야 한다. 파스칼은 "나는 내가 믿는 자가 누구인지를 안다."(딤후1:12)고 했다. 그가 그토록 위대한 신앙의 삶을 살고 온전히 헌신해서 예수 그리스도를 위해서 산 것은, 예수 그리스도가 진정 누구인지를 알았기 때문이다. 파스칼이 책상 앞에 써놓은 이 말씀은 우리에게 깊은 도전으로 다가오지 않는가? 그는 이렇게 신앙을 고백했다.

> 영생은 곧 유일하신 참 하나님과 당신이 보내신 예수 그리스도를 아는 것입니다. 예수 그리스도. 예수 그리스도. 나는 당신을 저버리고, 피하고, 부인하고, 십자가에 못 박았습니다. 일체 모든 것을 포기 합니다. 예수 그리스도에게 대한 전적인 순종. 나는 당신의 말씀을 영원히 잊지 않겠습니다.

왜 예수님을 아는 사람이 복이 있는가?

첫 번째로 예수님을 아는 사람은 인생의 목적을 아는 사람이기 때문이다. 이 세상을 살아야 할 이유를 아는 사람이다. 이 세상에 살아야 할 이유를 아는 것만큼 아름답고 멋있는 일이 어디 있겠는가! 우리 인생은 벌레나 짐승과 같이 그저 먹고 살다가 죽는 존재가 아니다. 예수 그리스도를 통해서만 이 세상을 살아야 할 목적과 이유를 알 수 있다.

둘째로 예수 그리스도를 아는 자에게는 평안이 있다. 우리 주님께서는 "내가 주는 평안은 세상이 주는 것과 다르다"(요10:27)라고 하시고 "야곱이 주는 물은 목 마르려니와 내가 주는 물은 영원히 목마르지 아니하리라"라고 하셨다. 야곱이 주는 물은 사람이 주는 것이다. 사람이 주는 것은 목 마를 수밖에 없다. 사람이 주는 물, 즉 돈과 명예, 성공, 자식이 잘되는 것들은 잠깐은 우리의 갈한 마음을 시원하게 할 수 있다. 그러나 주님께서는 영원히 마르지 않는 생명수를 준다고 약속하셨다. 우리에게 성령을 주시고 목마르지 않는 삶을 살 수 있게 하셨다. 이것을 경험하면서 살아가고 있는가? 그렇다면 예수님이 말씀하신 복을 받은 사람이다. 예수님께서 우리에게 주신 행복은 세상이 주는 행복과는 질적으로 다르다.

셋째로 예수님을 아는 자의 복은 능력 있는 삶을 사는 데 있다. 그리스도인들도 다른 사람과 마찬가지로 어려움과 고난을 받으면서 살아간다. 예수님을 믿는다고 결코 고난에서 제외되고, 실패와 좌절에서 제외된다고 착각하면 안된다. 이러한 생각이 바로 미신이요 착각이다. "대저 의인은 일곱 번 넘어질지라도 다시 일어나려니와 악인은 재앙으로 말미암아 엎드러지느니라."(잠24:16) 그러나 어려움과 고난 속에서도 결코 넘어지지 않는 능력이 예수 그리스도를 아는 자들에게 있는 것이다. 성령충만으로 담금질 된 삶은 이미 시작된 하나님 나라의 삶에 참여하여 기쁨과 희망, 능력을 가지고 담대하게 살아간다. "사망의 음침한 골짜기를 다닐지라도 내가 해를 두려워하지 않는 것은 주께서 나와 함께 하심이라."(시편 23:4) 다윗은 결코 신앙의 삶에 사망에 음침한 골짜기가 없다고 말하지 않는다. 우리 모두는 누구도 제외할 수 없이 음침한 골짜기를 다닌다. 다윗의 확신을 가지고 살아가는 것이 바로 복이다. 예수님을 아는 자야말로 위대하고 아름다운 인생을 누릴 수 있는 자다!

알고 행하면 복이 있다

이 말씀은 요한복음 13장 1절-17에 나오는데 예수님께서 예루살렘을 향해 가기 전날 밤 최후의 만찬에서 예수님께서 제자들의 발을 씻기신 이후 "듣고 행하는 자가 복이 있다"라고 하셨다. 주님께서는 함부로 아무에게나, 기분 나는 대로 "복이 있으라"라고 말씀하시지 않았다. 예수님께서는 "내가 너희들의 발을 씻긴 것은 너희들에게 본을 보인 것이다. 이것을 알고 행하면 복이 있다"(요13:12~17)라고 말씀하셨다.

> 저녁 잡수시던 자리에서 일어나 겉옷을 벗고 수건을 가져다가 허리에 두르시고 (요13:4)

그렇게 노예복장을 하고 허리를 굽혀 제자들의 냄새나는 발을 깨끗하게 씻겨 주셨다. 존경 받아야 할 어른이 제자들과의 마지막 식사 시간에 이런 행동을 하다니 얼마나 이상한가? 조금 전 "내가 너희에게 하나님 나라를 맡기겠다"고 선언했던 왕이 이런 이해할 수 없는 행동을 하다니. 그 당시 발을 씻겨 주는 행위는 너무나 치욕스러운 행위라, 주인들도 유대인 노예에게는 그 일을 시키지 않았다. 성질이 급한 베드로는 즉시 이런 황당한 일을 보고 얼굴이 하얗게 질렸다.

스캇 펙(Scott Peck, 1936-2005)은 『주와 함께하는 여생』에서 발을 씻겨 주는 이 장면을 예수님의 생애에서 가장 중요한 사건 가운데 하나로 꼽았다. "그때까지도 제자들의 모든 관심은 온통 누가 제일 윗 자리에 앉느냐, 또 윗 자리에 앉으면 어떻게 그 자리를 유지하거나 더 높은 자리로 올라가느냐에 있었다. 하지만 여기서 랍비요 교사요 주인으로 이미 맨 윗자리에 있는 이 사람은 갑자기 맨 밑바닥으로 내려와 제자들의 발을 씻기기 시작했다. 이 한 가지 행동을 통해 예수님은 상징적으로 사회 전체의 질서를 뒤집으셨다. 무슨 일이 일어나고 있는지 이해하기조차 힘들었고, 제자들은 예수님의 이런 행동을 두려워했다."

예수님은 제자들에게 세 가지를 행함으로써 자신을 기억해 달라고 부탁하셨다. 우선 그분이 요한에게 세례를 받으셨던 것처럼, 제자들에게도 남들에게 세례를 주라고 하셨다. 또 그날 저녁에 예수님이 제자들과 함께 하셨던 성만찬 식사를 기억하라고 하셨다. 그리고 서로의 발을 씻겨주라고 하셨다. 교회는 이 명령들 중에서 앞의 두 가지는 늘 존중하며 시행했다. 비록 그 의미가 무엇이며 어떻게 행하는 것이 가장 잘하는 것인지에 대해서는 논란이 있었지만 세 번째 부탁, 발을 씻겨 주는 행위는 소수의 교파들만 실행하고 있다. 나머지 교파들은 이 일을 원시적이고, 촌스럽고, 세련되지 못한 것처럼 여긴다. 예수님의 명령이 열두 제자에게만 해당되는지, 아니면 그 뒤를 이은 우리 모두에게 해당되는지에 대해서는 논쟁할 수 있지만, 열두 제자가 그 명령을 따랐다는 증거도 있다. "너희 중에 큰 자는 젊은 자와 같고 다스리는 자는 섬기는 자와 같을지니라."(눅 22:26) 이 말씀은 예수님이 "내가 나라를 너희에게 맡기리라"는 선언과 함께 하신 말씀이다. 이 나라는 다시 말하자면 섬김과 겸손에 기초한 나라다. 발을 씻기는 행위를 통해서 제자들은 예수님 말씀이 의미하는 산 교훈을 본 것이다. 그 본보기를 따르는 것은 2천 년이 지나도록 쉽지 않은 일이다.[1]

인간의 욕망 중에 가장 큰 것은 권력을 향한 본능이다. 권력의 본능이란 단지 정치세계에서 한 자리 하려는 욕망을 말하는 것이 아니다. 부부사이에도 권력의 욕망이 나타난다. 남을 지배하려는 마음, 인정받고 싶어 하는 마음, 자랑하고 싶은 마음을 말한다. 우리는 신앙인으로서 날마다 자신이 얼마나 권력에 집착하고 있는지 깊이 성찰해야 한다. 아름다운 그리

---

[1] 필립 얀시, 김성녀 역, 『내가 알지 못했던 예수』(IVP, 2012), 256-257쪽.

스도인의 모습은 섬김의 모습이다. 스캇 펙은 『묵상여행』에서 "예수님께서 십자가에 못 박히기 전 우리에게 두 가지 극적인 장면을 보여 주신다. 하나는 십자가요 또 한 가지는 섬김이다."라고 했다.

예수님의 교훈은 바로 하나님 나라의 가치관인데, 세상적 가치 개념을 뒤집어 버리신다. 사람들은 세상에서 으뜸이 되기 위해 수단 방법을 가리지 않고 무엇이든지 한다. 그러나 주님께서는 "너희가 으뜸이 되고자 하느냐? 그러면 섬겨라"고 말씀하신다.(막10:44) 하나님 나라의 백성은 으뜸이 되려면 오히려 섬기는 사람이 되어야 한다. 역설이다. 남을 지배하고 명령하고 큰소리 치는 것을 복이라고 말씀하시지 않고 섬기는 자가 진정한 복의 소유자라고 말씀하신다. 누가복음 11장 28절에서도 예수님께서는 말씀을 듣고 행하는 자가 복이 있다고 하셨다. 행동하는 신앙, 복종하는 신앙, 섬기는 신앙, 열매를 맺는 신앙, 우리 주님은 그런 신앙의 소유자를 향해서 복이 있다고 하셨다.

보지 못하고 믿는 자가 복이 있다

또 주님께서 말씀하신 복은 보지 못하고 믿는 자들의 복이다. "너는 나를 본고로 믿느냐. 보지 못하고 믿는 자들은 복 되도다"(요20:29) 예수님께서 부활하셨다는 사실을 다른 제자로부터 전해들은 도마는 "야, 웃기는 소리 마라. 어떻게 사람이 죽었다가 다시 살아나느냐. 나는 못 믿어. 예수님이 살아나셨다면 내가 그 십자가에 못 박힌 손과 옆구리의 창 자국을 만져보아야 믿겠다"고 말한다. 도마의 의심은 어쩌면 나의 의심이고 우리의 의심이고 모든 사람의 의심이다. 보아야 하고 만져봐야 믿는 것이 우리의 본성이 아닌가?

스펄젼은 그의 설교 "크리스천이 걸리기 쉬운 세 가지 병"[2]을 말하는데 내용을 요약하면 다음과 같다. 첫째는, 기도에 게으른 병이다. 심지어 믿는다고 하면서 세 끼 식사 때조차도 기도하지 않는 사람이 있다. 그런 사람들은 식사 때만이라도 기도해야 할 것이다. 다른 사람들이 보는 중에도 기도해야한다. 우리는 예수님의 기도의 모범에 따라 항상 쉬지 않고 열성으로 기도해야 한다. 기도하지 않고, 기도하기 싫다면 신앙에 병이 든게 확실하다.

둘째는, 일상생활 속에서 하나님의 손길을 보지 못하는 병이다. 우리는 하나님의 손길이 없으면 한시라도 살아갈 수 없는 존재다. 우리는 하나님의 보호 아래 살아가고 있다는 사실을 알아야 한다. 우리가 살아있다는 사실, 우리가 그래도 건강하게 여기 있다는 사실, 이 모든 일이 하나님의 세심한 손길인데 이것을 실감하지 못한다면 병든 신앙이다. 모든 것이 합력하여 선을 이루는 하나님이 계신다는 사실을 알자. 우리가 살아온 뒤안길을 살펴보자. 나의 오늘이 있게 된 것은 모두 다 하나님의 은혜의 손길이었음을 깊이 알아야 한다.

셋째는, 표적과 기적을 보고 싶어 하는 병이다. 기적을 보면 믿겠다는 사람에게 주시는 메시지다. 누가복음 16장 19-31절부터 나오는 예수님의 비유에는 여러 가지 내용이 있다. 대문 앞에 거지 나사로는 날마다 부자의 상에서 떨어지는 부스러기를 먹고 살았다. 부자는 날마다 이웃들과 함께 화려한 잔치를 벌인다. 그는 강도도 아니고 사기꾼도 아니다. 두 사람이 죽은 후에 거지 나사로는 아브라함의 품으로 갔고 부자는 큰 구렁텅이로 들어갔다. 왜 이러한 결과가 나왔을까? 부자는 자신의 많은 소유를 가난한 자에게 나누어 주지 않았을 뿐만 아니라 가난한 나사로에 대해 무관심했다. 골치 덩어리인 나사로를 대문 앞에 쫓아 내지 않는 것을 보면 나

---

[2] 찰스 스펄전, 김병로 역, 『설교학』(신망애출판사, 1979), 536-542쪽.

쁜 사람은 아닌 것 같다. 구렁텅이의 불꽃에서 날마다 고통스러워하던 부자가 어느날 아브라함을 보면서 이렇게 간절히 말한다. "내가 나사로가 있는 곳으로 갈 수 없습니까? 여기는 너무 뜨거워서 견딜 수 없습니다. 나를 그 곳으로 가게 해주십시오." 이 말을 듣고 있던 아브라함은 "이곳과 그곳의 간격이 너무 커서 갈 수 없다"고 대답한다.(눅16:27-29) 구렁텅이는 부자와 하나님으로부터 얼마나 멀리 떨어져 있는가를 보여준다. 부자는 "그렇다면 나사로를 자기 집에 보내어 아버지와 형제에게 증거하여 이곳에 오지 않게 해 달라"고 부탁한다. 이 간절한 요청에 대한 아브라함의 답변은 매우 분명하다. "모세와 선지자에게 듣지 아니하면 비록 죽은 자가 살아난다고 할지라도 믿지 못할 것이라"(눅16:27-31)라고 대답한다. 여기 "모세와 선지자에게 듣는다"라는 말은 구약성경을 말한다. 성경을 읽으라는 말이다. 이 말을 들은 부자는 계속해서 성경으로는 부족하니까 죽은 자가 살아나서 말하면 더 잘 믿을 것이라고 말한다. 죽은 자가 다시 살아난다는 것은 놀라운 기적인가? 그런 기적을 본다면 지금 땅에 있는 아버지와 형제들이 믿을 것이라고 말한다. 우리도 이와 같이 자꾸 기적을 성경 위에 놓으려고 한다. 바로 이러한 잘못된 생각에서 이단들이 나오게 된다. 이때 예수님께서는 "죽었다가 살아난 사람의 증거라 할지라도 모세와 선지자들의 말을 듣지 아니하면 어느 누구도 확신할 수 없다"고 하셨다. 우리는 지금도 그러한 사람들이 제법 많이 있다는 사실을 안다.

"너희는 표적과 기사를 보지 못하면 도무지 믿지 아니하리라"(요8:48) "이렇게 많은 표적을 그들 앞에 행하셨으나 그를 믿지 아니 하니"(요12:37) 예수님은 기적을 통해서가 아니라 오직 성경을 통해서 충분히 믿을 수 있다는 말씀이다. 사람이 기적을 얼마나 좋아하는지는 사탄이 누구보다 잘 알고 있다. 그래서 사탄은 기적을 이용한다. 오늘의 이단들은 어떤 이단을 불문하고 기적을 통해 자신의 종교가 참 진리라는 것을 나타내려 한다. "거짓 그리스도들이 일어나 큰 표적과 기사를 보여 할 수만 있으면 택하신 자들을 미혹하리라"(마24:24) 어느 무당종교를 믿는 사람이 신문 컬럼에서 무당종교가 TV나 방송매체에 자주 출연하여 기적을 통해 인기를 누리려 하는 것은 잘못이라면서 자정노력을 말하는 것을 보았다. 우리가 알 것은 불교, 힌두교, 이슬람교 등 여러 종교에도 기적이 있다는 사실을 알자. 나는 이렇게 기적을 좋아하는 사람들을 계룡산 학파라고 부르고 싶다. 기적이 성경 말씀보다 위에 있지 않다. 예수님께서 사탄으로부터 받은 세 가지 시험이 있다. 우리는 이 시험을 예수님만이 받은 것이라고 생각해서는 안 된다. 이것은 우리 모두가 날마다 받고 있는 시험이다. 사탄의 시험의 특징은 기적을 통해 당신이 하나님의 아들이라는 사실을 나타내보라는 것이다. 놀랍게도 예수님은 모든 요구를 일언지하에 거절하신다. 그러므로 우리들 주위에서 기적이 있다고 하면 오히려 조심스럽게 살펴보아야 한다. 그렇지 않으면 사탄의 큰 미혹에 빠질 수 있다는 사실을 알아야한다.

> 그 날에 많은 사람이 나더러 이르되 주여 주여 우리가 주의 이름으로 선지자 노릇 하며 주의 이름으로 귀신을 쫓아 내며 주의 이름으로 많은 권능을 행하지 아니하였나이까 하리니 (마7:22)

　예수님께서는 우리들 가운데 주님의 이름으로 선지자 노릇하고 주의 이름으로 귀신을 쫓아 내고 주님의 이름으로 능력을 가진 사람들이 있다고 말씀하신다. 하나님이 주시는 기적은 지금도 존재한다. 우리는 기도하면서 기적을 구할 수 있다. 그러나 가난한 자, 병든 자, 고통하는 자를 위해 간구해야 한다. 하나님께서는 지금도 필요하다면 기적을 허락하시는 분이시다. 그러나 기적은 사탄의 속임수일 가능성이 있다는 것을 알아야 한다. 기적을 성경보다 더 위에 놓아서는 안 된다. 주님께서는 "나를 본 고로 믿느냐. 보지 못하고 믿는 자가 복되도다"라고 하셨다.(요20:29) 주님께서는 앞으로 오는 세대를 향해서, 그리고 바로 우리들을 향해서 눈으로 보고 만져 보고 믿는 것보다 보지 않고 믿는 것이 복되다고 말씀하신다. 얼마나 위로와 확신을 주는 말인지 모른다. 성경만큼 큰 기적은 없다! 지금도 예수님께서 죽었다 살아나신 기적을 보면서도 믿지 않는 사람이 많은 것을 보라! 보면 볼수록 오묘한 이 성경, 이것보다 더 큰 기적은 없다. 알면 알수록 성경은 기적의 덩어리다. 하나님의 계시인 성경은 지금도 살아 있고 운동력이 있다.

주는 자가 복이 있다

예수님께서는 또 "받는 자보다 주는 자가 복이 있다"라고 하셨다.(행 20:35) 우리 인간에게는 지배하려고 하는 본성과 함께 더 많이 소유하려는 끈질긴 본성이 있다. 인간의 더 많이 갖고자 하는 욕망은 얼마나 질기고 강한가! 우리는 가끔 이런 소리를 듣기도 하고 직접 말하기도 한다. "좋은 컴퓨터가 한 대 있으면 좋겠다. 큰 냉장고 하나 사고 싶다. 더 큰 차를 타고 싶다. 넓은 아파트에서 살아보면 원이 없겠다." 뻔히 들여다보이는 세 가지 거짓말이 있다. 처녀가 시집가기 싫다는 말, 노인이 빨리 죽고 싶다는 말, 장사하는 사람들이 이익을 못 보았다는 말이다. 이런 말은 웃으면서 넘길 수 있지만 웃으면서 넘길 수가 없는 말이 있는데, 그것은 "내가 부자가 되면 이웃을 돕겠다"는 말이다. 인간의 본능이 무엇인지 모르는 우매한 소리다. 우리나라 국가 정책도 재벌이 돈을 많이 벌면 가난한 사람에게 나누어 줄터이니 조금만 기다려 달라고 말한다. 새빨간 거짓 말이다.

톨스토이의 작품에 「사람이 얼마나 땅을 가질 수 있는가」라는 단편이 있다. 이 작품은 인간의 끝없는 소유욕을 주제로 다루고 있다. 주인공 빠홈은 적은 돈으로 땅을 많이 살 수 있을지를 궁리하던 차에 어느 지방에서 싼 값에 땅을 판다는 소문을 듣고 그 곳으로 가게 된다. 그 동네 촌장은 빠홈이 가지고 있는 돈을 확인하고 빠홈에게 말한다. "이 돈이면 당신이 아침 해가 떠서 해가 질 때까지 돌고 오는 땅을 모두 주겠다"라고 약속한다. 빠홈은 부자가 될 생각을 하면서 잠을 이루지 못한다. 다음날 아침 일찍 일어나 촌장과 마을 사람들이 보는 가운데 말을 타고 해를 보면서 달려간다. 자기가 이제 큰 땅을 갖고 부자가 될 것을 생각하면서 점심도 잊고 가는데, 갈수록 좋은 땅이 나온다. 되돌아가려 하면 더 좋은 땅이 나온다. "조금만 더 가면 되겠지" 하고 자신에게 말한다. 그리고 빠홈은 해가 지고 있는 것을 보고 말을 채찍질 하며 힘차게 달려 해가 지기 전에 간신히 돌아왔다. 그러나 너무 지쳐 그만 쓰러져 죽고 말았다. 톨스토이는 이렇게 끝맺고 있다. "빠홈은 자기가 누울 땅 두 평밖에 갖지 못했다." 결국 "조금만 더, 조금만 더…"가 빠홈을 죽게 만들었다.

세상에는 채우기만 하는 사람과 주고받는 사람이 있다. 네가 주니까 나도 준다는 조건적인 관계다. 다음으로는 주는 사람이 있다. 우리 주님께서는 많이 받는 자가 복이 있는 것이 아니라 많이 주는 자가 더 복이 있다고 가르치셨다. 보통 사람들은 많이 받는 것이 복이 있다고 생각한다. 사람들은 끝없이 욕망을 채우려고 한다. "지금은 남에게 줄 것이 없는데, 많이 갖게 되면 그때 주자."는 말을 한다. 앞에서 말한 세 가지 거짓말에 하나 보낼 것이 바로 이것이다. "많이 있으면 그때 주자"는 말은 새빨간 거짓말이다. 개인적으로도 국가적으로도 그렇다. 세계의 1% 사람들이 99%의 부를 가지고 있다. 인간의 욕망은 무한하다. 대기업이 돈을 많이 벌면 그때 가서 나누어 준다는 말은 영원한 거짓말이다. 에리히 프롬이 『존재냐 소유냐』에서 말하기를 "인간은 끝없는 욕망(endless desire)을 가진 존재다", "보다 많이 갖는 일에만 전념하는 사람은 정신적으로 병든 사람이다. 그런 사람으로 구성된 사회 또한 병든 사회다."라고 했다. 이 세상에는 역설과 아이러니가 있는데 많이 가진 사람이나 국가가 사람을 도와주는 것이 아니라, 이상하게도 없는 자가 남을 도와준다는 사실이다. 이것은 이론이 아니고 우리의 현실이다. 누가 혹시 남을 도와 줄 때 "저 사람은 돈이 많이 있나 보다"라고 착각해서는 안 된다. 스위스의 경제학자 앙드레 비엘레는 "아무리 가난한 사람도 남에게 줄 만큼은 가지고 있다. 그런 의미에서 우리들은 누구든지 부자다."3)

"지금 나는 다른 사람을 도울 수 없다"고 말하는 것은 빠홈과 같이 "조금만 더, 조금만 더"라고 생각하는 것과 똑같다. 비록 넉넉하지 못해도 지금 가지고 있는 것으로 조금이라도 남을 도울 수 있는 마음이 있어야 나중에도 남에게 나누어줄 수 있는 사람이 된다. 지금 이리저리 핑계를 대면서 더 많이 갖게 되면 남을 돕겠다는 말은 새빨간 거짓말이다. 그것은 가난한 자에게 영원히 나누어 주지 않겠다는 말이나 다름없다.

누가 부자인가? 많이 가진 자가 복이 있는 것이 아니라 많이 주는 자가 복 있는 자라고 성경은 가르치고 있다. 세상의 부자는 많이 가진 사람이지만 성경이 말하는 부자는 많이 가지고 있는 사람이 아니라 많이 나누어 주는 사람이다. 나누어 주는 사람이 복이 있다! 우리가 얼마나 나누어 줄 수 있을까? 우리는 이 땅에 가난한 자가 없을 때까지 나누어 주어야 한다. 우리에게 지금 갖고 있는 것은 모두 하나님이 주신 것이다. 그러므로 내게 주신 것은 하나님의 영광과 가난하고 소외된 자들을 위해 사용해야 한다. 지금 우리 주위에는 가난한 사람들이 얼마나 많은가? 주님께서도

---

3) 앙드레 비엘레, 박성원 역, 『칼빈의 휴머니즘』(대한기독교서회, 2007), 56쪽.

가난한 자에게, 어린 아이에게 한 것이 내게 한 것이라고 말씀하지 않으셨던가.(마24:40)

> 가난한 자들은 항상 너희와 함께 있거니와 나는 항상 함께 있지 아니하리라 (마26:11)

> 다만 우리에게 가난한 자들을 기억하도록 부탁하였으니 이것은 나도 본래부터 힘써 행하여 왔노라 (갈2:10)

막달라 마리아가 예수님의 머리 위에 값진 향유를 부을 때에 제자들이 분개하여 이것을 팔아 가난한 자에게 주어야 한다고 말할 때, 예수님께서 답변하신 내용이다. 참으로 제자들의 믿음이 대단하지 아니한가? 이때 죽음을 앞두고 계신 예수님께서 제자들에게 부탁하신다. 나는 잠시 후면 이 땅에서 없어질 것이지만 내 대신 가난한 자들이 너희들과 항상 있을 것이니 앞으로는 내가 떠나 있을지라도 가난한 자들에게 내게 한 것처럼 나누어 주라. 이것은 나에게 하는 것과 동일한 행동이다! 바울도 갈라디아 교인들을 향해 예수님의 말씀을 상기시키면서 자신도 가난한 자를 위해 힘썼으니 너희도 그렇게 하라는 부탁한다. 또한 부자청년에게 너의 재산을 팔아 가난한 자에게 주라고 하신 말씀도 기억해야 한다.

> 반드시 네 손을 그에게 펴서 그 요구하는 대로 쓸 것을 넉넉히 꾸어 주라 (신15:8)

구약성경은 여러 곳에서 가난한 자에게 특별한 배려를 강조하고 있다. 가난한 자들이 돈을 꾸어 달라하면 가난한자가 원하는 대로 이자 없이 꾸

어 줄 것을 말하고 있다.(신23:19)

다른 사람에게 줄 수 있는 것은 물질만이 아니다. 내가 가지고 있는 신앙, 지식, 명예, 성공 등을 비롯한 이웃을 위해 주는 자가 되어야 한다. 나누고 베풀 때 그것은 더 크고 풍성한 것이 된다. 나누고 베푸는 자가 복이 있다.

"나아가 그리스도인들은 구조적 가난에 대해서도 생각해야 한다. 즉 세계를 지배하고 있는 자본주의 문제다. 세계인구 상위 1%의 부자들이 99%부의 재산을 가지고 있다니 충격적인 일이지 아니한가? 무엇보다 하나님의 형상을 지으신 인간을 비인간화 시키는 자본주의의 탐욕과 부자들을 위한 구조에 관심을 가져야 한다. 믿는 자나 믿지 않는 자 구별 없이 물신(物神)을 향한 집단적 투항이 세계적으로 일어나고 있다. 소비를 부추기는 휘황찬란한 불빛들이 우리를 매혹시키고 있다. 고삐 풀린 탐욕은 사탄의 배설물이다. 자본주의로 가득찬 세상에서 교회가 이 일에 큰 관심을 가져야 마땅하지 않는가? 우리는 자선을 하면서도 우리가 살아가는 세계를 나눔과 베품이 가득한 공생하는 세상으로 만들어야 하지 않겠는가!"[4]

이사야 예언자는 "하나님의 생각과 사람의 생각이 다르다"(사55:8)라고 말했다. 사람이 생각하는 복과 하나님이 생각하는 복은 다르다. 너무 대조적이지 않는가? 누가 행복한 사람인가? 누가 복을 받는 사람인가? 우리가 추구하는 복의 내용이 성경이 말하는 복으로 바꾸어지지 않는다면 정말 우리가 그리스도를 따르고 있는지를 진지하게 돌아보아야 할 것이다.

---

[4] 박철수, 『하나님 나라』,(대장간, 2015), 238-242쪽.

14장 십자가

예수님께서 그리스도이시기 위해 십자가를 지신 것같이
성도가 성도이기 위해서는 십자가를 져야 한다
— 본 훼퍼 『나를 따르라』에서

아무든지 나를 따라 오려거든 자기를 부인하고
자기 십자가를 지고 나를 따를 것이니라
— 마가복음 8장 34절

"배가 터지도록 실컷 먹어 봤으면 좋겠다."

요즘 사람들에게는 이 말이 생소하게 들릴지 모르지만 60세가 넘은 사람들은 어렸을 때 많이 들어 본 말이다. 나도 중학교 때까지만 해도 "쌀밥 한 번 실컷 먹어 봤으면 한이 없겠다"는 말을 자주 들었다. 사실 오늘 우리들이 누리는 경제성장은 지난 40여 년 동안에 갑작스럽게 이뤄진 것이다. 우리 민족은 한이 많은 민족이다. 반만년 역사를 자랑한다고 하지만 이웃나라로부터 수많은 수탈을 당했다. 당나라, 명나라, 청나라 등 중국의 왕조가 바뀔 때마다 약탈 당하기를 밥 먹듯이 했다. 이전까지 우리나라에게 배우기만 했던 일본까지 가세를 해서 임진왜란과 정유재란을 일으킨다. 고사를 읽어 보면 임진왜란 때 일본 사람들이 할퀴고 간 이 강토에서는 굶주린 부모가 자식을 잡아먹는 일까지 일어났다고 한다. 이해가 가지 않지만 먹을 것이 없었기 때문에 자식까지 잡아먹어야 했던 한스러운 민족이 바로 우리 민족이다. 거기다 일제강점기 36년 동안 일본 제국의 통치를 받았다. 우리 민족을 아예 합병하려는 시도를 감행했다. 우리나라 사람들도 독립에 희망이 없다고 생각하고 일본에 동참했다.

메시아를 기다리는 이스라엘

그런데 우리나라의 한스러운 역사와 비슷한 나라가 또 있다. 바로 이스라엘이다. 이스라엘의 역사는 세계 어느 나라에서도 유례를 찾아볼 수 없을 만큼 비극적이다. 이스라엘은 우리나라의 강원도와 비슷한 조그만 나라다. 그 작은 땅덩어리의 동서남북 사방에 강대국이 자리하고 있다. 북쪽의 앗시리아, 남쪽의이집트, 동쪽으로는 바벨론과 페르시아, 그리고 서쪽에는 그리스와 로마가 번갈아 가면서 지중해 연안을 정복했다. 그 한가운데 끼어 있는 조그만 나라가 이스라엘이다. 이 나라는 역사 속에서 정신을 차릴 겨를도 없이 찢기고 밟히고 수탈 당한다. 전쟁이 일어날 때마다 강대국들의 전쟁 통로가 되었다. 한마디로 동네북이다.

이스라엘은 이집트로부터 400여 년 동안 압박을 받다가 해방된 때는 기원 전 15세기 경으로 뒤이어 앗시리아와 바벨론, 로마에게 차례로 정복당한다. 드디어 A.D. 70년 로마군에 의해 땅과 민족신앙의 중심인 성전이 처참하게 파괴되었고 수많은 사람들은 무자비하게 죽임을 당했다. 그리고 뿔뿔이 흩어진 이스라엘은 2000여년에 걸쳐 온갖 박해를 수없이 받다가 A.D. 1948년에 독립했다. 이스라엘은 B.C. 163년부터 100년 정도 잠시 독립한 기간을 빼놓고는 2500여년의 오랜 기간을 다른 나라의 압제 속에 살았다. 수많은 강대국들이 역사 가운데 생겼다가 없어지는 나라들이 많지만 자그만한 나라, 이스라엘은 2,000여년간 세계 여러 곳으로 뿔뿔이 흩어졌으면서도 역사에서 사라지지 않았다. 역사가들은 이스라엘 민족의 역사를 "기적의 역사요, 역사의 기적이다."라고 말할 정도다.

우리나라는 일제강점기 36년간 일본의 압제를 받았지만 유대인은 자그마치 2,000년 동안 여러 강대국으로부터 고통을 받았다. 다른 것은 다 생략하더라도 2차 세계대전 때 온 유럽이 합세한 가운데 600만 명이나 되는 유대인들이 히틀러에게 죽임을 당했다. 영화나 책을 보아서 알겠지만 히틀러는 당시 유대인들을 전부 골라 가슴에 다윗의 별을 달아 놓았다. 독일에서 뿐만 아니라 유럽 여러 나라에서도 유대인들을 골라내어 다윗의 별을 달았다. 별을 단 유대인은 누구나 어떻게 죽여도 상관없었다. 유대인을 죽인 이유는 단지 유대인이 게르만 민족보다 우수하다는 것뿐이었다. 히틀러가 쓴 『나의 투쟁』1)에 보면 "시간이 가면서 나는 점차 유대인이 미워지기 시작했다. 그리고 그들을 죽여야 한다는 신념은 점차 사명으로 부각되었다."는 이야기가 나온다. 유대인이라는 이유 때문에 그 엄청난 고난을 받은 사람들이 바로 이스라엘 민족이다.

예수님이 태어날 당시의 이스라엘 민족은 로마 아우구스투스(Augustus)의 무력 통치 아래 있었다. 우리나라의 일제시대처럼 로마는 총독 빌라도를 보내 이스라엘을 지배했다. 로마는 당시 세계를 제패한 대제국이다. 로마로부터 임명된 이스라엘의 왕은 이방인 헤롯이었다. 헤롯은 세계 역사상 유례를 찾아볼 수 없는 잔인한 왕이었다. 예를 들면 예수님이 왕으로 태어났다는 사실을 듣고 자기의 왕권이 위태로울까봐 베들레헴에 사는 두 살 이하의 어린아이를 모두 죽여 버렸다. 이스라엘은 이렇게 국내외적으로 잔인한 왕으로부터 폭압을 당했다. 예수님의 탄생은 우리가 생각하는 것처럼 낭만적이지 않다. 고요한 밤 거룩한 밤은 없었다. 그런 잔인한 헤롯왕에 의해 이스라엘이 지배받고 있었다. 참으로 이 민족만큼 고난을 많이 그리고 길게 고난을 당한 민족이 세계 역사

---

1) 아돌프 히틀러, 서석연 역, 『나의 투쟁』(범우사, 1993), 66-80쪽.

에 또 있을까? 유명한 신학자 요하킴 예레미야스(Joachim Jeremias)는 『예수님 시대의 예루살렘』에서 "예루살렘은 거지들의 중심지였고 폭압정치에 의한 학대와 경제적 탕진에 의한 민중의 탄식은 극도에 달했다"고 예수님 당시의 사회상을 설명했다.2) 신약성경을 보면 유독 병자나 미친 사람들이 많이 나온다. 그만큼 그 때는 오랜 전쟁의 와중에 정치적으로 경제적으로 정신적으로 피폐할대로 피폐한 상황이었다. 예수님이 오신 당시의 이스라엘은 참으로 고통과 한이 하늘에 사무칠 때였다. 어떤 신학자는 당시를 마치 임신한 여자가 아이를 낳을 때의 산통(birth pang)에 비유했다. 이러한 상황이었기에 예수님이 오시기 전후의 이스라엘에는 메시아 사상이 팽배해 있었다. 우리나라도 살기가 어려운 상황에서 정감록 사상이 나왔다. 이스라엘에서도 당시에 정감록 사상과 같은 묵시문학(默示文學, apocalypsis)이 발달했다. 요한계시록도 그 중 하나다. 혹세무민하는 말들이 사회에 가득 차 있었다. 예수님께서 오시기 전후에 가짜 메시아들이 극성을 부렸다. 누가복음을 보면 백성들이 세례 요한을 두고서도 메시야가 아닌가 생각했다.(눅3:15) 백성들이 행여나 저 사람이 메시아가 아닐까 하는 생각을 하게 된 것은 너무도 당연한 일이었다. 그러나 백성의 선망의 대상이었던 세례요한도 헤롯 안디바스 왕의 불의에 저항하다가 결국 죽고 만다.

이때부터 예수라는 젊은이가 역사에 등장하기 시작한다. 혜성과 같이 나타난 예수의 나이는 이제 갓 서른이 넘었다. 예수님은 놀라운 능력을 보이셨다. 벙어리와 소경, 문둥병자가 치유되고 죽은 자가 살아나는 등 놀라운 현상들이 일어나는가 하면 그 분의 말씀 또한 당시 유대인들에게

---

2) 요하킴 예레미야스, 한국신학연구소 번역실 역, 『예수시대의 예루살렘』(한국신학연구소, 1989), 168-170쪽.

충격적이었다. 그렇지 않아도 메시아를 기다리고 있던 이스라엘 사람들에게 이 사실은 예수님의 고향인 갈릴리로부터 급속도로 전국으로 퍼져나갔다. 이 분이야말로 우리가 몇천 년 동안 기다리던 메시아가 아닌가하는 생각이 이스라엘 백성들 마음 속에 생긴 것은 너무도 당연했다. 그렇게 기다리고 기다리던 분이 바로 이 분이로구나. 이제 우리도 고통스럽고 한스러운 세월을 끝내고 로마와 헤롯의 통치로부터 독립해서 하나님께서 약속하신 메시아의 나라, 하나님 나라에서 메시아가 통치하는 좋은 세상을 살 수 있겠다는 생각이 백성들의 마음 속에 일어나기 시작했다. 예수님께서 떡 다섯 개와 물고기 두 마리로 오천 명을 먹이신 '오병이어'의 기적을 일으키신 후의 성경 기록을 보면 "저희가 배부른 후에 예수께서 제자들에게 이르시되 남은 조각을 거두고 버리는 것이 없게 하라 하시므로 이에 거두니 보리떡 다섯 개로 먹고 남은 조각이 열두 바구니에 찼더라. 그 사람들이 예수께서 행하신 이 이적을 보고 말하되 이는 참으로 세상에 오실 그 선지자라 하더라. 그러므로 예수께서 저희가 와서 자기를 억지로 잡아 임금 삼으려는 줄을 아시고 다시 혼자 산으로 떠나가시니라"(요6:12~15) 예수님을 왕으로 삼으려는 운동까지 일어나고 있는 것을 볼 수 있다.

너희는 나를 누구라 하느냐

예수님께서는 죽기 얼마 전에 가이사랴 빌립보 마을을 다니시면서 제자들과 대화를 나누셨다.(막8:27~28) 그런 가운데 예수님께서 얼마 있지 않으면 자신이 죽을 것이라는 사실을 제자들에게 말씀하시면서 자신이 누구인가를 분명히 밝히고자 하셨다. 사실 예수님은 그동안 암묵적으로 자신이 누구인지 그리고 장차 고난과 죽음을 받게 될 것을 말씀하셨지만,

제자들의 귀에는 전혀 들리지 않았다. 사람이란 자기가 기대하는 말만 듣고 보고 싶은 것만 보는 속성이 있다. 예수님께서는 제자들에게 "사람들이 나를 누구라 하느냐?" 물으신 다음 "너희는 나를 누구라 하느냐?"고 물으셨다. 첫 번째 질문은 세상 사람들이 자신을 어떻게 보는지를 알고자 하는 것이다. 예수는 누구인가? 여론화된 예수는 어떤 분인가? 사실 예수님은 여론 조작에 의한, 여론 재판에 의해 죽으신 분이다. 여론이란 것이 얼마나 우스운 것인가? 얼마나 맹랑하면서도 무서운 것인가? 점점 모든 것이 여론에 의해 결정되는 세상을 보면 섬뜩한 생각이 든다. 여론이 꼭 나쁜 것만은 아니지만 여론이란 어떤 형태로든 조작될 수 있기 때문이다. 군중은 항상 조작된다는 사실을 알아야한다. 오늘날과 같이 통신 혁명이 일어나고 있고, 정보부에서 개개인들을 감시하고 여론을 조작하는 상황에서는 더욱 그러하다. 예수님께서 예루살렘 성전에 나귀새끼를 타고 입성하실 때 얼마나 많은 사람들이 환호하고 찬양했던가? 그러나 그들은 4일도 채 지나지 않아 거대한 음모 속에서 예수님을 죽이라고 외쳤다. 진리는 여론이 아니다! 2015년 10월 92세로 세상을 떠난 20세기 기독교 변증가인 르네 지라르(René Girard, 1923-2015)는 이 사건을 모방 욕구와 폭력 그리고 희생양에서 찾는다.3)

---

3) 니체가 '신은 죽었다' 선언한 이후 포스트모던이즘이 등장한다. 그러나 금세기 최고의 인류학자요 신학자인 르네 지라르는 여러 연구들을 통해 기독교 르네상스를 이룰 수 있다고 말한다. 지라르 『나는 사탄이 번개처럼 떨어지는 것을 보았다』에서 "우리에게 십자가는 꼭 필요하다. 기독교는 한물 간 것이 아니다, 기독교는 우리의 모든 것을 희생해서라도 얻을 가치가 있는 최고의 진주와 같은 것이다"고 말한다. 지라르는 신앙인이 아니었다가 자신의 연구를 통해서 독실한 기독교인 되었다는 면에서 특이한 인물이다. 지라르는 슬라보예 지젝, 조르조 아감벤 등 현재 세계적 철학자들에게 기독교적 영향력을 미치고 있다. 프랑스 인문학지 「Sciences humanines」 216호 2010년 6월호에서 독자들의 세상을 보는 시선과 세계관을 가장 많이 변화시킨 세 사람 중 한 사람으로 뽑히기도 했다. 그의 사상에 전체적인 개요는 정일권의 『십자가의 인류학』에서 잘 정리되었고, 그외에 『문화의 기원』, 김진식 역(에크리, 2006); 『희생양』, 김진식 역(민음사, 1998); 『나는 사탄이 번개처럼 떨어지는 것을 본다』, 김진식 역(문학과 지성사, 2005); 『그를 통해 스캔들이 왔다』, 김진식 역(문학과 지성사, 2007) 등이 있다.

예수님은 제자들에게 두 번째 질문을 던졌다. "너희는 나를 누구라 하느냐?" 예수님의 정체에 대한 제자들의 생각을 직접적으로 묻는 질문이다. 우리는 과연 여론과 전통에 의해서 예수님을 고백하고 있는지, 아니면 나의 마음 깊은 곳에서 우러나는 예수님을 고백하고 있는지 진지하게 묻고 답해야 한다. 이때 베드로가 대답한다. "주는 그리스도시요 살아계신 하나님의 아들이시니이다." 예수님은 이 고백을 한 베드로를 향하여 "이것을 너로 알게 한 것은 혈육이 아니요, 하나님이시라. 네가 복이 있도다"(마16:17)라고 칭찬하셨다. 예수님은 누구인가? 베드로가 고백한대로 메시아시요, 하나님의 아들이시다! 이렇게 예수님께서 제자들에게 자신의 정체를 드러내셨지만, 혹시 정치적 메시아, 성공과 승리의 메시아라고 오해할까봐 이 사실을 아무에게도 말하지 말라고 경계하셨다. 마가복음에서는 "인자가 고난을 받고, 버림을 받고, 죽임을 당하고 사흘 만에 살아나야 할 것을 비로소 가르치셨다"(막8:31)라고 말한다. 예수님께서는 처음부터 메시아 의식을 가지고 계셨지만 그것을 처음부터 말하면, 예수님의 말씀과 사역은 유대의 대제사장과 로마황제의 방해에 의해 더 이상 지속될 수 없는 위기에 처하게 될 것을 아셨다. 그동안 예수님이 하신 말씀은 대제사장, 헤롯당, 장로들, 바리새인들은 물론 일반 대중들까지도 도무지 감당할 수 없는 충격적이고 황당한 것이었다. 그래서 예수님께서 자신의 정체를 의도적으로 감추신 것이다. 신학적으로 이것을 '메시아의 비밀(messianic secret)'이라고 말한다.

왜, 예수님은 십자가에 죽으셨나

예수님의 말씀은 당시 유대인들로서는 도무지 감당하기 어려운 말들이었다. 유대인의 전통으로 본다면 신성모독이요, 엄청난 이단이었다.

거기에다 예수님은 미친 사람이란 말도 들었다. 예수님께서는 이 땅에서 자신의 죽음을 바로 앞두고 사역이 끝나가는 것을 아시고, 자신이 누구인가를 제자들에게 먼저 확실하게 말씀하신 것이다.

이때 예수님의 말씀을 듣던 베드로는 예수님을 붙들고 저항했다. 베드로는 예수님이 메시아이신 것을 알았지만 어떤 메시아, 어떤 그리스도인지에 대하여 알지 못했다. 알지 못했다기보다 잘못 알고 있었다. 베드로가 생각하는 메시아이신 예수님께서 고난을 받고 버림을 받고 죽임을 당할 것이라는 것은 감히 상상할 수 없는 일이다. 이스라엘 민족이 대망하던 메시아가 결코 죽을 수는 없었다. 그렇다면 메시아가 아니지 않은가! 제자들과 이스라엘 민중들이 상상하며 꿈꿔 왔던 메시아와는 너무 달랐다. 그들은 예수님께서 메시아라면 고난과 억압과 굶주림 속에 살고 있는 이스라엘 민족에게 정치적, 군사적, 경제적으로 성공과 번영을 주시는 위대한 정복자이자 왕으로 나타나실 것이라고 생각했다.

사실 베드로의 모습 속에 우리들의 모습이 들어 있다. 베드로가 원하는 것은 고난의 메시아가 아닌 영광의 메시아였다. 우리도 지금 이 땅을 살면서 고난의 메시아가 아닌 영광의 메시아를 사모하고 있지 아니한가? 베드로의 모습 속에 오늘 우리의 모습이 있고 한국교회의 모습이 있다. 우리는 내 생각대로 내 마음에 그린 예수를 믿으려 하고 있다. 내가 믿고 싶은 영광의 메시아, 승리의 메시아를 믿으려고 한다. 베드로가 '예수님을 붙들고 간하였다'는 이 말 속에서 베드로가 강렬하게 저항하는 모습이 선명하게 다가온다. 이때, 예수님의 반응이 어떠했는가? "베드로를 꾸짖어 가라사대, 사탄아 내 뒤로 물러가라 네가 하나님의 일을 생각하지 아니하고 도리어 사람의 일을 생각하는 도다"(막8:33)라고 말씀하셨다. 베드로의 말이 강렬했던 것처럼, 예수님의 말씀도 단호했다. 고난 없는 예수, 버림당하지 않는 예수, 죽임당하지 않은 예수는 메시아가 아니다. 십자가 없는 메시아는 사람의 요구요, 사탄의 요구일 뿐이다. 그러기에 베드로가 저항하는 것은 '하나님의 일' 즉 하나님 나라의 출범을 방해하는 것이다. 하나님께서 그 분의 아들 예수님이 십자가 못 박히게 하신 것은 나의 죄 때문이며 그것은 새로운 세계인 하나님 나라를 세우시기 위한 하나님의 지혜요 능력이다. 하나님께서는 오래 전 창세 때로부터(창3:15) 메시아가 십자가에 달려 죽을 것을 친히 준비하시고 계획하셨다. 그러기에 베드로의 모습이 '하나님의 일'을 방해하는 것이다. 우리는 여기에서는 성경에 자주 등장하는 십자가와 하나님 나라가 어떤 상관관계를 가지고 있는지 살펴보자.

십자가와 하나님 나라

"우리는 오랫동안 하나님 나라를 지향하는 그리스도인과 십자가를 지향하는 그리스도인이 같은 방의 양쪽 구석에서 함께 살아왔다. 현대 신학자들은 '악의 문제'가 '속죄'와 다른 것으로 이해해 왔다. 즉 신약에서 예수님의 십자가는 이 세상에 일어나는 각종 '악의 문제'에 대한 하나님의 궁극적인 대답이 아닌 것처럼 취급하였다. 그동안 신학자들은 '속죄'의 의미가 사람들이 천국에 갈 수 있도록 죄를 용서하는 정도로 협소한 신학을 용인해 왔다. 반면 전혀 다른 문제인 '악의 문제'는 추상적인 내용이라며 언급하지 않은 채 내버려 두었다. 이것이 오늘날과 같이 하나님 나라와 십자가를 분리시키는 위험한 결과를 가져오게 되었다. 루터, 칼빈을 위시한 그 뒤의 신학자들은 속죄 신학을 전통적인 것으로 제한하였고, 주요 원자료인 복음서는 거들떠 보지도 않는 이상한 사태가 오늘까지 이어 왔다."

그렇다면 복음서 저자들은 하나님 나라와 십자가라는 이 두 가지 핵심

주제를 어떻게 말하고 있는가? 복음서 저자들 모두가 들려주는 이야기 속에는 하나님 나라와 십자가가 아주 밀접하게 결합되어 있음을 분명하게 말하고 있다. 예수님의 생애에서 위협이 시작된 시점은 누가복음에서 나사렛에서 희년 선포가 있었던 바로 그때 부터였다.(눅4:16-30) 예수님의 등장과 함께 이제 하실 일이 무엇인지에 대한 첫 선포는 그를 죽음으로 쉽게 몰아갈 수 있었다. 예수님이 안식일에 손 마른 자를 고치실 때 바리새인들은 예수를 죽이려 했다.(막3:1-6) 이것은 예수님의 공생애 처음부터 시작된 것이었다. 그러니 하나님 나라를 선포하고 행동하는 것 자체가 죽음으로 나아갈 수 밖에 없었다. 공생애의 처음부터 죽음의 그림자가 서서히 드리워지기 시작한다.4)

우리가 '성육신'이라고 부르는 사건이 하나님 나라와 십자가의 핵심에 자리 잡고 그 결합에 깊이와 의미를 부여하고 있다. 복음서 저자들에게는 십자가가 없는 하나님 나라 메시지는 결코 존재할 수 없으며, 예수님의 십자가 처형 역시 하나님 나라의 시작과 분리될 수 없다. 그러므로 우리는 하나님 나라와 십자가를 분리된 두 개의 주제가 아닌 본질적으로 하나이고 연결된 것이라 보아야 할 것이다. 복음서에 나타난 예수님의 이야기는 카이사르의 나라와 하나님 나라 사이의 대결로 보는 데 그치지 않고, 나아가 카이사르 나라에 대한 하나님 나라의 승리로 보아야 한다. 다시 말해서 예수님이 십자가 위에서 죽으셨을 때, 그는 폭력적이고 파괴적인 방식으로 이 세계에 큰 고통을 주던 '통치자들과 권세들'에게 승리를 거두었다. 하나님 나라의 시작은 이 세상 나라가 폐위되었음을 보여준다. 십자가의 힘을 로마 군대와 같은 큰 힘과 비교한 것이다.

---

4) 톰 라이트, 최현만 역, 『하나님은 어떻게 왕이 되셨나』,(에클레시아북스, 2013), 221-222쪽.

예수님 자신이 하늘과 땅이 하나가 되는 장소이며, 이 사실이 가장 탁월하게 드러난 사건이 바로 십자가 처형이다. 그 승리는 세상 나라에 대한 하나님 나라의 승리, 인간적이건 초인간적이건 그동안 이 세상에 대한 하나님의 통치권을 찬탈해 왔던 모든 권세들이 만들어 낸 악에 대한 하나님의 승리다. 예수님이 그들에게 거둔 승리는 고난을 통해 얻은 승리다. 복음서 저자들에게는 이것이 바로 하나님 나라와 십자가가 결합되는 방식이었다. 복음서가 열렬하게 전하려는 내용은 예수님이 가져오는 하나님 나라가 그의 십자가 고난을 통해 온다는 사실이다. 예수님이 그의 십자가 처형과 부활을 통해 메시아로서 왕위에 등극했으며, 그 사건을 통해서 이스라엘의 하나님께서 하늘에서처럼 땅에서도 그의 나라를 시작하셨다. 부활 사건은 십자가 사건을 보증하는 것이다. 십자가 처형은 야고보와 요한이 말한 것처럼 그가 '그의 영광 가운데 자리하는' 순간(막10:37), 즉 그가 왕이 되시는 순간임을 의미한다. 십자가와 하나님 나라가 밀접하게 놓인 것은 바로 이러한 맥락에서다. 예수님은 이방인 통치자들의 관행을 권세와 위엄에 관한 자신의 비전과 대조시킨다.

> 예수께서 불러다가 이르시되 이방인의 집권자들이 그들을 임의로 주관하고 그 고관들이 그들에게 권세를 부리는 줄을 너희가 알거니와 너희 중에는 그렇지 않을지니 너희 중에 누구든지 크고자 하는 자는 너희를 섬기는 자가 되고 너희 중에 누구든지 으뜸이 되고자 하는 자는 모든 사람의 종이 되어야 하리라 인자가 온 것은 섬김을 받으려 함이 아니라 도리어 섬기려 하고 자기 목숨을 많은 사람의 대속물로 주려 함이니라 (막10:42-45)

이것이 바로 하나님 나라 비전의 핵심이다. 그리고 예수님 자신의 소명은 이 내용을 설명해주는 정도가 아니라 실례를 보여주는 것이다. 이 말씀들은 하나님 나라와 세상나라 사이의 최종적 마지막 결전이 예수님과 빌라도의 만남 속에 예리하게 집중된다. 하나님 나라가 예수님의 주장대로 폭력이 아닌 비폭력을 통해 승리를 얻으려 한다면, 십자가 사건은 반드시 일어나야 할 사건이다. 그리고 십자가는 하나님 나라가 이 세상 나라에 승리를 거둔 순간이다. 예수님의 앞길을 막던 어둠의 권세는 이제 패배하고, 타도 당하고, 그 힘을 완전히 잃었다.(골2:15) 어둠의 부대들은 여전히 잡음을 만들어내고 우리에게 고민거리를 안겨주지만, 우리가 궁극적인 승리를 거둘 것이라는 사실은 이미 정해져 있다.

"십자가 사건은 하나님 나라가 하늘에서처럼 땅에도 임하는 사건으로 해석되어야 하고, 그 해석은 메시아의 승리를 핵심으로 하고, 그 중심에는 대속에 관한 내용도 들어있다고 한다면, 복음서가 십자가의 적용에 관하여 우리에게 남겨준 이야기는 무엇일까? 그것은 '당신의 죄를 용서받는 방법' 혹은 '하나님 나라에 가는 방법'에 대한 추상적인 설교가 아니라, 죄를 용서받은 사람들이 갈보리의 승리에 비추어 이 땅의 부조리와 모순, 즉 악의 문제에 대처하기 위해서 전력을 쏟으며 일할 행동강령을 제시하는 것이었다. 십자가를 통해서 하나님과의 관계가 바로 잡힌 사람들은 또한 이 세상을 바로 잡는 백성이 되어야 한다."5) 이와같이 십자가와 하나님 나라는 분리될 수 없는 하나다.

왜 하필 십자가인가

예수님께서 고난을 받으시고 죽으심은 고난과 죽음 속에 있는 나와 세계를 구원하시기 위해서다. 버림받은 우리를 살리시기 위해서다. 십자가

---

5) 앞의 책, 221-332쪽을 요약 인용함.

에서 죽으심으로 하나님 나라가 왔다. 예수님의 시험과 고난을 알지 못한다면 아직 십자가가 무엇인지 하나님 나라가 무엇인지 모르는 사람이다. 자신이 하나님의 진노 아래 죄 가운데 죽을 수밖에 없는 자라는 확신이 없다면 십자가는 무의미하다. 나의 탐욕을 통해 세상의 온갖 죄악과 폭력이 만들어진다. 나아가 경제, 정치, 사회적으로 만들어지는 온갖 폭력도 나의 공모를 통해 만들어 진다. 로마서 1:18-3:19에는 하나님께서 우리의 이러한 죄를 고발하는 장면이 나온다.

> 기록된 바 의인은 없나니 하나도 없으며 깨닫는 자도 없고 하나님을 찾는 자도 없고 다 치우쳐 함께 무익하게 되고 선을 행하는 자는 없나니 하나도 없도다 (롬3:10-12)

인간의 죄는 정의로우신 하나님의 진노와 분노의 대상이다. 하나님의 고발이 나와 상관없다고 생각한다면, 또 충격을 받지 못한다면, 나는 예수 그리스도의 십자가와는 전혀 상관이 없는 사람이다. 십자가는 우리의 죄가 얼마나 무서운가를, 죄에 대한 하나님의 진노가 얼마나 큰가를 보여 주고 있다. 하나님께서 독생자 예수를 희생제물로 죽일 만큼 우리의 죄는 심각하다. 자끄 엘륄이 『뒤틀려진 기독교』에서 말한 대로 "우리가 진정 십자가 앞에 설 때 내 죄가 얼마나 무서운가"를 알 수 있다. 우리는 분명히 알고 고백해야 한다. 그리고 예수님께서 우리의 죄를 대신하여 십자가에서 죽으시고, 부활하심으로 하나님 나라가 시작되었다. "하나님이 죄를 알지도 못하신 자로 우리를 대신하여 죄를 삼으신 것은 우리로 하여금 그 안에서 하나님의 의가 되게 하려 하심이니라"(고후5:21) 십자가는 죽음에서 생명으로 가는 놀라운 길이다. 이것이 하나님 나라다. 이보다 더 큰 복이 어디에 있겠는가!

자기 십자가를 지고 나를 따르라

예수님께서 베드로를 심하게 꾸짖은 다음에 무리와 제자들을 향하여 계속 말씀하신다. "아무든지 나를 따라오려거든, 자기를 부인하고 자기 십자가를 지고 나를 좇을 것이니라"(막8:34) 이것이 바로 하나님 나라의 삶이다. 지금까지 예수님께서 왜 자신이 십자가를 져야 할 것인지 말씀하셨다면, 이제는 자신을 따르는 자들이 어떻게 살아야 되는지에 대해 말씀하신다. 예수님은 우리에게 두 가지 십자가를 말씀하신다. 우리는 어제도 오늘도 내일도 자기 주장을 내세우면서 자기 주장을 관철하기 위해 살아간다. 우리는 기도를 통해 내 뜻을 하나님께 관철시키려고만 하지, 하나님의 뜻이 나를 관철하는 것이 기도라고 생각하지 않는다. 오늘을 살아가는 이 세대는 "자기 자신을 광고하라, 자신을 PR하라"는 구호 속에 파묻혀 있다. 우리는 이 말이 무슨 의미인지 알고 있다. 그러나 이 속에는 여전히 자신을 부인해야 한다는 예수님의 말씀을 거부하는 시대정신이 잘 드러나 있다. 요사이 TV광고에는 "당신의 욕심을 믿으라"는 말까지 등장하고 있다. 우리는 지금 인간의 욕망이 극대화되고 그 욕망을 부추기는 시대를 살고 있다. 그러나 사도 바울은 "나는 날마다 죽노라"(고전15:31), "내 몸을 쳐 복종케 한다"(고전14:34)고 고백하고 있다.

여기 '내 몸'이란 내 고집, 내 주장, 내 욕망을 말한다. '친다'는 말은 '강렬한 의지를 가지고 내 고집 내 주장 내 욕망을 '죽인다'는 말이다. 영어 성경에는 '넉 다운(knock down)'으로 번역되어 있는데 권투 시합에서처럼 상대방을 K.O.시킨다는 말이다.

예수님께서는 십자가를 '목에 걸고' 따르라고 말씀하시지 않고, 십자가를 '등에 지고' 나를 따르라고 말씀하신다. 십자가는 내 삶의 악세사리나 귀중품이 아니다. '자기 십자가'를 지고 나를 따르라는 말은 적극적으로 의도적으로 주님의 말씀대로 순종하며 살라는 말이요, 여기에는 필연적으로 고난이 따를 수밖에 없다. 2006년 목사들이 삭발을 하고 사학법 개정에 반대하면서 한국기독교총연합회(한기총)에서 십자가를 바퀴 달린 가벼운 십자가로 퍼레이드를 했다. 그들은 많은 생각을 하고 그것을 만들었겠지만 무의식중에 한국교회의 현실을 그대로 보여준 매우 상징적인 사건이었다. 이어 '아무든지' 십자가를 지고 나를 따르라는 말씀은 십자가를 지고 나를 따르는데 있어서 어떤 사람도 예외가 없다는 말이다. 지금부터 2,000년 전에 살았던 사람도, 지금 현재를 살고 있는 사람도, 남녀노소 지위고하를 막론하고, 부자와 가난한 자를 불문하고 예수님을 따르려는 사람은 예외 없이 자기를 부인하고 자기 십자가를 져야 한다. 이것이 바로 하나님 나라를 사는 모습이다. 예수님께서는 어느 곳에서도 나를 따르는 자는 잘 먹고 잘 살고 성공과 명예가 따를 것이라고 말씀하시지 않았다. 예수님께서는 인기작전을 쓰신 적이 없다. 역사상 그 누가 자기를 따르는 자들에게 고난과 죽음을 각오하라고 말하는 사람이 있었는가? 고난은 우리가 추구해야 할 짐 같은 것이 아니다. 고난은 믿음이 실재화하는 과정이다.[6]

'노 크로스, 노 크라운'(No Cross, No Crown) 십자가 없는 영광은 없다! 우리가 지금 살고 있는 이 시대는 영광을 받을 시간이 아니다. 지금은 '자기 십자가'를 질 때다.

주님의 말씀에 순종하여 산다면 이 땅에 사는 동안 우리가 고난을 겪을 수밖에 없다. 그러나 우리에게 장차 나타날 영광과 하나님의 소망은 현재의 고난과는 비교할 수 없는 것이다.(롬8:17-18) 여기서 고난은 죄와 잘못된 행동 때문에 일어나는 것이 아니라 주님께 순종함으로 일어나는 적극적 고난을 말한다. 하나님과 이웃 사랑에 충실하고자 하는 사람들이 겪어야 할 불가피한 고난이다. 예수님을 영접하는 것은 우리의 삶에 고난이

---

[6] 김세윤, 『구원이란 무엇인가』(두란노, 2001), 97-100쪽.

면제되어 있음을 뜻하는 것이 아니라 이 고난과 역경 속에서도 지금 여기 (now and here)에서 하나님 나라를 사는 것이다. 많은 사람들은 예수님을 안 순간부터 고통과 환란이 없어질 것이라는 환상에 빠져있다. 이 얼마나 성경을 잘못 알고 있는가? 미신이다! 그리스도인이 되는 것은 고난 없는 편안한 삶의 행로가 아니다. 십자가 없는 위로와 부활이 없는 소망은 결코 있을 수 없다는 사실을 분명히 알아야 한다. 예수 그리스도의 십자가와 부활 안에서만 진정한 긍정과 희망이 있음을 알아야 한다.

십자가는 무엇을 의미하는가

예수님께서 십자가에 죽으실 것을 말씀하시며 예루살렘을 향하여 가실 때 철없는 제자들은 그들 사이에 '누가 크냐'(막10:35-45)는 주제로 논쟁에 빠졌다. 그들이 생각하는 메시아는 정치적 군사적 승리를 통하여 대제국 로마를 와해시키고 옛 다윗왕의 부흥시대를 가져올 영웅이었다. 그들은 예수님께서 예루살렘에 올라가시면 왕이 되실 것이라고 믿었다. 예수님의 생각이 제자들과 군중들의 생각과 얼마나 다른가! 죽으러 가는 예수님의 사명을 모르고 그들은 영광과 승리의 메시아에 심취해 있다. 예수님께서 제자들의 논쟁을 보시면서 이렇게 말씀하셨다. "인자가 온 것은 섬김을 받으려 함이 아니라 도리어 섬기려 하고 자기 목숨을 많은 사람의 대속물로 주려 함이니라"(막10:45) 즉 예수님이 오신 것은 지배하고 정복하러 온 것이 아니라 종과 같이 섬기고 죽으러 왔다는 것이다. 그러므로 너희도 이와 같이 하라는 것이다.

당시 국제 정치는 로마 제국이 칼과 창으로 지배하는 상황이었다. 그런데 왜 메시아이신 예수님께서는 칼과 창이 아닌 십자가를 지셨을까? 예수님은 "칼을 가지는 자는 다 칼로 망하느니라."(마26:52) 하셨다. 예수님이 로마제국을 저항하시는 방법은 칼과 창이 아니라 십자가였다. 로마의 권력과 예수님의 십자가는 철저하게 대조된다. 당시 십자가는 바로 죽음이다. 예수님의 십자가는 모든 권력의 본질에 도전하는 것이었다. 세상 나라의 가치관과 권력체계를 뒤집는 방법이었다. 예수님은 세상 나라를 뒤집으러 오셨는데 오늘의 교회는 세상에 의해 오히려 뒤집혀 버렸다. 이 얼마나 무지하고 안타까운 일인가? 안타깝게도 십자가를 단지 내면적, 개인적 영성으로만 이해하고 있다. 십자가는 개인 경건성의 상징이 되어 버렸다. 세계적 신학자인 톰 라이트(N. T. Wright)가 말했듯이 "십자가는 우리의 개인적 구원을 위한 것이 틀림없지만 이것만으로 이해한다면 십자가를 너무 제한적으로 생각하는 것이다." 십자가는 로마의 권력과는 대조되는 힘이요, 이 세상의 권력을 해체시키고 상대화시키는 것이다. 진정한 권력은 무력적인 힘이 아니라 십자가로 상징되는 낮아짐, 비움, 사랑, 섬김과 죽음이다. 예수님의 십자가는 사랑으로 세상을 뒤집을 수 있다는 사실을 보여준다.

"십자가형은 로마제국의 강력한 하나의 상징이었다. 그것은 최대의 모욕과 수치를 안겨주는 잔인한 형벌이었다. 십자가형은 반란과 반항이 아무 소용없고 제국의 힘이 무자비하다는 것을 보여주는 암묵적 상징이다. 십자가는 그 무서운 제국권력의 상징이었는데 예수 그리스도의 십자가, 즉 죽음, 비움, 섬김, 낮아짐으로 로마의 칼과 창을 이기셨다. 죽임 당한 어린 양이 이기셨다는 것은 가늠할 수 없는 역설이 아니라 의미심장한 선포다."7)

십자가는 정치 아닌 정치이며 정치 위에 있는 정치이며, 하나님의 정치의 상징이다. 예수님께서는 권력의 상징인 십자가, 치욕적 죽음의 상징인 십자가를 사랑과 섬김의 십자가로 만드셨다. 예수님의 십자가야말로

---

7) 존 하워드 요더, 신원하·권연경 역, 『예수의 정치학』(IVP, 2007), 402쪽.

세상권력을 이길 수 있는 유일한 방법이다. 칼을 쓴 자는 칼로 망한다. 폭력은 더 큰 폭력을 일으킬 뿐이다.

효율성이냐 순종이냐 하는 어려운 선택에서 가장 합당한 실례로써 가장 통찰력 넘치는 모범은 바로 예수님 자신이다. 어린 양이 죽임을 당하는 것의 의미, 그리고 그 후 우리가 그를 두고 '권세를 받으시기에 합당하시다'고 찬양하는 것은 예수님이 '유대인의 왕'이라는 죄 패 아래 처형당하신 사건이 품고 있는 의미와 나누어질 수 없다. 예수님께서 효율성을 선택하셨다면 12군단(하나의 군단은 보병 6000명, 기병120명)으로 구성된 천사들을 오라해서 단번에 끝장 내버릴 수도 있는 일이다. 그러나 예수님은 십자가를 받아들임으로써 그가 내린 결정은, 기꺼이 효율성을 포기하고 "낮아짐, 신실함으로 하나님의 신적 사랑에 자신을 헌신하는 바보의 모습이다."[8]

"포기와 패배의 수용에 대하여 하나님은 '바로 이것이 승리다!'고 판결 하셨다. "이러므로 하나님이 그를 지극히 높여 모든 입으로 예수 그리스도를 주라 시인하게 하셨다." 초대 그리스도인들의 고백 속에서 '주'라는 말은 현대적 영성에서 의미하는 바와는 달리 신자들의 겸손함이나 애정이나 헌신을 표현하는 칭호가 아니었다. 이는 그가 우주의 권세들과의 관계에서 승리자 되신다는 사실을 확언하는 것이었다. 역사에 대한 하나님의 주권은 예수님이 보여 준 명백한 역사적 실패를 인간 역사의 한 동인(動因)으로 이용하셨다. "온 세계가 그 손 안에 있다(He's got the whole world in his hands)"는 것이 승천 이후 교회 공동체의 고백이었다. 이 고백이 우리의 정치적 행동에 미치는 영향은 시적인 수준

---

8) 한완상, 『바보예수』(삼인, 2012), 18-29쪽.

혹은 용기를 북돋우는 정도의 수준을 넘어서는 것이다."9)

우리는 어떻게 살 것인가

이제 우리가 구체적으로 우리 삶에 십자가가 어떻게 적용할 수 있는가를 살펴보려 한다.

첫째는, 개인적 차원에서 십자가를 지는 일이다. 내 육체의 욕망과 이기심과 교만, 그리고 역경을 이겨내며 더 사랑하기 위해 우리는 십자가를 져야 한다. "내 몸을 쳐 복종케 한다"(고전9:27)는 사도 바울의 말은 바로 이것을 말한다. 우리는 날마다 작은 순교를 통해 일상 영웅으로 살아야 한다. 그리스도인이라 해서 넘어지지 말라는 법은 없다. 넘어지고 또 넘어진다. 그러나 아주 넘어지는 것은 아니다.(잠24:16) 우리는 주님의 말씀대로 살 때 필연적으로 고난을 당할 수 밖에 없다. 그 속에서 좌절하고 실패할 수 있다. 그러나 우리가 주님께 회개하면 그 분은 무제한적 포용과 사랑으로 회복시키신다는 믿음을 가져야 한다. 우리는 성령이 주시는 위로와 함께 건강한 모습으로 항상 신적 복원력을 가지고 신적 명랑함으로 살아야 한다.

둘째, 교회적 차원에서 십자가를 지는 일이다. 교회는 성령 공동체이자 하나님의 대안, 대항 공동체다. 섬김의 공동체다. 주님의 몸이다. 예수님께서 십자가에서 죽으시고 부활하신 후 요한복음 13장에서 약속하신 성령님을 보내셨다. 성령이 오시자 교회 공동체가 생겼다는 사실을 명심해야 한다. 교회는 단순히 인간들이 만든 공동체가 아니라 성령 공동체요 희년 공동체다. 우리는 교회를 세우기 위해 기도와 헌신, 구제,

---

9) 존 하워드 요더, 신원하·권연경 역, 『예수의 정치학』(IVP, 2007), 422쪽.

봉사, 헌금, 겸손으로 나에게 주신 십자가를 기꺼이 져야 한다. 그럼에도 불구하고 한국교회는 빛과 소금으로써 이 세상나라에 대한 대항·대조공동체, 하나님 나라의 전진기지가 되기는커녕 믿지 않는 자들로부터 손가락질을 받고 있다. 통계청의 종교 선호도 조사에서도 개신교는 가톨릭, 불교에 이어 세 번째인데 그것도 매우 낮은 수준으로 점점 쇠락해 가고 있음을 보여주고 있는 것은 참으로 안타까운 일이다. 말은 정교 분리를 외치면서도 한국교회는 지배자와 기득권의 편에 서서, 부와 명예, 건강을 구하기에만 바쁜 현실이 되었다. 교회는 이 땅에서 항상 하나님의 말씀을 듣고 전하는 예언자가 되어야 한다. 우리는 앞에서 '자기 십자가'가 무엇인지 살펴보았다. 그러나 한국교회는 십자가를 말하는 데는 빠르지만 정치, 사회 현실 속에서 십자가는 우리와 상관없는 것으로 이해한다. 예수님의 십자가의 의미가 개인 구원으로 축소되어 버렸다. 앞에서 말한 이 세상에 난무하는 악의 문제를 어찌 도외시할 수 있단 말인가? 왜 교인들은 세상에 가득찬 악을 보지 못하고 분노하지 못할까? 지금은 "하나님의 침묵이 두려운 때가 아니라 인간의 침묵이 두려운 때다"[10]

셋째는 정치 사회적 차원의 십자가다. 독일의 신학자 위르겐 몰트만은 『십자가에 달리신 하나님』에서, "오늘 우리가 십자가를 진다는 것은 억압당하고, 가난하며 고통을 받는 자들에게 힘을 주면서 그들과 긴밀한 연대를 맺는 것이다"라고 했다. 존 스토트는 "하나님은 가난한 자들의 편(vias the poor)"이라고 말한다. 루터도 "가난한 사람들과 고난당하는 사람들이야말로 그리스도의 나라에 속한 자들이다. 바로 이들을 위하여 그리스도가 하늘로부터 땅에 강림하셨다."라고 했다. 우리는 가난한 자, 약

---

10) 요한 밥티스트 메츠, 이석규 역, 『그리스도교, 부르조아의 종교인가 민중의 종교인가』(삼인, 2015), 52쪽.

한 자, 소외된 자의 편에 서야 한다. 그러한 제도와 정책을 만드는데도 특별한 관심을 가져야 한다. 신구약성경이 말하는 참된 그리스도인들은 가난한 자를 사랑하는 사람들이다. 노동자들 편에 서는 것이다. 노동자 하면 무슨 빨갱이 취급하는 교인들과 세상 사람들을 보고 있으면 안타깝기 그지없다. 에밀 브루너(Emil Brunner, 1889-1966)는 『정의와 자유』에서 "저는 스위스인으로서 공업노동자들을 위한 보호법을 세계에서 제일 먼저 제정한 나라가 스위스란 것을 영광으로 생각합니다. 이후에 다른 나라들이 스위스를 뒤따랐습니다."11)고 자랑스럽게 말한다. 브루너는 칼빈의 후예로서 개혁주의자였다.

한국교회는 가난한 자에 대해 무관심할 뿐만 아니라 오히려 기득권을 옹호하는 집단이 되었다. 우리는 가난한 자, 약한 자. 소외된 자, 병든 자의 편에 서야 한다는 것이 성경 전체의 뜻이다. 그러한 제도와 정책을 통하여 자본주의의 영향을 최소화하고, 자본주의 제도를 개선하고, 나아가 비 성경적인 자본주의 체제의 폐해를 없애는데 앞장 서야한다. 또한 우리의 국가가 경제 민주화를 이루는데도 특별한 관심을 가져야 한다.

그런 의미에서 교회는 정치성을 띠지 않을 수 없다. 우리는 자신도 모르게 공기를 숨 쉬듯 정치를 숨 쉬며 살아간다. 집을 사고, 자가용 한 대를 움직이는 것, 주식을 하는 것도 정치적이다. 정치를 더럽고, 나쁘고, 무익한 것으로 여기는 정치 불신 때문에 피해를 보는 것은 오히려 가난한 자 들이고 약자들이다. 정치는 보통 사람들의 삶을 바꾸기 위해 의존하고 참여하고 활용하는 '보통의 일'이 되어야 한다. 오늘 정치 현실을 볼 때 정치 패배주의와 허무주의에 빠질 수 있다. 그럼에도 그리스도인들은 결코 정치 무관심이나 정치 허무주의에 빠져서는 안 된다. 또 신앙인들이 중립을 지켜야 한다는 말은 사실상 위선적이다. 정치적 중립은 기득권

---

11) 에밀 브루너, 전택부 역, 『정의와 자유』(대한기독교서회, 2007), 51-52쪽.

자에 편에 선다는 말과 같다. 여기서 정치를 말하는 것은 정치를 통해 우리가 할 일이 있다는 말이다. 우리는 정치인들에게 혐오감을 가질 수 있지만 결코 정치에 무관심해서는 안 된다. 우리의 삶과 세계를 구조적으로 변화시킬 수 있는 정점은 정치다.

오늘 젊은이들은 "내가 한다고 무엇이 바꾸어 질 수 있는가?"라는 정치 불신과 냉소주의에 빠지지 말자. 오늘 우리나라와 같은 남북의 갈등 상황에서 가난한 자의 편에 서는 것 자체가 칼 마르크스가 말한 프롤레타리아, 즉 무산자와 가난한 자를 동일시하는 편견을 지닌 사람들에 의해 종북·좌파로 몰릴 수도 있다. 예수님이 급진적이라는 것은 고등학생이라도 복음서를 정독한다면 알 수 있는 내용이다. 예수님처럼 '급진적'으로 산다면 종북, 좌파, 빨갱이로 오인될 수밖에 없는 현실이다. 왜, 우리나라 사람들은 교회를 비롯하여 자기의 생각과 다르면 종북이니, 나쁜사람으로 생각하는지 안타깝다. 지금 북한은 공산주의 체제가 아니다. 북한의 현 체제는 우리나라 고대 왕국에서 찾아보기 힘든 기이한 절대 왕국이지, 공산주의 국가는 아니다. 북한이 공산주의라 말한다면 공산주의가 무엇인지 잘 모르는 사람들이다. 참으로 불행하게도 이 세계에서 찾아볼 수 없는 동족상잔으로 인한 남북 분열의 상황에서 서로가 '적대적 공존 관계'를 이룸으로써 스스로 존립의 기반을 만들고 있으니 안타까울 뿐이다. 교회는 모름지기 '평화를 만드는 자'(peace maker)가 되어야 한다. 이 일은 무엇보다 상위의 일이다. 교회가 이러한 역사적 분기점에서 무엇을 할 것인가를 하나님 나라 시각에서 거시적으로 바라 볼 수 있어야 한다.

한국교회는 여기저기 밤하늘을 십자가로 찬란하게 덮고 있지만 십자가는 인기가 없다. 세상 사람들은 십자가를 욕하고 서슴없이 비판하고 있지 아니한가? 그들의 신음소리가 들리지 아니한가? 한국교회는 너무 성공과 번영에만 치중하는 기복주의, 번영신학에 몰두하고 있지 아니한가? 누군가는 예수 믿는 사람들은 이 땅에서도 복 받고, 죽어서도 복 받으려는 이기주의자라고 말한다. 십자가는 바울이 고백한 것처럼 자랑스러운 것이다. 하나님의 지혜와 능력이 바로 십자가다. 고난과 배척 그리고 죽음, 이런 바보의 삶이야말로 그리스도인들의 진정한 영성의 출발이요, 증거다.

우리는 이상에서 십자가의 실천을 세 가지로 살펴보았다. 한국교회는 십자가를 입으로 시인하는 데는 빠르다. 하지만 정치와 사회 속에서 십자가를 우리와 상관없는 것으로 취급하고 내면적, 개인적 의미로만 축소하려 하는 것은 하나님의 절대주권을 무시하는 행위다. 그러면서도 한국 보수주의 교회는 가장 큰 정치적 집단이 되었다. 역사적으로 로마의 콘스탄티누스 이후 교회는 항상 기득권 편에 서 오지 않았던가?

비용을 계산하라

누가복음 14장에는 허다한 무리가 예수님을 따르는 장면이 나온다. 그들은 먹고 마시고 배부르기 때문에 영광의 메시아를 기대하면서 예수님을 따랐다. 예수님께서는 그러한 무리를 향해서 갑자기 뒤로 돌아서시면서 다음과 같이 말씀하신다. "무릇 내게 오는 자가 자기 부모와 처자와 형제와 자매와 및 자기 목숨까지 미워하지 아니하면 능히 나의 제자가 되지 못하고 누구든지 자기 십자가를 지고 나를 좇지 않는 자도 능히 나의 제자가 되지 못하리라"(눅14:26,27) 여기 제자는 당시 열두 제자를 말하는 것이 아니라 예수님을 따르려는 모든 사람들이다. 지금도 허다한 무리가 예수님을 따르고 있다.

> 너희 중의 누가 망대를 세우고자 할진대 자기의 가진 것이 준공하기까지에 족할는지 먼저 앉아 그 비용을 계산하지 아니하겠느냐 (눅 14:28)

이 말씀은 사람이 집을 짓기 위해서는 먼저 자기가 가지고 있는 돈을 계산해 보고 집을 짓는다는 말이다. 어떤 바보라도 비용도 계산하지 않고 집을 지으려 하겠는가? 이 말씀에는 예수님을 따를 때에 미리 손익을 계산해 보라는 것이다. 자기 소유를 버리고 자기 목숨을 잃을 각오를 하면서까지 십자가를 지고 예수님을 따를 수 있느냐는 질문이다. 그렇지 않으려거든 아예 처음부터 따르지 않는 것이 지혜롭다는 말씀이다. 이보다 더 분명한 말씀이 어디 있는가?

예수님의 열두 제자 중에 우리가 잘 아는 유다가 있었다. 그는 예수님의 말씀하신 비용을 계산한 사람이다. 그는 예수님을 배반했다. 유다가 예수님을 배반한 이유에 대해 여러 가지 견해가 있다. 우선 그럴듯한 학설을 생각해 보면 유다는 예수님을 정치적인 메시아, 영광의 메시아, 이스라엘을 구원할 자, 이스라엘을 회복할 자로 생각했다. 유다는 예수님께서 이스라엘의 왕이 되시면 자기가 재무부 장관 정도는 할 것으로 생각했다. 저분 정도라면 무엇인가 할 것으로 확신하고 따랐다. 그런데 그는 시간이 가면서 예수님이 영광과 복을 약속하기보다는 불편하게도 고난과 십자가를 이야기한다는 것을 알게 되었다. 무엇인가 자기와 다른 방향으로 돌아가고 있다는 것을 알았다. 그런 면에서 유다는 예수님을 옳게 본 것이다. 유다의 마음속에 실속을 차려야겠다는 생각이 들었다. 그래서 그는 예수님을 은 30에 팔았다. 은 30은 지금 우리 돈으로 환산하면 천만 원 정도다. 유다는 이 정도로 실속을 차린 것이다. 유다는 영광과 복을 주는 메시아를 소망했다. 그것이 좌절되자 예수를 팔아버린 것이다.

오늘날 복을 약속하는 메시지가 가장 인기를 얻고 있다. 이런 메시지는 인간의 타오르는 본능에 불을 지르면서 진리를 한낱 욕망 충족 수단으로 전락시키고 있는 것이다. 이것은 인간을 기분 좋게 하는 복음이다. 그러나 이것은 성경이 말하는 것이 아니다. 그것은 사이비요 이단이다! 이같은 기복주의는 많은 사람들의 호응을 얻으면서 놀랍게 성장하고 있다. 그러나 우리는 예수 그리스도를 따르기 위해서 고난의 십자가를 각오해야만 한다. 오늘의 삶 속에서 십자가의 길을 택하는 것이야말로 진정한 영성의 출발이요, 진정한 복을 얻는 길이다. 우리는 과연 비용을 계산하고 주님을 따르고 있는가? 결혼할 때 혼수에 관심을 갖는 사람들이 있다. 그러나 결혼에서 무엇보다 중요한 것은 두 사람의 진정한 사랑이다. 혼수는 부수적인 것이다. 혼수 보고 결혼하는 것은 유치한 행동이다. 들을 귀 있는 자는 들을지어다!

15장 하나님 나라

하나님의 통치는 감추어 있으며 감추어진 가운데
우리가 그것을 믿고 이해하기를 바라고 있다.
그것은 묵시 문학자들이 생각하듯이 하늘 저편에
신비한 미래의 품 안에 있지 않고
아무도 대수롭게
여기지 않는 지극히
일상적인 현재 안에 숨기워져 있다
– 한스 요하힘 크라우스 『하느님 나라, 자유의 나라』에서

천국은 마치 밭에 감추인 보화와 같으니 사람이
이를 발견한 후 숨겨 두고 기뻐하여 돌아가서
자기의 소유를 다 팔아 그 밭을 샀느니라
– 요한복음 14장 44절

    지금까지 복이란 무엇인가? 행복이 무엇인가를 살펴보았다. "하나님의 나라는 먹는 것과 마시는 것이 아니요 오직 성령 안에 있는 의와 평강과 희락이라"(롬14:17) 하나님 나라는 잘 먹고 잘 사는 의식주의 문제가 아니라 성령 안에서 의(righteousness)와 평화(peace)와 희락(joy) 속에서 지금 여기에서 하나님 나라를 살아가는 삶이다. 이 얼마나 복된 삶인가!
    예수님이 첫 번째 하신 말씀은 마가복음의 "하나님 나라가 가까이 왔으니 회개하고 복음을 믿으라"(막1:15)였다. 그런데 놀랍게도 '하나님 나라'는 2000년 기독교회사나 130년 한국교회사에 거의 주목받지 못한 성경의

핵심교리이다. 1900년대에 후반에 들어와 복음주의권 안에서 최초로 하나님 나라를 언급하기 시작 한 것은 1974년 영국의 존 스토트(John Stott)가 주도한 세계 복음주의자들이 모인 스위스 로잔 세계대회에서 로잔언약을 선언한 때이다. 그 후속으로 1982년 미국의 그랜드래피드 보고서(Grand Rapids Reports)를 채택하면서 "『복음 전도와 사회적 책임』이라는 보고서에서 '구원의 복음'과 함께 '하나님 나라의 복음'을 최초로 언급하였다. 그 내용의 일부를 보면 참석한 세계적 복음주의 신학자들은 이 보고서를 만들기 위해 치열한 토론이 있었으며 그 중 '하나님 나라의 복음'이 들어가면서 복음주의 안에 하나님 나라가 등장하게 되었다. '구원의 복음'과 '하나님 나라의 복음'은 동반자적 관계이며 또한 이 둘의 관계는 화해할 수 없는 개념이라기 보다는 서로 보충인적 것으로 이해되었다."1)

토론 속에서 마이클 그린(Michael Green)은 이렇게 반문했다. "여러분, 하나님 나라에 대해 얼마나 들어보셨습니까?" 그리고 이렇게 대답했다. "별로 들어보지 못했다." 또, 아버딘 대학교의 하워드 마샬(I. Haward Marshall)은 "나는 지난 16년 동안 구체적으로 하나님 나라를 주제로 한 설교를 들어본 기억이 두 번밖에 없습니다. 예수님의 가르침의 주제가 하나님 나라고 신약학자들이 너나없이 동의하고 있기 때문에 이런 침묵은 충격적이었습니다."고 말했다. 예수님께서 하신 첫 말씀은 하나님 나라였고, 또한 그분의 3년의 삶은 하나님 나라를 말씀하셨고, 부활하신 이후 마지막 제자들에게 40일 동안 하나님 나라를 가르치셨다. 그런데도 한국교회는 하나님 나라에 대해 아는 듯 모르는 듯 오늘까지 이르고 있다.

---

1) 존 스토트, 한화룡 역, 『복음전도와 사회적 책임』(두란노서원, 1986), 13-14쪽.

나의 신앙여정

성경의 최대 메시지인 하나님 나라를 찾기까지 나의 신앙 여정을 말하고 싶다. 나는 고등학교 때부터 교회를 열심히 다녔다. 고3때에도 주일을 지키기 위해 저녁 12시가 지난 후 공부를 시작했다. 그러나 그러한 열심에도 시간이 갈수록 의문이 생겼다. 시간이 가면서 예수 믿으면 천당 간다는 등 이런 것들이 진리일까 하는 의문이었다. 다른 종교에서도 이렇게 말하지 않는가? 진리가 어떻게 교회를 잘 다니고, 기도하고, 헌금을 하고, 봉사하고, 전도하는 것으로 끝날 수 있을까? 이것이 진리일까? 인간은 삶의 문제, 죽음의 문제를 풀어야만 행복할 수 있는 신비한 존재다. 그러나 동시에 인간은 태어나면서 사회적, 정치적 존재가 아닌가? 이런 의문 속에서도 그저 열심히 교회에 다녔다. 내가 다니는 교회는 우리나라에서도 알만한 큰 교회였다.

내가 고등학교 시절 만난 예수님은 단지 죄를 용서해 주시고 죽은 다음에 천국에 갈 수 있도록 십자가에 죽으신 분이셨다. 열심히 봉사하는 것이 신앙생활의 전부였다. 물론 이것도 큰 것이다. 그러나 나는 예수님이 나의 생각을 뒤집을 만한 더 크고 혁명적인 메시지를 전한 분이라는 말을 듣지 못했다. 나는 점점 시간이 가면서 평신도로, 목사로서 성경을 읽을 때마다, 설교할 때마다 내가 지금 믿고 있는 것이 예수님이 말씀하신 것과는 '다른 복음'이라는 사실을 발견했다. 놀랍게도 시간이 가면서 예수님의 혁명적 이미지가 서서히 드러나기 시작했다. 왜 그렇게 오랜 시간이 걸렸던 것일까? 그렇게 많은 갈등이 있었던 것일까? 왜 아무도 그런 말을 해주지 않은 것일까? 과연 예수님께서 일부러 하나님 나라의 메시지를 분명히 드러나지 않는 비밀로 만드셨단 말인가?

지금은 알게 되었다. 물론 계속 추구 중이다. 예수님께서 말씀하신 하나님 나라는 놀라운 것이었다. 예수님은 새로운 종교를 만들기 위해 오신 분이 아니다. 그분의 목표는 새로운 세계를 만들 수 있는 정치적, 사회적, 종교적, 지성적, 영적 혁명이었다. 세상을 전복하는 혁명적 복음이었다. 예수님이 말씀하시는 하나님 나라는 우리를 구원하실 뿐만 아니라 일상생활을 하는 방법, 돈을 벌고 쓰는 방법, 가난한 자를 대하는 방법, 사랑하는 방법, 그리고 정치, 경제, 학문, 노동 등 실용적인 교훈을 담고 있었다. 또한 예수님의 메시지는 성경이 말한 대로 광고, 환경문제, 폭력, 결혼, 자녀양육, 동물, 식물 보호하기, 행복과 평화추구 및 인종화해와 같은 세계에서 일어나는 모든 문제를 다루고 있다는 사실을 알게 되었다. 무엇이 행복이며, 어떻게 사는 것이 위대한 삶인지도 알게 되었다.

예수님께서 말씀하신 하나님 나라가 무엇인지 알게 되면서 이전의 좁은 틀에 갇혀 있던 신앙에서 하나님 나라를 알고 이 땅을 살아 갈 수 되었다. 이 얼마나 행복한 일인가! 그동안 구름에 가렸던 성경의 비밀이 점점 환하게 벗겨지는 놀라운 경험을 하기 시작했다. 예수님은 초등학생에게 하나님 나라를 가르치셨다. 고수들이 바둑을 가르칠 때 처음부터 초보자이든 오랫동안 바둑을 한 사람이든 어린아이든 어른이든 고수 바둑을 가르친다. 성경에서 예수님께서 하나님 나라 복음을 전하실 때 초신자든 오랫동안 신앙을 하는 사람들이든 구별 없이 산상수훈을 비롯한 수많은 가르침을 주시지 않았는가! 나는 이제야 예수님이라면 하나님 나라를 유치부 초등학생에게도 가르치셨을 것이라는 사실을 알았다. 하나님 나라의 전체적 그림을 아는 사람은 언제든지 하나님 나라를 언급할 수밖에 없다. 신구약성경의 구절구절들은 하나님 나라를 그리는 퍼즐 맞추기와 다름없기 때문이다. 성경의 어떤 구절도 하나님 나라의 시각에서 보지 않으면 이해할 수 없다. 예수님께서는 하나님 나라가 감춰진 보화와 같다고 말씀하셨다. 그것은 열심히 찾아야 얻을 수 있는 것이다. 우리는 하나님 나라를 발견하고 감격하며 기뻐한 적이 과연 있는가!

김회권 교수는 『하나님 나라 복음』에서 "신구약성경의 주제는 하나님 나라다. 하나님의 창조의 목적이 하나님 나라요, 예수님께서는 몸소 하나님 나라로 오셨다. 진정한 복음을 알게 된다면 개인 구원은 나아가 세계변혁의 구원으로 승화될 수밖에 없다. 세계사를 인도하고 있는 이념인 자유, 정의, 사랑, 해방, 평화, 희망, 풍요 같은 표현들은 예수님의 인격과 그분의 '몸소 하나님 나라'에 대한 분석적 개념이다. 하나님 나라의 복음이 이렇게 세계적이고 우주적인 폭넓은 지평이 있다는 사실이 얼마나 놀라운 일인가!"

이것이 진리가 아니고 무엇이겠는가? 하나님 나라를 모르고 어찌 성경을 안다고 말할 수 있으며 믿음을 가졌다고 말할 수 있을까? 간디(Gandhi, 1869-1948)는 "예수님이 가르치신 것을 그리스도인들만 모른다."고 했다. 참으로 이상한 말이지 않은가? 간디를 전도하기 위해 많은 훌륭한 그리스도인들이 애를 썼다. 그러나 간디는 거절했다. 그리스도인들에게서 예수님의 모습을 발견할 수 없었기 때문이다.2) 특히 간디는 예수님의 말씀이 교리화, 제도화 되고 실천 없는 기독교를 보면서, 기독교를 받아드릴 수 없었다.

하나님 나라는 하나님이 세계를 통치하신다는 말이다. 구약에서 '하나님 나라'라는 낱말은 나오지 않지만 유대인들에게 하나님 나라는 낯선 것이 아니었다. 신약에서 '하나님 나라'는 구약에서 '하나님이 다스리신다' 또는 '통치 하신다', '하나님은 왕이시다'는 말로 표현된다. "구

---

2) 로버트 엘스버그, 조세종 역, 『간디, 그리스도교를 말하다』(생활성서, 2005), 6-21쪽.

약 신학에서 근본적인 주제는 하나님은 통치하시는 주이시다."3) 하나님의 통치가 개인적이고, 인간의 내면에만 있는 것이 아니다. 성경의 최대 주제인 하나님 나라가 2,000년 동안 오해되고 오용되는 시대가 많이 있었지만, 이 시대의 신학자들은 진보주의자건 보수주의자건 하나님 나라가 성경의 핵심이라는 사실에 동의한다. 놀랍게도 브라이언 맥클라렌(Brian Maclaren)의 말대로 하나님 나라가 '예수의 숨겨진 메시지'가 되어 버렸다. 하나님 나라를 모르고는 올바른 성경도, 믿음도 알 수 없다. 비록 우리가 이 땅의 부조리와 모순 속에 살고 있지만, 새 하늘과 새 땅의 놀라운 희망 속에 살아간다. 톰 라이트는 『마침내 드러난 하나님 나라』에서 "진정한 미래의 희망은 오늘 속으로 침투해 들어와 우리의 삶과 세계를 바꿀 수 있는 역동적인 힘을 갖게 된다. 그러나 잘못된 희망은 오히려 현실을 무시하는 종말론적 마비현상에 빠지게 하여 우리의 삶을 크게 왜곡시킨다. 나는 미래에 올 하나님 나라를 믿는다. 미래의 완성된 하나님 나라가 없다면 이 얼마나 허망한 일인가? 그러나 신약성경을 보면 예수님께서 하나님 나라의 현재성에 대해 많은 말씀을 하신 반면, 미래에 올 하나님 나라에 대해서 아주 적게 말씀하신다는 사실을 알아야 한다."

지구촌교회 이동원 목사는 이렇게 말하였다. "하나님 나라 곧 나를 포함해서 한국의 많은 설교자에게 '지금 여기'에서 이루어져야 할 하나님 나라를 말하기는 쉽지 않다. 그것은 기득권층에 대한 치열한 반성과 회개를 주문해야 하기 때문이다. 나는 하나님 나라를 성경 신학적으로 이해하고 있지만 상처받을 기득권층에 대한 지나친 배려 때문에 설교하지 못했다. 더 정확하게 말하면 용기가 부족했고 담대하지 못했다."4)라고 고백했다.

---

3) G.R. 비슬리-머리, 박문재 역, 『예수와 하나님 나라』(크리스챤다이제스트, 1991), 124-132쪽.
4) 박철수, 『하나님 나라』(대장간, 2015), 18-19쪽.

천국과 하나님 나라

한국교회에서 대체로 '천국'을 말하는 사람들은 실제로 '천당'을 말하는 것으로 볼 수 있다. 천국은 현재를 부정하고 미래만을 긍정하는 것으로 사용하고 있는 것 같다. 천국(天國, The Kingdom of Heaven)에서 Heaven은 '하나님'이라는 호칭을 사용하지 않는 유대인들에게 보내는 마태복음에 주로 나타난다. 하나님 나라(The Kingdom of God)는 이방인들에 보낸 마가, 누가복음서에 주로 많이 나온다. 천국과 하나님 나라는 동의어다. 요한복음서에서는 '영생'으로, 또 바울은 '칭의'라는 표현을 사용하기도 한다.

그런데 "한국교회 안의 절대 다수의 교인들에게 하나님 나라에 대한 이해가 결여되어 있는 것이 현실이다. 그들은 하나님 나라=천국(天國)으로 표현해서 천국을 역사의 끝에 있을 예수님이 재림하실 때 임할 유토피아적 미래로만 생각하여 먼 미래로 밀어버리든지, 아니면 죽어서 영혼이 가는 저 높은 곳의 실재라 생각하여 하늘 위로 쏘아올림으로써, 결국 하나님 나라 또는 천국을 현재 우리의 삶과는 아무 상관이 없는 것으로 이해하려 한다. 하나님 나라에 대한 이와 같은 오해, 즉 하나님 나라의 현재성을 무시하고 미래성만을 강조하는 점이 한국교회가 부패하고 현실 세계에서 하나님의 구원의 힘을 드러내지 못하게 만드는 근본적인 원인이라 생각한다."5) 심지어 새 하늘과 새 땅이 올 때 오늘 우리가 살고 있는 지구는 소멸된다는 세대주의적 전천년설을 주장하는 사람들이 다수가 있는 터에 현실을 무시할 수 밖에 없다."6) 그렇다면 왜 이런 현상들이 일

---

5) 김세윤·김회권, 『하나님 나라의 복음』(새물결플러스, 2013), 219-220쪽.
6) 하나님 나라를 보다 잘 이해하기 위해서는 소위 천년 왕국설을 알아야 한다. 천년왕국설은 요한계시록 20:1-6절에 대한 해석으로 세대주의, 전천년주의, 무천년주의, 후천년설 등의 네가지로 크게 나누어지는데, 대부분 우리나라 목사와 교인들은 세대주의, 전천년주의들이고, 대부분의 복음주의 학자들은 무천년설을 선호하고 있다. 세대주의, 전천년주의는 하나님 나라의 현재성을 무시하고 미래성에만 집착하는 경향이 있고, 후천년주의는 현재성을 강조하는 반면 무천년주의는 하나님 나라의 현재

어났을까? 이것에 대한 대답을 앞장의 십자가에 살펴보았다. 즉 십자가와 하나님 나라를 분리시키면서 일어난 일이다. 이번에는 다른 시각에서 살펴보자.

바울의 칭의의 복음과 예수님의 하나님 나라 복음

하나님 앞에서 죄인인 우리가 '어떻게 의롭게'(한자로 稱義) 될 수 있는가? 우리는 바울서신을 읽을 때와 사복음서 읽을 때 무언가 다름을 느낄 때가 많이 있다. 바울이 강조하는 칭의와 예수님이 선포하신 하나님 나라 복음에서 일종의 혼동을 느낄 때가 있는 것이 사실이다. 심지어는 예수냐 바울이냐? 는 논쟁이 오랫동안 있어 왔다. 과연 바울의 칭의와 예수님의 하나님 나라가 만날 수는 없는가? 서로 상관없는 것인가? 칭의는 크게 두 가지로 나누어진다.

첫째, 칭의의 법정적 의미다.

인간이 하나님의 법을 순종하여 한 행동은 의로운 것이고, 그것을 거슬러 한 행동은 불의한 것이다. 즉 이것이 죄다. 칭의의 법정적 의미는 지금까지 설교나 성경공부를 통해 익히 아는 것이다. 로마서 본문에서 법정적인 칭의를 잘 보여주고 있다.

> 그리스도 예수 안에 있는 속량으로 말미암아 하나님의 은혜로 값없이 의롭다하심을 얻은 자 되었느니라 이 예수를 하나님이 그의 피로써

성과 미래성을 동시에 강조한다. 또 세대주의, 전천년주의자들은 예수님이 다시 오실 때 지구가 소멸한 것이라고 말하고, 후천년주의와 무천년주의자들은 지구의 갱신설을 주장한다. 더 자세한 내용은 앤서니 후크마의 『개혁주의 종말론』(부흥과개혁사, 2012), 『개혁주의 무천년설』(부흥과개혁사, 2013), 『개혁주의 종말론 강의』(이레서원, 2000)을 참조.

> 믿음으로 말미암는 화목제물로 세우셨으니 이는 하나님께서 길이 참으시는 중에 전에 지은 죄를 간과하심으로 자기의 의로우심을 나타내려 하심이니 곧 이 때에 자기의 의로우심을 나타내사 자기도 의로우시며 또한 예수 믿는 자를 의롭다 하려 하심이라 (롬3:24-26)

"그리스도가 우리를 위해서 저주를 받으심으로써 우리를 율법의 저주로부터 구속하셨다"(갈3:3) 이 구절은 그리스도의 십자가의 죽음을 명백한 법정적 범주로 해석한 것이다. 또한 로마서를 보면 "하나님이 그의 아들을 보내사 그의 아들의 몸에서 죄를 정죄(定罪)하셨다"(롬8:3)고 하는데, 이것 역시 칭의의 법정적 해석이며 전통적인 해석이다. 그러나 이것만으로 부족하다.

둘째, 칭의의 관계적 의미다.

관계적 의미의 칭의론은 우리에게 생소할 수 있다. 칭의는 근본적으로 관계적 의미를 갖고 있다. 즉 '의'는 근본적으로 관계에서 나오는 의무를 다함, 관계의 신실함으로 하나님의 언약의 신실함의 뜻을 가지고 있다.[7] 모든 관계에서 예를 들어, 부자(父子)관계에서 아비는 자식을 잘 양육할 의무가 있고, 자식은 아비를 공경하고 순종할 의무가 있다. 또 부자가 함께 그 관계에서 오는 자기편의 의무를 다하면, 즉 그 관계에 신실하면, 그들은 의롭고, 그 관계는 원만한 상태를 갖는다. 이것이 '샬롬'이다. '의'는 하나님과의 계약관계에 신실함이 '샬롬'을 낳는다. 그것을 헬라어로 '에이레네' 즉, 평화라고 번역하는데, 그것은 갈등 또는 전쟁이 없는 상태를 말한다. 그러나 원래 '샬롬'은 좀 더 포괄적인 개념으로 모든 것이 두루 원만한 상태를 뜻한다. 반면에 그 관계의 당사자들이 상대에 대한 의무를

---

[7] 12장 예수님이 가르쳐 주신 복(1) 255쪽 참고.

다하지 못하면 그들은 '불의'하며, 그 관계는 갈등, 불화를 겪게 된다.

"하나님은 이스라엘을 선택해 그들에게 하나님 노릇 해주시겠다는 언약을 세웠다. "내가 너희의 하나님이고, 너희가 나의 백성이라"는 말씀은 전형적인 계약 또는 언약의 표현이다. 구약에서 하나님과 이스라엘의 언약의 관계를 아버지와 아들, 왕과 백성, 목자와 양, 신랑과 신부, 농부와 포도원의 관계로 그리는데, 이 언약을 통해 하나님은 이스라엘에게 복 주시고, 그들을 보호하시고, 구원하시는 의무를 스스로 지신 것이고, 이스라엘은 하나님을 예배하고 순종하는 의무를 지게 된 것이다.

하나님과 이스라엘의 관계는 하나님과 온 인류와의 관계의 특수판이다. 하나님의 창조에는 언약이 내포되어 있다. 즉, 하나님이 온 인류와 세상을 창조하실 때 그분이 만든 피조물들을 보살피시겠다는 약속을 하신 것이다. 그런데 이방인들은 물론 심지어 하나님의 특별한 백성인 이스라엘도 하나님을 예배하고 순종해야 하는 의무를 다하지 못하여, 즉 하나님과의 관계에 신실하지 못하여 하나님 앞에 '불의'하게 될 것이다. 이것이 이스라엘의 죄요, 인류의 죄이며, 하나님과의 관계를 단절시킴으로써 사탄의 죄와 죽음의 통치 아래 떨어지게 한 것이다. 인간의 아비는 자식 도리를 못하는 '불의'한 자식을 내치기도 한다. 그리하여 자신도 아비 노릇을 해주어야 하는 도리를 다하지 못하여 '불의'하게 된다. 하나님이 자신을 배신한 '불의'한 피조물인 우리를 인간의 아비와 같이 내치시면 인간에게는 무슨 희망이 있겠는가? 만약 하나님이 그와 피조물 또는 이스라엘 간의 관계에서 나오는 자기편의 의무를 다하지 않으신다면 하나님도 '불의'한 분이 되는 것이 아니겠는가?

그런데 예수님께서 하나님 나라의 복음을 선포하시면서 하나님은 어떤 분이라고 계시하셨는가? 인간이 자신을 배신하고 죄에 빠졌어도, 인간이

'불의'해도 하나님은 그들의 죄를 용서하여 주시고 끝까지 아빠8) 노릇 해 주시니 하나님은 '의'로우시지 않으신가? 예수님의 하나님 나라 복음은 하나님의 하나님 노릇해 주심이 있어 구원이 왔다는 기쁜 소식 아닌가? 창세기의 아담 이야기를 통해 인간의 근본 문제와 하나님의 구원을 설명한 '탕자의 비유'(눅15:11~32)를 생각해 보라. 불의한 둘째 아들 탕자는 그가 회개하고 돌이킴으로써 아버지의 품 안에 다시 안기게 되었다. 불의한 탕자는 아버지께로 돌아옴으로써 아버지는 무한히 풍성한 사랑으로 아들을 포용하시지 않았는가?

그래서 바울신학 전체 체계를 보면 그리스도 십자가 사건을 법정적으로도 해석하고 관계적 측면에서도 해석해야 하는데, 만족스럽게 통합을 못하여도, 그것들을 함께 견지하는 것이 성경적 요구이다."9) 톰 라이트는 『바울과 하나님의 신실하심』에서 좀 더 자세하게 말한다. "바울이 예수님의 복음을 하나님이 신실하시다는 것을 선포하는 것으로 볼 수 있었던 주된 이유다. 이 점에서 '하나님의 의'는 단지 법정적 것뿐만 아니라 계약적인 것이고 이 둘이 하나라는 것을 알 수 있다."

칭의론은 전통적인 루터식 칭의론은 법정적 이해에 치중하여 개인주의적이고, 의인의 지위를 부여하는 은혜의 선물이라는 관점에만 집착해 왔는데, 최근 들어 하나님 나라 또는 예수 그리스도의 온 우주적 주권 행사와 창조 회복의 관점 위주로 칭의론을 주장하고, 칭의된 자들 곧 하나님과의 올바른 관계에 회복되고, 하나님 나라의 통치를 받게 된 자들에

---

8) 구약성경 어디에서도 우리는 하나님을 '아버지'로 부르는 것을 찾지 못한다. '아버지'가 나온 경우는 단순한 서술문에서 나오며, 호칭은 아니다. 그러나 예수님께서 하나님을 '나의 아버지'로 부른 사실은 매우 특이한 것이다. 나아가서 그가 아람어 형태인 '아바'를 사용한 것은 더욱 그러하다. 예수님의 기도에 있어 하나님께 대한 호칭으로서의 아바의 완전한 독특성은 그것이 하나님과 예수님의 관계의 핵심을 표현하는 것임을 나타낸다. 예수님은 마치 어린 아이가 자기 아버지에게 하는 것처럼 하나님께 말하였다. 요아힘 예레미아스, 정충하 역, 『신약신학』(새순출판사, 1991), 102-111쪽.
10) 김세윤, 『칭의와 성화』(두란노, 2013), 65-104쪽.

게 주어진 구원의 '선물'과 그들에게 요구되는 '새로운 순종'을 함께 강조하는 칭의론이 전개되고 있다.[10]

지금까지 개신교 전통에서는 바울의 칭의의 복음을 예수님의 하나님 나라 복음과 무관하게 해석하다 보니 칭의의 의미를 편향적으로 또는 왜곡해서 이해하였다. 입으로 예수를 시인하면 구원얻는다는 식의 복음으로 끝난다면 복음을 아주 쉽게 만들어 버리는 것이다. 그 결과 칭의론은 의인으로서의 삶이 없으면서도 의인으로 자처하는 사람들을 양산하는 교리, 심지어 의인으로서의 삶을 방해하는 교리로 전락해 버렸다. 그래서 대다수 교인들은 믿음을 윤리와 분리해서 이해하고, 윤리는 없어도 믿음만 있으면 자신들의 최후의 심판 때 하나님의 진노로부터 구원을 받을 것이라고 생각한다. 본 회퍼가 말하는 '값싼 은혜'다. 이것이 오늘날 한국교회가 무력하게된 비극의 가장 근본 원인이다. 이것이 소위 이단이라 불리는 '구원파'의 모습이 아닌가? 이를 극복하기 위해서는 바울의 칭의의 복음을 예수님의 하나님 나라 복음의 구원론적 표현으로 올바로 이해하는 것이 중요하다.

예수님의 하나님 나라 선포는 하나님의 왕국과 사탄의 세력의 우주적 영역에서의 투쟁이라는 큰 틀을 갖고 있다. 바울도 마찬가지이다. 그도 지금 살펴보는 바와 같이 하나님이 그의 아들을 통해 사탄의 죄와 죽음의 통치를 쳐부수고 의와 생명의 통치를 이루신다는 큰 틀을 가지고 있다. 이것은 예수님께서 하나님 나라의 복음에 대해 '사탄의 나라'를 꺾고 하나님의 통치를 실현하는 것'이라는 묵시적 틀을 가지고 선포하면서도,

---

[10] 톰 라이트, 박문재 역, 『바울과 하나님의 신실하심』(크리스챤다이제스트, 2014), 527쪽. 이 주제에 대하여 더 알기 원하는 독자는 특히 479-527쪽을 참고할 것.

그것의 인간론적 의미, 즉 죄용서, 하나님 나라의 자녀로 회복됨, 그리고 하나님의 구원의 잔치에 참여하게 되는 것에 초점을 맞춘 것과 똑같은 것이다.

"예수님께서 선포한 하나님 나라의 복음을 받아들여 믿으면 사탄의 나라에서 건짐을 받고 하나님 나라로 회복된 죄인들은 죄가 용서된, 의롭고 거룩한 하나님의 백성이 된다. 예수님은 그렇게 하나님 나라로 회복된 자들에게 하나님의 부요함을 상속받고 그의 충만한 잔치에 참여한다는 그림으로 장차 완성될 하나님 나라의 구원, 곧 '영생', 신적 생명을 약속하셨다. 마찬가지로 바울도 칭의되고, 성화되고, 하나님의 자녀들이 된 신자들에게 하나님의 무한한 부요함을 상속받아 하나님의 형상을 얻고, 하나님의 신성에 참여하리라고 말한다. 즉 칭의되고, 성화되고, 하나님 나라의 자녀 된 자들은 하나님과의 올바른 관계에 회복된 자들이므로 이제 창조주 하나님의 무한한 자원을 끌어 쓸 수 있기 때문에 하나님의 신적 생명에 참여하는, 곧 '영생'을 얻게 되는 것이다."(롬5:1-2, 6:22, 8:29-34)[11]

하나님 나라, 어떻게 실천 할 것인가

"대부분의 한국교회 목사들이 바울이 말하는 법정적 칭의만 알고 하나님 나라 복음의 정치적, 경제적, 사회적, 문화적 함의들을 충분히 설명하지 않은 결과로 많은 평신도들, 그중에는 세상적으로 볼 때 최고의 지성에 이른 아주 '독실한' 신자들까지도 그들의 '독실한' 신앙을 오로지 주일성수, 기도, 이른바 큐티하기, 교회 봉사, 전도, 술, 담배, 제사, 음행 안하기 등의 소극적 경건주의 형태로만 존재하게 되었다. 조금 낫다는 교

---

[11] 김세윤, 『칭의와 성화』(두란노, 2015), 117쪽.

인들도 개인적 시혜 차원에서 가난한 사람들을 조금 도와주는 정도로 나타낸다. 그런 원시적 신앙 훈련을 받은 평신도들이 권력의 자리에 오르면 얼마나 자주 그들의 '독실한' 신앙이 우리 사회에서 자유와 정의와 화평을 확대하는 데 나타내지 않고, 도리어 사회의 정의와 화평을 손상하면서까지 기독교 집단 이익을 위해서 싸우는 모습으로 나타나지 않았던가?

정치가들이 불의한 정책을 실행하고, 대통령을 비롯한 고위 공무원들이 권력을 남용하며, 판검사들이 불의한 재판을 하여 인권이 유린되고 자유가 억압받으며, 사회에 비리와 부패가 만연하고 갈등이 심각해져서 많은 국민들, 특히 약자들이 큰 고난을 당하고 있는데도, 때로는 그 권력자들로 인해 큰 재앙이 일어났는데도 사탄의 통치가 실현되는 현실에 대해서 일언반구하지 않고 오로지 이른바 '영적인' 설교만 한다. 어떤 무식하고 부패한 목사들은 그런 불의하고 부패한 권력자들이 교인일 경우 오히려 그들을 옹호하고 그들의 비판자들을 비난하기도 한다. 주 예수 그리스도의 복음을 제대로 알고 제대로 선포하는 목사라면 교인 권력자들이 그런 불의와 비리를 저지르면 그들을 더더욱 강하게 꾸짖으며, 주 예수 그리스도의 복음에 합당한, 그의 통치에 순종하는, 정치와 행정과 재판을 하도록 구약의 예언자들처럼 촉구하여야 한다.

그리스도의 복음을 포괄적으로 이해하지 못하고 하나님의 절대주권 또는 예수님의 하나님 나라를 몰라서, 오로지 우리 영혼이 죽어서 또는 종말에 천국 가는 것에만, 그리고 이 세상에서는 개인적 경건과 교회 봉사를 잘하여 복 받고 사는 것에만 설교를 집중시키는 목사일수록, 비성경적인 기독교 정치인들이라도 단지 교회를 다닌다는 이유만으로 밀어줘야 한다고 교인들을 독려하고 있지 아니한가! 이때 그들은 자신들의

'정교분리' 원칙은 저버리고 아주 정치적인 목사가 되곤 한다.

바울이 로마서에서 유대인들에게 "너희들 때문에 하나님의 이름이 열방에서 모욕을 당한다"고 말하였다. 지금 한국에서 일부 부패한 교회 목사들뿐 아니라, 자신의 권력을 하나님의 의와 사랑의 통치에 반하여 도리어 사단의 불의와 착취, 갈등, 고난의 통치를 실현시키는 '기독교인' 정치가들, 관리들, 판검사들, 지위가 높은 사람, 부자들 때문에 기독교가 '개독교'로 욕을 먹고 하나님도 모욕을 당하고 있는 것 아닌가?

예수님은 우리에게 "너희들의 착한 행실을 보고 사람들이 하나님께 영광을 돌리게 하라"(마5:16)고 하셨다. 그러면 교회가 신뢰와 존경을 얻고 전도의 문도 열리게 될 것이다. 그리스도인들이 하나님의 통치와 그리스도 예수의 주권에 순종하여 '착한 행실'을 하고, '의의 열매'를 맺을 때 교회는 세상에서 하나님 나라를 실현시키는 일꾼, 또는 사탄의 통치를 무찌르는 군사의 소명을 다하게 되는 것이다. 목사들에게는 최소한 자신들의 교회 교인들이 복음에 합당하게 생각하고 정치에 참여하도록 가르칠 책임이 있다."[12]

"하나님 나라 복음이 제대로 선포되지 않으면 구원이 실재화되지 않는다. 기독교 역사는 복음이 자유와 정의와 평화의 증진으로 하나님 나라 복음을 실재화한 사례도 많이 보여주지만, 복음과 성경을 오용하여 도리어 억압의 구조를 만들어낸 사례들도 많이 보여준다. 그렇게 훈련된 사람들이 성경의 구절을 단편적으로 인용하면 어떤 이단 사설, 복음의 진리에 반한 어떤 사상이라도 뒷받침하지 못할 것이 없다. 그런 사람들이 미국 남북전쟁 때 노아의 아들인 함과 그의 후손들은 그 형제를 섬

---

[12] 김세윤, 『바른 신앙을 위한 질문들』(두란노, 2015), 131-137쪽.

기라는(창9:25) 창세기 말씀을 인용하며 함의 자손들인 아프리카 흑인들은 백인들의 노예가 되는 것이 성경적이라고 주장하기까지 했다. 오늘날 한국의 근본주의 교회에서도 같은 현상이 일어나고 있다. 과거 1945년 해방공간에서 1953년 6.25 전쟁 중에도 일제청산을 방해하고, 1960년-1980년대에 지속된 군부의 무단통치 시절 보수 한국교회는 기독교의 이름으로, 공산주의 이데올로기의 첨병으로 독재자의 불의한 통치를 얼마나 많이 옹호하고 인권유린을 지지했는가?"13)

"또한 복음의 원칙은 깨닫지 못하고 고린도전서 11:2-16의 참 뜻은 등한시하고, 오로지 고린도전서 14:34-35 같은 구절만을 율법으로 만들어 교회 안에서 여성을 억압하는 수단으로 악용하는 것이다. 그 결과 여성들은 하나님에 대한 신실한 믿음을 가지고 있고 교회를 잘 섬길 수 있는 출중한 은사들을 받았음에도 불구하고 교회 리더십의 일원이 되지 못하고 있는 현실이 아닌가? 복음이 이 땅에 들어와서 여성을 해방하고 반상도 철폐했다고 자랑하는 복음에 합당한 삶을 살고 있는지, 그것이 누룩같이 이 땅의 삶의 모든 영역들에서 변화를 일으켜 하나님 나라가 실재화되고 있는지 깊이 성찰해야 할 것이다."14)

"예수님은 바리새식의 성화(聖化), 경건주의에 반대한다. 오로지 자기 한 몸 거룩하고 경건하게 가꾸는 일에만 몰두하는 것을 비판한다. 예수님이 죄인들과 먹고 마시고, 죄인들의 죄를 용서하며, 그들을 하나님 나라로 영접하는 것이 바리새인들과 서기관들에게는 하나님을 모독하

---

13) 특히 한경직 목사는 영락교회 청년부를 중심으로 〈서북청년단〉을 만들고, 당시 이승만, 박정희 정권과 함께 기독교를 대표하여 일하였다. 그는 반공 이데오로기를 한국교회에 깊이 뿌리 내리게 하였다. 반공이데올로기는 한국교회가 보수화되는 결정적인 계기를 만들었다. 강인철, 『한국개신교와 반공주의』(중심, 2007) 참고.
14) 김세윤, 『그리스도가 구상한 여성』(두란노, 2016), 76-116쪽.

는 것이었다. 그래서 그들은 예수님을 '먹보', '술보', '죄인들과 창기들의 친구'라고 욕하면서 이단자로 낙인 찍었다. 이들은 자신들끼리만 홀리 클럽, 게토를 만들어 외부 세계와는 단절하고 산다. 나는 그것을 '경건주의적 소극주의'라고 이름 붙이고 싶다. 이런 바리새인들의 경건주의적 소극주의는 하나님 나라의 샬롬을 실현하지 못한다. 죄인들을 하나님 나라 백성으로 회복시키지 못하고, 사회에 하나님 나라의 샬롬, 정의와 화평을 실현시키지 못한다.

지금 한국 보수주의 교회들은 바리새인들의 경건주의적 소극주의 정신으로 가득하다. 교회 안에는 이름뿐인 교인들도 많지만, 이른바 의식 있고 경건하다는 그리스도인들은 무엇을 하고 있는가? 좀 단순화시켜 말하면 한국 그리스도인들에게 기독교 윤리란 '세 가지 안하기'와 '세 가지 하기'이다. 세 가지 안하기는 술과 담배 안하기, 불상이나 장승에 절 안하기, 제사를 안하는 것이요, 세 가지 하기는 '주일 성수', '헌금', '전도와 선교'다. 한국교회는 이것을 잘 실천하면 훌륭한 교인이라고 한다. 물론 이런 것도 다 해야겠지만, 이것들은 교인들이 해야 할 초보이지 하나님 나라가 추구하는 목표는 전혀 아니다. 그러나 우리 그리스도인들이 겨우 이런 것들만 잘 한다면 어떻게 이 땅에 하나님 나라가 오겠는가? 거기에 무슨 하나님의 샬롬의 통치가 이루어지겠는가? 어떻게 우리 사회 안에 정의와 샬롬이 증진되고, 인권이 확대되고, 약하고 가난한 자들도 살 만해지고, 병자들이 치유를 받는 하나님 나라의 구원이 일어나겠는가? 예수님께서 하나님 나라를 선포한 진정한 의도가 하나님의 백성을 창조하고 그들로 하여금 하나님 나라의 통치를 받게 하기 위해서다. 그런 면에서 평신도들이 세상에서 프론티어(frontier)로써 보다 폭 넓은 역할을 할 수 있다는 사실을 알고, 보다 깊이 있는 성경이해와 인문학적 소양을 쌓아 자신의 전문 분야에서 성경적 세계관, 하나님 나라의 첨병이 되어야 할 것이다. 주님께서 가르쳐주신 하나님 나라가 임하시며 뜻이 하늘에서 이루어진 것같이 땅에서도 이루어지길 기도하고 행동해야 할 것이 아닌가!"15)

하나님 나라와 유토피아

그렇다면 예수님의 하나님 나라에 대한 선포가 가져온 것은 과연 무엇인가? 지금 여기(here&now)에 왔다는 말은 무엇을 의미 하는가? 물론 세상 곳곳에서 셀 수 없이 수많은 그리스도인들이 그분을 하나님의 영원한 말씀으로, 하나님의 아들로, 참 하나님으로 믿는다. 하지만 예수님이 예고하셨던 하나님 나라는 과연 왔는가? 하나님 나라는 예수님이 선포하셨던 이상향에 불과한 것이 아닌가? 그분이 원하셨던 것은 의심할 바 없이 세상을 뒤집어 엎는 것이었다. 그러나 그 모든 것이 그저 하나의 유토피아는 아니었을까? 따라서 그분의 주장도 결국 헛된 것이 아닌가? 지금의 현실로만 본다면 하나님 나라는 아직 오지 않은 것이 분명하지 않는가? 신학자 게르하르트 로핑크(Gerhard Lohfink) 의 『예수마음코칭』을 중심으로 유토피아와 하나님 나라를 살펴 보자.16)

유토피아

'유토피아'란 무엇일까? 이 말은 토마스 모어(Thomas More)가 처음으로 한 말이다. 그는 '유토피아'라는 장르에 고전적인 형식을 갖추게 한 인물

---

15) 김세윤, 『바른 신앙을 위한 질문들』(두란노, 2015), 131-137쪽.
16) 게르하르트 로핑크, 김혁쾌 역, 『예수마음코칭』(생활성서, 2015), 613-629쪽의 내용을 필자가 요약 정리한 것이다. 이 책은 로핑크의 작품으로는 2015년에 번역되어 나온 최근 작이다.

이기도 하다. 그가 1516년에 『유토피아』를 펴낸 이래로 사람들은 수많은 유토피아를 그려 왔다.

"유토피아라는 말에는 그리스어 ou topos('무-장소', '어디에도 없는')가 들어 있다."17) 다시 말해, 유토피아가 꿈꾸는 것은 실제 세계에는 어디에도 없다. 그래서인지 토마스 모어는 유토피아는 나라에서 멀리 떨어진, 어떤 교통수단으로도 도달할 수 없는 미지의 섬에 존재하는 것으로 그렸다. 외따로 떨어진 섬은 유토피아를 그리는 문학 장르가 애용하는 주제다. 그런가 하면 19세기 이후로는 다른 행성에 있는 것으로, 20세기 이후로는 가상의 세계에 있는 것으로 그리기도 한다. 모든 유토피아에는 공통점이 있다. 그 사회는 우리가 아는 세상 내에는 존재하지 않는다는 점이다. 또는 '아직' 존재하지 않으며 단지 미래에 놓여 있다.

유토피아는 말 그래로 '무-장소'라는 뜻이다. 그러나 예수님이 말씀하시는 하나님 나라는 '장소'(place)가 있다. 새 이스라엘인 하나님 나라 백성이 바로 그 장소다. 이미 구약성경이 하나님 백성을 온 세상을 위한 관문으로 본다. 이처럼 하나님 나라도 마침내는 온 세상을 목표로 한다. 세계의 변화는 이스라엘에서 시작된다. 예수님께서는 온 세상에서 일어나야 할 그것이 구체적인 장소에서, 바로 경계가 명확한 장소에서 이미 시작되었다고 말씀하셨다. 서구 사회에서 나타난 수많은 유토피아는 공간적으로 저기 멀리 있는 것과 시간적으로 미래 저 멀리 있는 것으로 구

---

17) 유토피아(utopia)는 두 단어의 합성어이다. 그리스어에서 u는 '없다'(ou)는 뜻과 '좋다'(eu)는 뜻을 함께 가지고 있다. topia는 장소를 의미한다. 따라서 유토피아는 이 세상에 '없는 곳'(outopia)과 '좋은 곳'(eutopia)의 뜻을 함께 가지고 있다. 유토피아라는 말을 처음 만들어서 쓴 사람은 영국의 토마스 모어(Thomas More, 1478-1535)다. 그는 1516년 『유토피아Utopia』를 펴냈는데, 이 책에서 유토피아라 불리는 섬나라는 존재하지 않지만(nowhere) 좋은 곳(eutopia)이라고 언급한다. 유토피아는 '없는 곳'이므로 환상의 세계이지만, '좋은 곳'이므로 이상사회를 가리킨다. 이인식, 『유토피아 이야기』(갤리온, 2007), 10쪽.

분할 수 있다. 곧 공간적으로 '저기'와 시간적으로 '아직'으로 구분할 수 있다. 그렇다면 예수님이 말씀하신 하나님 나라가 '시간적'으로 언제 온다는 말인가? 놀랍게도 예수님께서는 하나님 나라의 도래가 아직 다다르지 못한 미래에 놓여 있는 무엇이라고 말씀하지 않으시고 지금, 여기에 왔다고 하시지 않았던가? 예수님 안에서, 그분의 활동 안에서 이 미래는 이미 볼 수 있다. 누구나 이미 지금 하나님 나라의 한몫을 차지할 수 있다. 예수님은 이렇게 말씀하신다. '이미, 오늘!' 그리고 '바로 여기!'

유토피아가 생겨난 동기는 환상적인 것들에 대한 기대가 아니다. 그것은 현실을 바꾸려는 의지에서 생겨났다. 토마스 모어의 '유토피아'를 좀 더 자세히 살펴보자. 토마스 모어의 의도를 이해하려면 당시 영국 런던의 상황을 염두에 두어야 한다. 당시는 가난한 이들의 빈곤과 부자들의 교만, 수없이 일어나는 화재들, 오염된 물줄기들, 견디기 힘든 위생 상태들, 변호사를 살 여유가 있었던 이들의 횡포가 만연했다. 당대의 이런 상황에 맞서 토마스 모어는 새로운 사회인 '유토피아'를 그린다.

유토피아에서는 모든 것이 다르다. 도시들은 미로처럼 복잡하고 비좁은 골목들로 혼잡하게 이루어지지 않았다. 넓은 대로에 기하학적 구조로 자리 잡고 있다. 도시들은 자연과 조화를 이루면서 농지들로 둘러싸여 있다. 벽돌들을 잘 쌓아 둘길을 내었다. 지붕들은 평평하며 콘크리트 같은 것으로 되어 있어서 어떤 궂은 날씨에도 안전하고 화재의 염려가 없다. 집의 문들은 자물쇠가 없다. 누구나 언제든지 들어갈 수 있다. 사적 소유를 폐지한 것이다.

모든 도시는 같은 크기의 네 구역으로 나뉜다. 그리고 각 구역마다 중앙에 모든 종류의 물건을 구할 수 있는 시장이 있다. 가장은 누구나 거기서 자기 가족에게 필요한 것을 가져온다. 요구하는 것은 무엇이나 무료로 받을 수 있다. 여행하면서 따로 짐을 챙길 필요가 없다. 유토피아에서는 어디나 자기 집이기 때문이다. 이 섬나라 전체가 하나밖에 없는 한 가족이다. 돈은 다만 제한적인 역할을 한다. 모두가 일을 한다. 그러나 정확히 규정된 시간만 일을 한다. 점심 식사 후에는 누구나 두 시간의 휴식을 갖는다. 유토피아의 사람들은 밤에 여덟 시간 동안 잠을 잔다. 식사는 커다란 식당에서 공동으로 한다. 귀족들에게 더 이상 특권이 없다. 법은 아주 간단하고 명확해서 더 이상 아무도 변호사가 필요하지 않다. 또 외교에 대해서도 말한다. 오직 자기방어를 위해서만 전쟁이 허용되며 어떻게 수행해야 하는지도 말한다. 가족은 어떻게 형성되는지, 이혼은 어떤 처벌을 받는지, 옷은 어떻게 입어야 하는지 설명한다.

이런 식으로 길게 계속 더 이야기할 수 있을 것이다. 그러나 이미 분명하게 드러난 점이 있다. 토마스 모어가 말하는 '유토피아'는 매우 구체적이라는 사실이다. 개별적인 것들에 대한 설명이 넘쳐난다. 아무것도 제외되지 않는다. 이처럼 '유토피아'는 바로 수 없이 많은 세부사항을 멋있게 묘사한다. 그리고 아마도 이것이 획기적인 성공의 요인이기도 했을 것이다. 물론 그러한 성공은 이 작품이 지닌 풍자적 특성과 토마스 모어의 해학에 기인하기도 한다. 읽는 이들을 웃게 만드는 것 또한 그의 부차적인 의도였다.

아무튼 토마스 모어의 유토피아는 매우 구체적이다. 큰 영향을 미치는 유토피아일수록 세부사항을 잘 묘사한다는 것이다. 이 때문에 확실히 주목을 받게 되고, 매혹 또는 놀라움을 불러일으킨다. 이러한 세부사항들 때문에 독자는 심취하게 되고, 자신들도 그렇게 살 수 있을지 묻게 된다. 이처럼 묘사의 구체성이 '유토피아'에서 드러난다. 또 다른 사람들이 유토피아를 말하지만 토마스 모아의 소설과 대동소이하다.

하나님 나라

이성에 대한 발전에 대한 믿음은 유토피아와 더 이상 뗄 수 없는 것이 되었다. 물론 20세기 이후 발전의 어두운 그림자를 경고하는 부정적이고 암울한 미래상인 '디스토피아'가 나타나기도 한다. 올더스 헉슬리의 『멋진 신세계』(1932), 조지 오웰의 『1984년』(1949)등이 대표적이다. 이 디스토피아의 현실은 여기저기에서 넘실거리고 있다.

그러나 여전히 대부분의 유토피아는 예전과 마찬가지로 학문과 기술에, 그것이 인류의 향상을 위해 결정적인 의미까지는 아니더라도 아주 큰 의미를 부여한다. 전체적으로 유토피아마다 발전된 사회상을 그린다. 인간 이성, 역사에서 배우는 지식, 학문과 기술 등을 통해 모두에게 더 편리하고 더 나은 삶이 가능해지는 사회를 묘사한다. 유토피아는 알파고와 이세돌 9단의 바둑에서처럼 엄청난 상상력을 불러일으키면서 인류의 향상에 이바지할지도 모른다. 그러나 "기술체계에 대한 불신이라기보다는 기술과 정치권력의 결합이라는 훨씬 더 복잡하고 음험한 가능성에 대한 깊은 우려가 있다. 이 권력-기술의 연정은 인간파괴의 가장 확실한 보증서 같아 보인다."[18]

그러나 예수님의 하나님 나라는 유토피아와는 다른 모습을 띤다. 근현대의 수많은 유토피아와 비교해 보면, 예수님은 하나님 나라에 대해 세부사항을 구체적으로 묘사하신 일이 없다는 것을 금방 알 수 있다. 하나님의 통치 아래 사는 성도들이 구체적으로 어떤 모습인지 그분은 묘사하지 않으신다. 사람들이 어떻게 함께 살아가는지, 가족의 모습은 어떤지, 사회의 모습은 어떤지, 하나님 홀로 주님이실 때 모든 것이 어떤 모습일지 묘사하지 않으신다.

그분이 하나님 나라를 가르치기 위해 사용하시는 상징이 하나 있다. 함

---

18) 도정일, 『시장전체주의와 문명의 야만』(생각의나무, 2008), 16-22쪽.

께하는 식탁, 함께하는 식사가 그것이다.(마8:11; 눅14:15-24) 이마저도 사실은 상징이 아니다. 예수님은 당시 제자들과 함께, 세리들과 죄인들과 함께 이미 그것을 실현하고 계셨기 때문이다.(막2:15)

예수님은 환상에 가득찬 미래 사회의 구체적인 모습을 그리지 않으신다. 그분은 행동하신다. 따르는 이들을 예수님 주위에 불러 모으신다. 한 식탁에 그들을 모으고 그들과 함께 하나님 나라의 식사 예법을 실행하신다. 이 예법에 따르면, 가장 좋은 자리에 앉지 말고 어떤 자리가 누구에게 주어지는지 기다려야 한다.(눅22:24-27) 예수님이 몸소 하신 것처럼 제자들은 서로 발을 씻어 주어야 한다. 다시 말해, 다른 이들을 위해 궂은 일을 해야 한다.(요13:14-15) 제자들은 일흔 번씩 일곱 번, 끊임없이 서로 용서해야 한다.(마18:21-22) 으뜸이 되고자 하는 자는 섬기는 자가 되어야 한다. 제자들은 형제의 눈 속에 있는 티가 아니라 자신의 눈 속에 든 들보를 살펴야 한다.(마7:3-5) 예수님은 이상향적인 평화의 나라, 자유의 나라를 그리지 않으시지만 그분을 따르는 이들을 자유롭게 하신다. 그분은 모든 종류의 소외가 경이롭게 극복되는 그런 상태를 그리지도 않으신다. 그 대신 이렇게 말씀하신다.

> 누구든지 제 목숨을 구원하고자 하면 잃을 것이요 누구든지 나를 위하여 제 목숨을 잃으면 구원하리라 (눅9:24)

이것이 예수님이 그리는, 하나님 나라를 사는 사회의 모습이다. 그리고 이것이 전제하는 것은 단 하나다. 하나님 나라가 이미 시작되었다는 것, 이미 작동하고 있다는 것, 하나님 나라가 새로운 연대를 선사하고 새 사회를 이루어 준다는 것, 바로 그것이다! 그것은 날마다 한 식탁에서 함께 하는 데서, 함께 예수님을 따르는 데서, 날마다 용서하고 화해하는 데서 이미 이루어지고 있다.

그것은 하나님께서 기뻐하시는 모든 곳에서 지금 일어나고 있다! 그렇다고 하나님 나라의 이러한 도래가 순전히 인간의 내면 안에서 일어나는 사건은 아니다. 결코 그렇지 않다! 병든 이들이 건강해지고, 사탄적 억압들이 극복되고, 가난한 자들이 배부르게 되고, 적들이 서로 화해한다. 로마의 식민지배에 맞서 봉기를 일으키려는 계획에 예수님은 함께하지 않으신다. 그분과 제자들은 맨발에 비무장으로 몸에 아무것도 지니지 않고 이스라엘 전역을 떠돈다. 열혈당의 전쟁 준비에 거리를 두기 위함이다.(마10:10) 여기서도 다음의 사실이 분명해진다. 곧 하나님 나라를 사는 삶은 필연적으로 정치적 결과를 가져온다. 그것은 사회적 차원의 의미를 갖게 된다. 실제 삶 안으로 깊숙이 파고든다. 이미 구체적이다. 그러니 유토피아의 구체적인 세부 사항들이 더 필요하겠는가!

하나님의 통치에 대한 예수님의 선포는 유토피아와 어떤 관계에 있는가? 예수님이 순전히 죽음 이후의 저 세상에만 주안점을 두셨다면, 이 물음은 쓸데없는 것이다. 그러나 하나님 나라는 예수님에게 먼저 여기의 삶, 이 세상, 우리의 역사를 의미한다. 이 안에서 하나님의 통치가 펼쳐져야 한다. 그렇다면 필연적으로 하나님의 다스림에 대한 그분의 개념이 진보나 발전과 같은 의미를 포함하는지의 물음이 제기된다. 이를 위해 다시한번 "겨자씨의 비유를 간단히 살펴보자. 마가복음 4장 30-32절의 이 비유를 올바로 해석하기 위해서는 결정적으로 간과해서는 안 되는 점이 있다. 바로 하나님의 다스림이 그저 겨자씨 자체에 비견되는 것뿐만 아니라 아주 작은 씨앗이 엄청나게 큰 나무가 되는 과정이 비유의 핵심이다. 곧 하나님 나라는 작은 겨자씨에도 이미 자란 큰 나무에도 비견된다. 이 비유는 말하자면 하나님의 다스림을 고정된 무엇으로 이야기하지 않는다. 반면에 하나님 나라가 도래하는 방식에 대해, 그 '조용한 혁명'에 대해 이야기한다. 하나님께서 어떻게 그분의 계획과 다스림을, 세상에서 구원을 어떻게 실현하시는지 이야기한다. 하나님은 작게 시작하신다. 그러나 이 작은 시작에서 마지막에는 아주 뜻밖에 엄청난 것이, 하늘의 새들이 그 그늘에 깃들일 만큼 크게 이루어진다![19]

그분이 하신 말씀은 이것이다. 하나님 나라는 성장한다! 하나님 나라, 그것은 하나님이 홀로 마지막에 주님이 되시는 것, 그분에게 모든 영광이 바쳐지는 것, 그분만이 섬김을 받는 것이다. 물론 예수님은 아마도 여기에 이런 말씀을 덧붙이실 것이다. 그 모든 것이 이루어질 때, 그것이 인간에게도 가장 좋은 것이 된다고! 하나님만이 홀로 주님이 되신다면, 인간이 인간을 지배하는 것도 그치게 될 것이라고! 예수님은 더 나아가 이렇게 말씀하신다.

> 너희는 먼저 그의 나라와 그의 의를 구하라 그리하면 이 모든 것을 너희에게 더하여 주시리라 (마6:33; 눅12:31)

발전에 대한 믿음, 이는 대개 기술적 가능성에 대한 망상과 그에 따른 만능주의의 환상과 결합되어 있는데 이런 믿음은 예수님에게서 찾아볼 수 없다. 그러나 그분은 분명히 알고 계신다. 하나님 나라가 세상의 다른 그 어떤 것보다도 더 매력적이기 때문이다. 그런 점에서 하나님 나라에 대한 선포는 세상 안에 역동적인 힘을 발산한다. 모든 유토피아를 넘어 끊임없이 구원의 문을 열어 주고 새것을 만들어 내는 힘을 발휘한다.

---

19) 파스칼, 박철수 편역, 『파스칼의 팡세』(대장간, 2015), 라휴마 620 조각글. 파스칼은 겨자씨 비유를 말하면서 "예수 그리스도는 시초에는 작되 후에는 커지리라는 것, 비록 내가 메시아에 대한 이야기를 전혀 듣지 않았다 할지라도 세계의 질서에 관한 이처럼 놀라운 예언이 성취된 것을 본 이상 이것이 하나님의 손길인 것을 안다"고 말했다.

그분의 죽음과 부활은 하나님 나라에 대한 그분의 선포 자체에 포함되는 요소이자, 이 선포의 최종적 해석 기준이다. 배척과 박해와 고난에 대한 예수님의 말씀을 제외해 버린다면, 하나님 나라는 마술적인 성공 신화로 전락할 수 있다. 인간이 스스로 완벽하게 될 수 있다는 믿음에 빠질 수 있다. 그러나 예수님은 인간이 완벽해질 수 있다는 것을 믿지 않으셨다. 다만 완전한 사람이 될 수 있다고는 믿으셨다.(마5:48) 물론 여기서 '완전한'은 도덕적으로 완벽해진다는 것을 의미하는 것은 아니다. 그것은 두 마음 없이 하나님 뜻에 헌신함을 의미한다. 일정하게 지속되는 인간의 향상(向上)을 예수님은 믿지 않으셨다. 다만 그분은 하나님 백성 안에서 모두가 서로 도울 수 있고 늘 다시 용서할 수 있으며 서로에게 사랑할 수 있음을 믿으셨다.

그분은 인간을 무조건 미화하는 대신 하나님 나라에 대한 기쁨, 끊임없는 회개와 화해에 중심을 두셨다. 바로 이 때문에 수많은 유토피아에서 나타나는 현실에 대한 무시를 그분에게는 찾아볼 수 없다. 현실에 대한 무시는 이미 플라톤의 『국가』의 유토피아적인 부분들에서 시작되었다. 그러나 예수님은 인간이 지닌 약하고 부서지기 쉬운 특성을 늘 염두에 두신다. 바로 이 때문에 그분이 제자들과 함께 시작하신 사회는, 토마스 모어에서 마르크스에 이르기까지 수많은 유토피아가 그리는 전체주의적인 사회와는 전혀 다르다. 대부분의 유토피아는 언제나 전체주의적이고 자기 폐쇄적인 체계를 요구한다. 그러기에 옛 세상은 일단 파괴되어야 한다.

예수님이 선포하신 하나님 나라는 하나의 유토피아였나? 분명 아니었다! 예수님의 하나님 나라 선포는 그분의 죽음과 부활로 완결되었다. 그리고 이 선포를 통해 그분의 사후에 곧바로 지중해 주변 곳곳에서 이스라엘의 토양을 바탕으로 공동체들이 생겨나고 자라났다. 바로 이 사실에서도 그분의 하나님 나라가 유토피아와는 전혀 다르다는 것을 확인할 수 있다. 이 공동체들에서 시작된 곳, 교회는 그 모든 약함과 위기와 끝없는 실패에도 불구하고 세상을 바꾸며 살아 있다. 이는 물론 부활하신 분이 교회 안에 현존하신다는 사실, 그분이 세상 끝날까지 언제나 함께 하신다는 사실(마28:20)에 기초한다.

예수님의 '하나님 나라 선포'와 '하나님 나라 백성의 삶'이 그 어떤 유토피아보다 더 철저한 사실에 기초한다. 그것이 이 땅의 모든 상처와 아픔에 대한 유일한 희망이다! 바로 이것이 예수님께서 말씀하신 하나님 나라다! 이 하나님 나라를 알 때 우리는 지금, 여기에서 하나님 나라를 사는 것이다! 이것이야말로 모든 인간이 복된 삶을 누리는 비결이 아니고 무엇이겠는가!

에필로그

늘 새로운 것을 생각하지 않으면
인간은 결국 인형처럼 되어 버린다
— 아이슈타인의 『별같은 말들』에서

    나는 앞에서 기복주의가 어떻게 성경적이 아닌가에 대하여 살펴 보았다. 성경이 말하는 복은 동양의 오복을 말하는 것이 아니라 예수님이 말씀하신 팔복을 중심으로 말하고 있다. 이것은 너무 다른 것이다. "참된 그리스도인은 드물다. 믿는 사람은 많다. 그러나 미신에 의해서다. 믿지 않는 사람도 많다. 그러나 그것은 방종에 의해서다" 파스칼의 말이다. 우리는 바른 복음을 전파하기 위해서 '다른 복음'인 기복주의를 뿌리부터 완전히 뽑아야 한다. 여기에 어떤 이론이나 변명도 있을 수 없다. 기복주의를 외치는 사람들의 대부분이 교회 성장을 말하지만 진정한 교회의 문제는 십자가요 하나님 나라다.

    한국교회는 숫자에 치중하지 말고 말씀으로 돌아가야 한다. 큰 교회가 좋은 교회라는 생각을 버려야 한다. 한국교회가 가르치는 것이 '인민의 아편'이 된지 오래 됐다. 우리는 세계역사에서 기독교가 제 역할을 못하고 타락할 때 마르크스 사상이 등장했다는 사실을 알고 그들이 가난한 사람에 관심을 가졌다는 사실을 알아야한다. 결과야 어찌됐건 기독교가 가난한자를 돕지 못하는 것을 보고, 비록 실패했을지라도 마르크시즘은 세계적으로 폭넓게 퍼져 갔다. 요한 밥티스트 메츠는 『그리스도교, 부르주아의 종교인가 민중의 종교인가』에서 "세계교회 역시 가난한자의 종교가 되지 못하고 부자의 종교가 되었다.…히틀러의 아우슈비츠는 하나님의 침묵이 무서운 것이 아니라 인간의 침묵이 더 무섭고 이해 불가능하다"라고 탄식한다. 하나님의 침묵보다 무서운 것은 인간의 침묵이다! 사랑의 이중계명은 하나님을 사랑하고, 이웃을 사랑하는 것으로 나타나야 하고 구체적으로 가난하고 고통 받는 자들에 대한 관심으로 나타나야 한다.

나는 이 책에서 한국교회의 뿌리 깊은 기복신앙과 성도들의 고난의 의미 그리고 신앙의 본질적인 왜곡에 대하여 다루었다. 예수님을 믿고 교회를 다닌다 할지라도 일상적인 고난으로부터 면제되는 것이 아니다. 그리스도인에게도 누구나 느끼는 절망, 좌절, 고난이 있다. 많은 기독교인들이 믿기만 하면 모든 것이 잘 된다는 이상한 착각을 하고 있다. 그렇지 못한 현실 앞에 깊은 회의와 의문을 가져야 하는데도 별 생각 없이 지나간다. 일찍이 함석헌 선생은 "생각하는 백성이라야 산다"고 말했다. 예수님께서는 우리가 수동적 고난에 머무르지 말고 오히려 적극적으로 고난에 참여하라고 말씀하시지 않았는가! 고난은 우리가 하나님의 뜻으로 살아갈 때 필연적으로 부딪칠 수 밖에 없는 것이다.

나는 기복주의를 가장 타락하고 저속한 종교라고 생각한다. 기복주의는 인간의 이기심에서 나온 것으로 철저하게 인간 중심적인 사상이다. 기복주의 신앙은 기독교의 탈을 쓰고 있을 뿐 성경 신앙이 아니다. 그것은 인간 종교요, 본능의 종교일 뿐이다. 기복주의 종교는 어떤 이유로든 받아들일 수 없는 미신이요, 이단이다! 한국교회의 대부분의 목사들은 강단에서 입버릇처럼 복을 약속하고 그것이 곧바로 이루어질 것처럼 가르치고 있다. 그리고 그들은 항상 전도하라, 기도하라, 헌신하라고 하면서 하나님께서 이에 대한 물질적 대가와 보상을 주신다고 말한다. 이럴 때면 교인들은 기다렸다는 듯이 합창으로 '아멘'하며 화답한다.

그러나 교회에서 부르는 찬양처럼 '내게 강같은 평화'가 넘쳐흘러 이 세상에도 강같은 평화가 이루어 가도록 하자. 이것이 빛과 소금의 사명이 아니겠는가! 이것이 불신으로 가득찬 한국교회가 할 수 있는 효율적인 전도가 아니겠는가? 예수님께서 복음을 가르치시면서 물질적 대가가 있을 것이라고 약속하신 적이 없다. 그렇게 말한 사람들은 예수님을 저버리고, 고난의 신학이 아니라 영광의 신학을 추구하고 있는 자들이다.

저녁에 비행기에서 땅을 내려다보면 얼마나 많은 십자가가 어두운 밤을 빛나게 하는지 놀랍다. 그리스도인의 모습이 이럴 수 있다면 얼마나 좋을까? 그럼에도 불구하고 한국교회에는 십자가가 없다. 십자가 없는 교회는 무력할 뿐이다. 우리는 십자가와 부활을 통하여 하나님 나라를 살 수 있고 우리의 이웃에게 나아갈 수 있다. 예수님의 십자가와 부활 속에 고난의 진정한 의미와 소망이 있다. 파스칼의 말대로 "참된 그리스도인처럼 행복하고 합리적이고 덕이 있고 사랑할 만한 사람은 아무도 없다." 이 땅에 예수님이 말씀하신 복들이 충만한 세상이 오기를 두 손 모아 기도한다.